基督教文化研究丛书

主编 何光沪 高师宁

十编 第 **5** 册

以信行事：后现代语境的宗教信仰含义（下）

毕聪聪 著

花木兰文化事业有限公司

国家图书馆出版品预行编目资料

以信行事：后现代语境的宗教信仰含义（下）／毕聪聪 著 ——
初版 —— 新北市：花木兰文化事业有限公司，2024〔民 113 〕
目 6+182 面；19×26 公分
（基督教文化研究丛书 十编 第 5 册）
ISBN 978-626-344-618-2（精装）
1.CST：信仰 2.CST：宗教学
240.8   112022495

ISBN-978-626-344-618-2

基督教文化研究丛书
十编 第五册   ISBN：978-626-344-618-2

以信行事：后现代语境的宗教信仰含义（下）

作　　者 毕聪聪
主　　编 何光沪、高师宁
执行主编 张　欣
企　　划 北京师范大学基督教文艺研究中心
总 编 辑 杜洁祥
副总编辑 杨嘉乐
编辑主任 许郁翎
编　　辑 潘玟静、蔡正宣　美术编辑 陈逸婷
出　　版 花木兰文化事业有限公司
发 行 人 高小娟
联络地址 台湾 235 新北市中和区中安街七二号十三楼
　　　　 电话：02-2923-1455 ／传真：02-2923-1452
网　　址 http://www.huamulan.tw 信箱 service@huamulans.com
印　　刷 普罗文化出版广告事业
初　　版 2024 年 3 月
定　　价 十编 15 册（精装）新台币 40,000 元

以信行事：后现代语境的宗教信仰含义（下）

毕聪聪 著

目

次

下　册

第七章　行动层面的具化：作为信从的信仰

在宗教信仰中，人们一旦提起行动，总会首先意指身体。身体因作为心灵的对象或多或少会被认为缺乏自主性，它进一步被视为服从。身体对心灵的优先产生如此悖论：如若心灵未事先认信权威，那么身体的行动难以想象；但身体的贴服总比心灵的辨明更加有力，它将认信迅速转变为对权威者的顺从。因而，信从在心理层面也是信念与行动的综合，它出自生命的本能以及对他者的接受，信从既需要心的感受也需要理智的决断。甚至，正是在信心和信念的参与下，信从真正成为主体的完全作为：人面向神圣却无需违背心意，去过一种强迫的、虚假的、小心翼翼的生活。由此，人的宗教实践获得了实在的意义：行动不是一种屈就或身体习惯，仪式真正在（身体、器物、时空等）符号形式中沟通神圣与凡俗。在诸神圣的直接参与下，人的生活得获规则层面的超越，神迹成为最直白、最有效的信仰之行动。

第一节　信从的概念及含义

一、信从的概念

字面上，信从指相信听从、信奉遵从。《说文解字》载：从，相听也。从二人，凡从之属皆从"从"。従（从的繁体），随行也。从辵、从，从亦声。[1]信

---

[1] 从，相听也。听者，聆也。引伸为相许之偁。言部曰："许，听也。"按，从者，今之従（繁体）字，従（繁体）行而从废矣。《周礼·司仪》："客从拜辱于朝。"

从对"从"的偏重，既体现为诸主体的并立，也体现为顺、随的主客行为，它因此指称人之间的服从、跟随关系。此处需注意，"从"同样与人言相关，它指代人的声传或相听，所以信从的人言基础是双重的。"《尔雅·释四时章》曰：'春为发生，夏为长嬴，秋为收成，冬为安宁。四气和为景星。'夫如《尔雅》之言，景星乃四时气和之名也，恐非著天之大星。《尔雅》之书、五经之训故，儒者所共观察也，而不信从，更谓大星为景星，岂《尔雅》所言景星，与儒者之所说异哉？"[2]信从在知识的传续中反对那些无端的解释和猜疑。因此，主体对他者的信从总体上意味着信其言、从其意、随其行。

当然，汉语语境中的"信从"与其他语言中表示信从的词汇的用法并不完全一致，尤其在对人言的强调方面，象形文字更加具象化，其意义来源更加清楚。但总体来说，信从的内涵是类似的，它们都暗示着心、念、行的综合。在这一点上，信从通常与信仰混同——比如在印地语中，viswās (विस्वास) 一词的语义范畴涵盖信任、自信、信念直至信从全部。[3]而在英语中，trust[4]首先与信念相关，它可被理解为态度或欲望，即对某人、某物、某事有所期待和盼望，是主体意识的意向表达；又可以等同于相信，即确信某人、某事会按照猜想的轨迹行动，它是事实的提前再现；还意指信心，此信心的对象不仅是某人、某物、某事，它同样关涉诸神圣，即可以专指宗教信心。且在此基础上，trust 也指称人对诸神圣的信靠——因信心而服从并践行诸神圣的教导；然后还指代一种关系性的确认，这一关系通常基于过去经验之确定，它通常被称为信任；最后还表示一种情绪或情感，它指称没有恐惧的同意或应允，即人们所说的信

从，随行也。以从辵，故云随行。《齐风》："并驱从两肩兮。"《传》曰："从，逐也。"逐亦随也。《释诂》曰："从，自也。"其引伸之义也。又引伸训顺。《春秋经》"从祀先公"，《左传》曰"顺祀先公"，是从训顺也。《左传》："使乱大从。"王肃曰："从，顺也。"《左传》："大伯不从，是以不嗣。"谓不可顺其长幼之次也。引伸为主从、为从横、为操从，亦假"纵"为之。从从、辵，旧作"辵从"，今正。从辵者，随行也，主从不主辵，故不入辵部。（参见许慎：《说文解字注》，段玉裁注，凤凰出版社 2007 年版，第 676 页。）

2　黄晖：《论衡校释》，中华书局 1990 年版，第 765 页。

3　参见 Chad M. Bauman, "Miraculous Health and Medical Itineration among Satnamis and Christians in Late Colonial Chhattisgarh", in *Miracle as Modern Conundrum in South Asian Religious Traditions*, Corinne G. Dempsey & Selva J. Raj (eds.), Albany: State University of New York Press, 2008, pp. 39-56.

4　此处没有以 submit to、performance、conduct 或 practice 等为例的原因是，它们并不专指信从。在学术写作中，这些词语指称非宗教行为的时候更多；与之相较，trust 反而更加合适，即使它很少在这个意思层面被使用。

赖。并且，trust 的其他用法也没有摆脱人言和顺服的基本规定，哪怕是信贷、赊卖或诚信的人格特质等含义，都出于前者。因此，信从在语言学上的确是多义的。

二、信从的含义

然而，这种多义性并不影响我们发现信从与神圣的或显或隐的关联：一方面，习惯或知识传统的延续将信从纳入到宗教这一人文现象中，对权威的顺服始终贯穿整个社会结构；另一方面，主体对他者的跟随在绝对的差异中生成一种情感上的畏惧或崇高，它将他者对象化为彼岸的事物，这事物在宗教中被称为诸神圣或神明。所以，即使信从这一概念在根源上不是宗教性的，考察宗教中信从的初始含义也有助于人们进一步理解。此处以伊斯兰教为例，盖因信从总与其误解混杂。

在伊斯兰教中，阿语词 īmān 意味着信仰、信任，以及一种在真主合适的关怀、怜悯和正义中的个人的安全感和幸福感。就此而言，īmān 是 islām 的同义词，它意味着人类的意志和命运完全臣服于真主的意志，个人信仰必须体现在个人的道德行为和具体的公民责任上。īmān 的对立面是 kufr，[5]或曰信仰的拒绝，其义与意味着知晓真理并在心里承认它、用口舌传扬它、在具体的善行和施与中显明它的 īmān 相反，它指的是知晓真相但故意否认或掩盖它，并作出违背真主律法的行为。就词源而言，iman 是词根 a-m-n 的第四种形式的动词性名词。此词根意味着"安全""信任"或"转向"，从中可推出"真挚""真诚""忠诚"和"效忠"等含义。而其第四种形式 amana，具有"去相信"和"去信仰"双重含义。[6]这意味着，信仰不仅要用言语去表达，它更是心的坚定的行动。[7]所以，大多数穆斯林将信仰定义为心和口结合的确证。[8]

在此基础上，《古兰经》还进一步区分了 islām 和 īmān：islām 指称的是一个宗教性、社会性和律法性的机构，其成员构成了世界性的穆斯林团体（ummah）；īmān 则是一种内在的信念，它的真诚与否唯独真主可以判断。所

5　Kufr 一词的字面意思是"掩盖，否认，或掩盖"。

6　Farid Esack, *Qur'an, Liberation and Pluralism*, London: Oneworld Publications, 1997, p. 117.

7　参见 E. W. Lane, *Lane's Arabic-English Lexicon,* Lebanon: Librairie du Liban, 1980, p. 7.

8　Oliver Leaman (ed.), *The Qur'an: An Encyclopedia*, London & New York: Routledge, 2005, p. 349.

以，不是每一个穆斯林都是有信仰的人，但是每一个有信仰的人都被认为是穆斯林。此外，信奉伊斯兰教全部原则的穆斯林不一定是公义的人或行善的人（muhsin，ihsān 的施行者），[9]但一个真正公义的人被视为穆斯林和真正的信仰者。在先知传统中，信仰外化为一种崇拜行为和道德行为的综合框架，它包括七十多个分支，其中最高的为"真主之外没有其他神"，最低的则是将一个障碍物从路上移开。而这些在原则上都是穆斯林需要做的。

具体而言，信从之"信"始于对真主的崇拜。"一切赞颂，全归真主"[10]，此处赞颂就是信从的标志，它意味着主体意志的完全顺服。在阿拉伯语中，Madh 与 Hamd 分别指赞颂与感谢，但 Hamd 可以是虚假的，Madh 却总是真实的。而且，Madh 可以用于行为者不能控制的那类仁慈的行为，而 Hamd 仅用于由意志支配的此类行为。此外，Hamd 也具有对赞颂的事物的钦佩、推崇与尊敬以及对举止谦卑、谦恭与顺从的人的称赞的含义。由此，Hamd 在此处最为适宜，它意欲述及真主的固有美德以及应受的赞美与颂扬。[11]更进一步，穆斯林用 tasbih（褒扬）一词指涉安拉的常德，同时用 taqdis（尊崇安拉的神圣）表征安拉的行动，并且把完全的顺从而不是强调主体性的信仰面向真主。"我们只崇拜你"[12]中的 ibadah（决心、果断）表示完全与极度的谦卑、归顺、服从与服务，其目的仅是为信仰安拉的独一性作证，而不宣称人在信仰关系中的优胜。所以，穆斯林的信仰的行动是可以按是否服从真主来划分的：人对真主的服从程度，即信仰的程度。举例来说，sabh 表示干活或迅速而极其辛勤地干活；短语 Subhan Allah 指委身安拉的迅速，效劳或服从安拉的敏捷。从词根看，源出 sabbaha 而来的不定式名词 Tasbih 是指宣扬安拉绝对完美无缺或立刻为安拉效劳、迅速服从安拉。同样地，Shukr 指按照安拉意欲的方式正确地对待安拉的恩赐，而 kufr 是错误地使用这些恩赐的事物。甚至穆斯林对真主的信从也可以进一步区别，如 iman 指精神上的顺从，islam 指身体的服从，[13]内心的信仰必须在信者的行动上有真正的可见的改变。如此，信从成为穆斯林信仰的首要要求。

---

9 ihsān 是 islām 和 īmān 的综合的、具体的呈现。

10 《古兰经》第 1 章 2 节。

11 Hamd 这个词的一般用法，现已专用于真主。

12 《古兰经》第 1 章 5 节。

13 《古兰经》第 10 章 84 节。穆萨说："我的宗族啊！如果你们信仰真主，你们就应当只信赖他，如果你们是归顺的。"

　　需注意的是，在伊斯兰教中，信从的对象不止是真主，它还包括天使和穆圣等先知。[14]按照伊斯兰教的说法，"穆罕默德不是你们中任何男人的父亲，而是真主的使者，和众先知的封印。真主是全知万物的"[15]。此处 khatam（即封印）源出于 khatama，意指他封闭了、打戳于、压印或盖印于这东西上。这一单词的原始意义引申为，他伸手到这东西的边端或遮盖此物，或在一项文件的内容上面作记号或印压一块火漆或任何一种印章来保护它。因此，Khatam 意指一种图章戒指：印，图章，戳子和花押；一样东西的末端或最后一部分和结果或结局。这一单词还含有润色或增添光彩：最好的和最完美无缺的意思。所以 hatam al-Nabiyyin 这一用语就意为先知们的印信；先知中最好的和最完美无缺者；为先知们润色和增添光彩。除此之外，它还意指先知中的最后一位。这样，信从就不仅是穆斯林对真主的叩头，[16]也是对穆圣及众先知指导的遵从。真主要求的奋斗（Jihad）和许诺的同在（Fina），[17]就有了明确的要求，那就是"他们只奉命崇拜真主，虔诚敬意，恪遵正教，谨守拜功，完纳天课，这是正教"[18]。对于穆斯林而言，这正是宗教实践的基本内容。

　　此外，信从之"信"还具有信念的含义。即信念不再是信从的指导者，它追随后者，成为行的理解和言语。在伊斯兰教中，宗教信念的实在价值通常不是独立的，它为穆斯林对真主的信从服务。"如果我的仆人询问我的情状，你就告诉他们：我确是临近的，确是答应祈祷者的祈祷的。当他祈祷我的时候，教他们答应我，信仰我，以便他们遵循正道。"[19]此句中"教他们答应我"亦可译为"他们也应接受我的命令"，[20]因此"信仰我"不仅意味着相信安拉存在，而且要求穆斯林听从安拉的教导，服从安拉的命令。一个人既然听从安拉并服从祂的命令，却不相信祂的存在，这是不可能的。并且"信仰我"暗示了安拉已听到并接受了祂的忠实信仰者的祈祷，而祈祷的信念必须具有认信的前提。

14　《古兰经》通常不作为信从的对象，它是信念的对象。

15　《古兰经》第33章40节。

16　《古兰经》第13章15节。凡在天地间的万物，都顺服地或勉强地为真主而叩头，他们的阴影也朝夕为他而叩头。

17　《古兰经》第29章69节。为我而奋斗的人，我必定指引他们我的道路，真主确是与善人同在一起的。Jihad，由伊斯兰教规定，不作"杀死"或"被杀"解，而是为赢得安拉的喜悦而奋斗。Fina 这一单词的意思是"与我们相遇"。

18　《古兰经》第98章5节。其中，Din 的意思是服从；指挥；命令；计划；正道；习惯或风俗；行为或品行。

19　《古兰经》第2章186节。

20　参见《古兰经》，周仲曦编译，伊斯兰国际出版社1990年版，第78页。

由此，于穆斯林而言，信念是出自信从的。在宗教实践中，它被表述为"你应当宣读启示你的经典，你当谨守拜功，拜功的确能防止丑事和罪恶，记念真主确是一件更大的事。真主知道你们的做为"[21]。

　　然而，在伊斯兰教中，信念并非可有可无的，它仅在与信从的关系中处于次级地位，但其本身极为重要。一方面，宗教信念是真主的见证，它既体现为由人理解产生的观点和想法，又表达为真主启示的经典和话语。真主对穆圣说："你说：'甚么事物是最大的见证？'你说：'真主是我与你们之间的见证。这部《古兰经》，被启示给我，以便我用它来警告你们，和它所达到的各民族。难道你们务必要作证还有别的许多主宰与真主同等吗？'你说：'我不这样作证。'你说：'真主是独一的主宰。你们用来配主的（那些偶像），我与他们确是无关系的。'蒙我赏赐经典的人，认识他，犹如认识自己的儿女一样。亏折自身的人，是不信他的。假借真主的名义而造谣，或否认其迹象的人，有谁比他还不义呢？不义的人，必定不会成功。"[22]所以，为真主作证的三种不同方式——以《古兰经》的启示作证、以先知的信作证、以人的理智作证——都依托在信念之上，其中《古兰经》显现为属人的文字和话语，先知相信隐秘事件的真实发生并具有预言能力，人承认证据（包括感官证据和逻辑证据）对真主存在的支持，它们都是确切的宗教信念的表达。"大地上所有的灾难，和你们自己所遭的祸患，在我创造那些祸患之前，无不记录在天经中；这事对于真主确是容易的，以免你们为自己所丧失的而悲伤，为他所赏赐你们的而狂喜。真主是不喜爱一切傲慢者、矜夸者的。"[23]"在这《古兰经》中，我确已为众人设了各种譬喻。如果你昭示他们一种迹象，那末，不信道者必定说：'你们只是荒诞的！'"[24]如此一来，宗教信念确是真主所设的见证。需注意的是，在伊斯兰教中有一种非常强烈的保护性隐微主义传统，几乎所有主要的伊斯兰哲人都公开地讨论它。比如，阿威罗伊解释说，"如果一个人把对古兰经的深度解读（超越表面上显而易见的含义）透漏给另一个人，但那个人却'不适合接受'这样的解读，那么，这个人就会成为不信者。原因在于，这样的解读包含两个

21　《古兰经》第 29 章 45 节。 Utlu（宣读）的意思是：宣告；宣传，宣读，背诵，复述，信奉。

22　《古兰经》第 6 章 19-21 节。

23　《古兰经》第 57 章 22-23 节。Kitab 可以指宗教律、智识或《古兰经》。

24　《古兰经》第 30 章 58 节。Mathal 的意思是，一种描写；争论；讲话；功课；谚语；记号；寓言或比喻。

东西，一是对显而易见的含义的拒绝，二是对这种深度解读的肯定；因此，如果有人只能掌握显而易见的含义，他在头脑中拒绝了显而易见的含义，但与此同时没有肯定这种深度解读，那结果就是不信仰"[25]。隐微主义要求一种传统与智慧的共同作用。

另一方面，宗教信念是恩典性的，藉着这恩典，人得窥真主的奥秘。事实上，若无真主的恩典，若无信仰行动的外在呈现，人无论如何也无法走进信仰的行动。"众目（Absar）不能见他，他却能见众目。他是精明（Latif）的，是彻知的。"[26]"你说：'除真主外，在天地间的，没有一个知道幽玄，他们不知道甚么时候复活。难道他们关于后世的知识已经成熟了吗？不然，他们对于后世是怀疑的。不然，他们对于后世是盲目的。'"[27]"他是全知幽玄的，他不让任何人窥见他的幽玄。"[28]仅凭人类的理智或推理而不借助于真主的启示无法理解真主，且人无法用肉眼看到真主，只能用精神的眼力或通过祂派遣的先知或祂的常德的作用觉察祂。这也是为何"有些人不信真主和众使者，有些人欲分离真主和众使者，有些人说：'我们确信一部分使者，而不信另一部分。'他们欲在信否之间采取一条道路"[29]是错误的。换言之，宗教信念的启示特性要求信徒的相信必须完整，即不能相信真主而不信祂的先知；或者相信有些先知而不信另一些先知；或者相信一个先知的有些主张而不信他的其他主张。真实的信仰在于完全顺从，相信真主和他所有的使者以及他们所有的主张。值得一提的是，真主教导诸先知："你应凭智慧和善言而劝人遵循主道，你应当以最优秀的态度与人辩论，你的主的确知道谁是背离他的正道的，他的确知道谁是遵循他的正道的。"[30]此处智慧（Hikmah）的含义是：（1）知识、科学；（2）公平或公正；（3）忍耐或仁慈；（4）坚定；（5）任何与真理相一致及与紧急时刻相协调的语言；（6）预言能力；（7）任何防止或制止某人愚蠢行为的事情。

25　Ralph Lerner & Muhsin Mahdi (eds.), *Medieval Political Philosophy: A Sourcebook*, New York: Free Press, 1963, p. 181.

26　《古兰经》第 6 章 103 节。Absar 是 Basar 的复数，意思是看见或理解。Basair（Basirah 的复数）的意思是，证明、论证、迹象、明证。Latif 的意思是，不能理解的；微妙的，难以捉摸的。

27　《古兰经》第 27 章 65-66 节。

28　《古兰经》第 72 章 26 节。Lzhar ala al ghaib，窥见幽玄，得到大量的智识，知道涉及有重大意义的未知领域的奥秘。

29　《古兰经》第 4 章 105 节。

30　《古兰经》第 16 章 125 节。

所以，宗教信念事实上将诸如科学信念、政治信念、道德信念等包括在自身之中了。

与此同时，信从与信心相关，信心通常被视作信从的心理表现。其典型表达是，当人们对某一宗教信念或宗教事件感到失望或怀疑时，实在的心理上的焦虑、疑惑等感受会随之出现。在《古兰经》中，Raib 就用来表示心神不安、焦虑、疑惑、折磨、邪恶的想法、诬告或诽谤、灾难等，此时受到冲击的正是人们的信心，它切实影响人们对宗教信念或事件的回应。但是在《古兰经》中，人们很难发现信心一词被使用：究其根源，在伊斯兰教中，心更多地指向心灵的境界而不是心理感受的颤动。《古兰经》提到了人的心灵的三个发展阶段，它们分别是控制不了的心灵（Nafs Ammarah）、自责的心灵（Nfs Lawwamah）[31]和安宁的心灵（Nafs Mutma'innah）。在第一阶段中，人的生物本能占据总体上的优势，人因控制不了自己的行动而放逸其心灵，此时不存在鲜明的心理上的质疑或困惑。但在第二阶段中，人的良心觉醒了，人因其所作恶行饱受责备，心灵于是抑制属于肉体的欲望和感情。在这一阶段，若人的良心胜出，那么此即道德复生的开端，亦即最后复生的引证，人的信心在确证和否定之间挣扎。至于到了第三阶段即心灵安宁时，人的心灵可以免于失败、不再犹豫并和创造主平和相处，它不会受到任何信心上的困扰。换言之，此时信心乃本体范畴和关系范畴的根本悸动，人与真主合一于安宁之中，其心灵臻于完美。事实上，人的心灵的三境界[32]在伊斯兰教中与信从的三境界一一对应，前者可以作为后者的表现和内容。按照伊斯兰教的说法，信徒若要达到完全正直，需要经历三个重要阶段，即 fana（自我消灭）、baqal（复生）和 liqa（与安拉合一）。其中，自我消灭意味着所有我们的体力、器官及一切身体性的东西都应完全交给安拉并用之为祂服务；复生状态表明当一个人沉醉于对安拉的爱并且人生的图

---

31 《古兰经》第 75 章 2 节。我以自责的灵魂盟誓。

32 井筒俊彦认为伊斯兰教对如此心灵进程的描述与道家所提的忘生类似。其中，庄子将这一过程划分为三阶段。第一阶段是"外天下"，即忘却客观世界的存在。第二阶段是"外物"，即从意识中抹去日常生活中的切身之物。第三个阶段是"外生"，即忘却自己的生命或个体存在。由于外在世界和经验自我被完全消除，人的内在之眼才能睁开，才能突然明彻。这标志着新我的诞生，此时，人就会发现自己超越时空（无古今），"入于不死不生"，即与万物合一，而万物也在其无意识中合而为一（见独）。在这种精神状态下，人们会摆脱感性世界的喧嚣，感受到一种非凡的宁静或寂静（撄宁）。参见王希：《井筒俊彦的东方哲学及其〈苏菲主义与道家〉》，《宗教与哲学》2017 年第 6 辑，第 115-131 页。

谋与欲望都结束时，此人仿佛得到了新生，其生活更新为人类性的、理想性的；至于与安拉合一，它表示人完全按照安拉的意愿行事，并始终处于受安拉拣选并得报偿的状态；穆斯林的义务都尽了，信众的自我超越在信仰的行动中达成。

需注意的是，有关"信心"的解释并没有在不同的解经学家中形成统一意见。此处着重强调的是，人们可以在某种程度上将特定表达解释为信心。例如《古兰经》中记载："他们的先知对他们说：'他的国权的迹象，是约柜降临你们，约柜里有从主降下的宁静，与穆萨的门徒和哈伦的门徒的遗物，众天神载负着它。对于你们，此中确有一种迹象，如果你们是信士。'"[33]此处约柜（Tabut）可以信心解，它具有如下几种含义：（1）箱子或盒子；（2）胸腔、胸部、腹部或骨以及它们内部包含的例如心脏等东西；（3）心，即知识、智慧和宁静等的储藏室。在抽象层面，信心作为美德的保有者得到承认。与之相较，注释者若按《圣经》中的说法，将信心作"方舟"解，那么此句经文显然有意义上的断层。因为《圣经》中谈及的那只方舟，非但不能给别人以和平和宁静，而且也不能保护以色列人不遭受失败，甚至连保护自己也无法做到（被敌人带走了）。在各次战役中带着方舟走的扫罗（Saul），屡受惨败，遭遇了到不光彩的结局，恰为此做了证明。所以，这样的一只方舟从未能使古以色列人有什么宁静。真主赐给他们的是充满了勇气和毅力的心，因此，在所述及的宁静的心境降给他们之后，他们成功地抵御了敌人的攻击，并使他们遭到沉重的失败。[34]

事实上，信心与美德的相关性可以在信从与人的本性问题层面得到解释。人类天性中引起服从的基本动机有两个，即爱与惧。有些人为爱所感动，而另一些人被畏惧触动。爱的动机当然更高尚，但对后者而言，它没有感染力，因而他们被动地顺从。在《开端》[35]一章中，安拉首先唤起爱的那些常德："全世界的主""至仁的主"与"至慈的主"。然后，随之而来的"报应日的主"这常德提醒人们，假如不改过补错或不对爱作出反应，他们的行为终将在生命的终末得报。这样，爱的动机与惧怕的动机一起发挥作用，可由于安拉的仁慈远远

33　《古兰经》第2章248节。

34　参见《古兰经》，周仲羲编译，伊斯兰国际出版社1990年版，第103页。

35　第一章《开端》：这章是麦加的，全章共计七节。奉至仁至慈的真主之名。一切赞颂，全归真主，全世界的主，至仁至慈的主，报应日的主。我们只崇拜你，只求你佑助，求你引导我们上正路，你所佑助者的路，不是受谴怒者的路，也不是迷误者的路。

超过安拉的恼怒，即使在这唯一能引起畏惧的基本常德中也还留有仁慈。换言之，报应这一常德意味着人并非立在法官面前而是立在安拉面前，祂有权宽恕，惩罚在绝对必需时才适用。"不希望与我相会，只愿永享今世生活，而且安然享受的人，以及忽视我的种种迹象的人，他们将因自己的营谋而以火狱为归宿。"[36]除此之外，人类的所有进步都与希望和畏惧的本能相关联，我们的最大努力皆由这两种本能的这一种或那一种所激发。有些人劳动、流汗是希望得到财富、权力和地位，另一些人却是由于害怕而工作。Raja 的意思就是：他希望、他畏惧，它同时像向这两种人呼吁。由此，伊斯兰教中的信从可用"信道""礼拜"[37]来概括，此处 Saddaqa 代表正确的信仰，salla 代表良善的品行，信者的身心都顺服安拉。在崇拜（ibadah）的精髓——礼拜——中，甚至品行都要遵循真主及其启示的经典和宣扬其道的使者的教导，它是人格化了的信仰的表达。

这样，信从的诸多含义就清晰了：它在认识层面表示对某些意见或观念的认同；在身体层面表示躯体对思想或观念的服从；在关系范畴表示主体的相对行为关系；在本体范畴表示对诸神圣敞开，走向诸神圣，进入信仰的行动。而所谓的宗教信从，在根本上指称主体凭信仰走向诸神圣的作为，在认信中，主体构建了内在、外在的人—神关系。

第二节　信从的诸种表现

一、信从区别于服从

在日常语用中，信从暗示了一种服从的深化。即 A 信从 B 意味着，除却身体上的跟随，还有言语和思想上的倚靠，它更加彻底。"服"的本意是让屈服之人跟着自己上船走，从舟，从反，[38]它与命令或权威相关。因此，信从作为服从的同义词被使用的情况在宗教和政治团体中非常普遍——尤其在克里斯玛式（charisma）宗教和极权政治中，此时信从意味着服从诸神圣（及其后徒）或权威（掌权者）的命令和指导。然而，信从与服从毕竟是两个不同的概念，它们分别指称不同的事件，二者不能被混淆。一方面，服从事件是压迫性

---

36 《古兰经》第 10 章 7-8 节。

37 《古兰经》第 75 章 31 节。

38 参见许慎：《说文解字注》，段玉裁注，凤凰出版社 2007 年版，第 708 页。

的，即服从者作为服从事件的主体在形式上是受动的，服从者更多地被强迫而非被指引。但信从的主体是施动者，信从事件是自愿或自为的行为，它允许追随者远离[39]。另一方面，信从在结构上更加复杂，它是相信且服从，理性确认这一前提步骤被包含其中。这意味着，信从不仅要求身体对命令的符合，也要求理性对信念的确认，它在根本上与自由、理性一致。[40]因此，在宗教实践中，信从对服从、指引对操控的替代是一种必然，神圣的存留绝不会通过强者压迫弱者实现。神圣的超越内涵在此处指的是处强而爱弱，处弱而向强。信仰作为爱，将一种贫乏的处境扭转为充盈。

　　具体而言，信从首先强调身与心的一致，而服从并不在意后者，它将其视作一种表象。躯体与心灵的紧密关联无论如何也在祈使句[41]这一日常言说方式中显露出来。"因此，我们可以暂时这样来描绘陈述与命令的差异：对前者（陈述）的真诚认同必然包括相信某事的意思，而对后者（命令）的真诚认同则必然包括做某事的意思（在时机合适并为我们力所能及的情况下）"[42]，真诚虽具有完全不同的语言形式，但它可以完美地将躯体和心灵结合在鼓励和祈愿之中。但按照行为主义者或实用主义者的看法，一个人的内在思想和观念在生活事件中是不足为凭的，没有人能真正知晓另一个人的思想，也没有人可以凭未被言传的思想和观念影响他人。这既是人的自由所在，也是人的局限，没有人因思想获罪，正建立在这之上。因此，于这些人而言，行为还原所呈现的真实胜过思想或观念的内容本身，它将可能性限制在潜能中，对行为的评价因之是无可替代的，它远比单纯的口头表述可靠。即使人们所说的"我信"之类的话语缺少与之对应的切实行动，这种舌的狡言也会被他们接受，他们将这些话语亲昵地称为嬉闹或牛皮；而当虔诚的信士贯彻其誓愿时，这誓愿本身也无法

---

39 如委身（commitment）。委身是一种信心、信念参与的进入（信从）关系的事件。按麦奎利的说法，它是整个人格的态度，包含理智、情感和意志，并且包含一种信任的身体行动。（参见麦奎利：《探索人性》，何光沪、高师宁译，东方出版社2019年版，第230、254页。）更多有关委身的研究，参见本书第228-253页。

40 "观念以自己的方式在上帝的存在中回归于存在，因为——照批判哲学的原话——上帝保证了美德和幸福的契合；或因为——照赫尔曼·柯亨的解读——上帝保证了自由以及自然天性之间的契合，保证了一种与知识无关的果敢实践的有效性。纯粹理性这一理想（ideal）的绝对存在、至高的存在者的存在，就这样终于进入了这样一个建筑：此建构的拱顶石只能是自由这一概念。"（列维纳斯：《论来到观念的上帝》，王恒、王士盛译，商务印书馆2019年版，第199页。）

41 （例如在希伯来语中，）包括鼓励、命令、祈愿三种语气。

42 黑尔：《道德语言》，万俊人译，商务印书馆2021年版，第24页。

获得在先的实在性，他们在行为的还原中将信念的因果倒置，信念反而成为行为的意义。由此，信念与行动的脱离被转化为一种表象的失效：在身体对灵魂的违背中，是灵魂失了约；且灵魂对身体的蓄意反抗微不足道，它只是口的欺允罢了。在这个意义上，人本性中的身心矛盾并不成立，信众的忏悔所揭示人的罪意识以及戒毒者陷入的肉体沉沦都是一种表象的逾越，身体的罪是无法被赎清的。

　　自然，这种观点无法被乐于思考或品性良正的人接受，尤其在宗教生活中，这种忽视心和口的做法通常被视作对诫命的违反。佛教将妄语作为五戒[43]之一，其意在断除口业，此时口与行是并有的。基督教中对作假见证[44]的教导也指明了心、口的罪性，这种罪间接地毁坏他者的清白。所以，"寡言而多行，此乃信仰之真谛。确然，凡言过其行者，当知其生不如死"[45]。服从对心、念、口的忽视，正是其结构不完整的后果。当然，还原主义本身也难以得到大多数人的认同。一方面，身体的行动可以完全按照思想的内容呈现——对身体本能的克服不仅需要持久的努力而且需要天赋，修行的字面含义即此，而思想是可以蓄意伪装的，所以人的身体的顺服恰恰可以被理解为不顺服，它可以是身体的反讽；另一方面，按照梅洛-庞蒂的说法，身体与意识的现象在本质上没有区别，将身体的现象还原或忽视意识的活动都是不必要的，它们并不会揭示真正理性的东西，反而会导致一种次现象的倒转，即一种假象的观念（如猜测、前见、迷信等）会替代身体现象本身。所以，人们对行为的强调应该出于对信心、信念过度重视自身的反抗，其目的是独立信从的价值，而非将一切都消解其中。如科斯蒂利德人（Kostilides）所言，"信仰是不可见的，若无作为，信仰便会死亡"[46]，但可见的并非都是信仰。

　　事实上，这种割裂观念与行为的做法多来自人们对身体的误解，即人们仍习惯将身体视为独立的物质容器，而将意识或灵魂称为那可以超脱的事物。此类粗糙的身心二元论的极端形式正是还原主义及灵魂主义，它们在本质上是

---

43 在家男女所受持之五种制戒分别为：杀生、偷盗（不与取）、邪淫（非梵行）、妄语（虚诳语）、饮酒。

44 十诫之一。

45 世界正义院研究部编：《巴哈欧拉书简集 启示于〈亚格达斯经〉之后》，新纪元国际出版社 2016 年版，第 130 页。

46 Loring M. Danforth, *Firewalking and Religious Healing: The Anastenaria of Greece and the American Firewalking Movement*, Princeton: Princeton University Press, 1989, p. 71.

主体自我认知具化的失败品。在后现代的语境中，这些观念随着其他主体及他者的在场失去了被讨论的价值，主体的身心重新合一，主体性恰是那根植在自身中的不可分之物。例如，布尔迪厄（Pierre Bourdieu）的"身体作为信念"（body as belief）的说法解释了物质层面的身体经由社会化过程与观念具有假想的一致性的原因——身体作为符码被社会语境化了[47]；与此类似，宗教信念在社会层面要求行动着的身体对戒律、信条和观念基本服从，在最不可控的层面——潜意识的或无心的，身体的不服从或未服从是可被原谅的。[48]身体与信念不一致的预设，恰恰为人的作为的提升和他者的观照留下了空间。此外，福柯的早期文学实验通过将信念置于身体之中呈现出了一种更加一贯的观点，即上帝之死留下的空间重新浮现在性的身体之中。如此一来，现代的基督教身体观念——（与宗教实践紧密相关的）身体和宗教信念绝对分离——打开了一种创造性关系的可能性：信念塑造身体，这在其后期作品中表达为"信念造就实践"。[49]所以，后现代的思想实验生成了文学、艺术中的奇异身体，在传统的祭祀性歌舞、赞颂词章外，极具街头特色的现代舞蹈（如 Hip-pop）[50]、虚拟的宗教幻想（如克苏鲁神话）[51]都在阐述信仰的解构性内涵。如基恩（Webb Keane）所言，宗教可能并不总要求信念，但它总呼求一种物质形式。正是在这种物质性中，宗教成为经验总体的一部分，它们唤起回应、产生公众生活并且进入到正在运行的因果链之中。[52]

因此，信从确是念与行的双重服从，它综合了身体的内外层面。更进一步，信念是身行的预备，它不仅表现为任何称得上属人的作为都有信念的参与，而且信念本身往往促使行动的发生。换言之，在知行关系方面，信念鉴于自身的意志特性，要比单纯的观念或想法更加实在：当某人言称自己具有某信念时，

47　参见 P. Bourdieu, "Belief and the Body", in *The Logic of Practice*, Richard Nice (trans.), Stanford: Stanford University Press, 1990, pp. 66-79.

48　"不可谋杀人"与"不可杀人"的区别正在于此，忏悔和赎罪的合理性也根于此。

49　参见 Jeremy Carrette, *Foucault and Religion*, London & New York: Routledge, 1999, p. 111.

50　参见 Monica R. Miller, *Religion and Hip Hop*, Oxon: Routledge, 2012, pp. 71-96.

51　如霍华德·菲利普·洛夫克拉夫特：《克苏鲁神话合集》，熊瑶等译，重庆大学出版社 2017 年版。相关的研究可参见 David McConeghy, "Facing the Monsters: Otherness in H. P. Lovecraft's Cthulhu Mythos and Guillermo del Toro's *Pacific Rim* and *Hellboy*", *Religions*, vol. 11, 2020.

52　参见 Webb Keane, "The Evidence of the Senses and the Materiality of Religion", *Journal of the Royal Anthropological Institute*, vol. 14, 2008, pp. 110-127.

此人并不只在宣称一种看法，其行为倾向同样得到了展示，甚至宣称本身就是信念的内容。因此，若某战士 S 宣称自己"不倒下便继续战斗"，那么此断言不仅意味着战士 S 将秉持这一信条，他（她）时刻都在按此信念行事。信念对行为（或信从）的预备是意向性、驱动性的，它促使后者诞生。需要注意的是，宣称信念这一行为可被看作在践行信念，但实体性的信念本身不是行动。如此，信念才不至于将自身升高为绝对精神或强力意志本身，后者并不是人的意念可达致的，人的意念只能分有或类比生命冲创或绝对精神。[53]

有趣的是，信念与行动的语义学联结天然生成一种伦理关系。在汉语语境中，"信念"一词具有根底性的含义，它可以指称道德意识在生活世界中最深刻、最可靠的那部分。某人声称，"我的信念是不撒谎"，不撒谎就是此人的道德行为准则；如若此人说了谎言，那么这一事件将会对其余生产生重大的负面影响。信念在此处的含义是：一个人的道德生活得以存续，当且仅当他的最深刻、最可靠的道德观念未被放弃。不难发现，根底意味着普遍化和生活化，道德由此成为人类关系的基本形式。其中，信念作为"不必证者"或"无需证明者"，是一切伦理的结构基础[54]；在形式上，它构成道德直觉。所以，实践理性的对象构成了所谓的道德上的善（终极目的），实践的规定性或称理念的旨趣（职能及其实现条件）即灵魂与上帝。[55]

---

53 尼采、叔本华、黑格尔、柏格森等人为超越性的意志体赋予了不同的名称。可参见本书第四章第二节第五部分中有关活力论的脚注。

54 "原始的理智将其所具备的那些经验进行了整个划分，划分后的经验变成了两个独立的部分：第一部分的经验是服从于人的实际行动，这是一种可被预见且较为可靠的经验部分。这一部分经验是倾向于物质的，人们通常会把它当作物质来认知，而要想更加深入地理解这种经验，还需要依靠数学原理加以解释。它就像是原因和结果之间的一条红线，可以使这两者得以紧密地联结在一起。我们对这一部分经验的认知是模糊的、含糊不清的，属于一种边缘意识的范畴，而且这种认知不能进行自我展现。第二部分的经验是一种无从把握的经验，至少对于原始人来说情况确实如此。对于这部分经验，我们需要站在道德层面来看待它们。我们虽然很难对这部分经验施加影响，但是它们却可以通过对其他事物施加影响来服务于我们。这样，我们的天性就能与一定的人性进行融合了。但是这种融合只会在需要的时候才会发生，而且还会受到多重条件的限制。我们虽然不能支配这部分经验，却可以选择相信它们。"（柏格森：《生命的意义》，刘霞译，台海出版社2018年版，第39-40页。）

55 参见吉尔·德勒兹：《康德的批判哲学》，夏莹、牛子牛译，西北大学出版社2018年版，第62页。柏格森也宣称，正是凭借其道德的优势，某个宗教才俘获了人心并向其启示关于事物的某种观念。（参见柏格森：《道德与宗教的两个来源》，王作虹、成穷译，贵州人民出版社2007年版，第28页。）

　　除此之外，信从的情感方面与行为者的心理态度及行为倾向相关。在宗教实践中，一个人信从某神圣通常意味着此人不仅顺服于神圣的意志而且对之保持敬畏和谦卑，情感的类型取决于行为的类型。同样，在日常生活中，一个人信从某人也意味着此人不仅服从某人的要求，而且要对"信"的来源（家庭关系或社会关系带来的权威、真理的权威等）表示尊重。但这种敬畏、谦卑和尊重都不是必然的，它们可能在理智的怀疑中转变成不屑、骄傲和蔑视，这一转变的发生取决于情感的表达是否得到理性的同意。[56]换言之，信从之关系仍旧以主体间的承认为基础，它生成与真理、实在相一致的情感，即使这真理、实在是表象的、自欺的、压迫的。在对行为的预备方面，信心与信念类似，区别在信心不仅预备了信从，它同时预备了信念；而信念只预备了信从，它确证并保留而非预备信心。所以，日常生活中的"知行合一"及宗教中的"信德"[57]都以心为基础，信心将信念和信从人格化了。

　　概言之，信从对服从的优胜在于前者是统一、综合的，它不止于行动。安萨里对伊斯兰教信仰的统一性（即对神圣统一的信仰，tawhid, faith in divine unity）做了一个总结性的陈述："因为那所有说'凡在天地间的，都赞颂真主超绝万物''国权只归他所有，赞颂只归他享受，他对于万事是全能的'的人，都有信心，这信心是信靠神的根。这即是说，断言的力量在心中产生了一种内在的属性，前者支配着后者。现在，对神圣统一的信仰是源头，且关于它可以论述很多：它是一种启示的知识，然而某些启示的知识依赖于在神秘状态中所采取的实践，没有它们，宗教实践的知识就不完整。所以，我们在某种程度上只关心神圣统一，它与实践有关，否则，神圣统一的教导是一片浩瀚的海洋，不容易理解。"[58]换言之，是神圣将信仰的行动具化为信心、信念、信从的综合。

二、权威并非信从的唯一标准

　　持以为真的形式结合真理的外部压力，人们由此得到那被称为权威信仰的东西。黑格尔如此描述这样一种宗教原则体系："它所以对我们来说具有真

56 有趣的是，信仰和理性之争的情感表达是敬畏和尊重，即使理性有时显得骄傲。
57 比如天主教和伊斯兰教所称的信德，都要求信念与行为一致，构成一种信从的德性。
58 Al-Ghazali, *Faith in Divine Unity and Trust in Divine Providence*, David Burrell (trans.), Louisville KY: Fons Vitae, 2001, pp. 9-10.

理性，乃是由于它是由一种权威命令给我们的，而这权威我们不能拒不屈从，不能拒不信仰。……意即信仰是我们的义务。"[59]此时，义务[60]被置于真理之先；其结果是，善被污名化。但人们至少不应该忍受这种理智被折磨的痛苦。所以，尼采宣称："信仰乃是一种'神圣的疾病'，ἱερὰ νόσος（神圣的疾病）：赫拉克利特早就意识到了这一点。信仰，一种令人疯狂的内在强制性，即：某物应当是真实的……"[61]"应当"为自身奠立了无意义的基础。

因而，一种实用的、不为理性所扰的义务反而更容易被人接受。其中，权力被简单地表现为强力与顺从。典型地，"我们对上帝高于我们的权能感到敬畏，因为我们相信他能判给我们永恒的幸福或不幸。因此，信仰者才愿意服从他"[62]。审判此时是最强力的生命事件。甚至，在威信这种信从形式中，人们发现了置位的反转：人因权威而改变自己的心态和信念，并主动或被动地做出相应的行动；当己身为强力者时，威信成为自身人格的特质。所以，对真理与权威的终极追求应当被放弃，毕竟权威信仰本身就经常是"火的信仰，血的信仰，暴虐淫威的信仰"[63]。而"形而上学仍然是有些人所需要的，可是那种对确定性的狂热渴望今天大量地以知识的、实证的形式释放出来，这种渴望是要彻底地牢牢拥有某物（同时由于这种渴望的热烈，人们以确定性为由更轻率、更不谨慎地对待该事物）：这仍然是对立足点、支撑物的渴望，总之，是那种

---

59 黑格尔：《黑格尔早期神学著作》，贺麟译，商务印书馆2016年版，第300页。舍勒对信仰义务的批评是："在'信仰义务'和'爱的义务'这些语词联结中包含着一个巨大的危险：这些名称原初只为精神行为所拥有，现在它们被某些对这些行为的外部可见的证明所取代，无论它们是象征性的行动，例如宗教礼拜，还是特定的事业。谁不是在那种我们前说明过的转移的意义上理解'信仰义务'这个词，他甚至就必定会陷入这样一个欺罔中：把信仰行为的外部表达，例如信仰表白的行为，甚而把一次进教堂或其他的朝拜行动，当做这个信仰本身。因为对这些事情，人们的确可以承担义务。"（舍勒：《伦理学中的形式主义与质料的价值伦理学》，倪梁康译，商务印书馆2011年版，第328-329页。）

60 这种义务的极端表达并不罕见。"信仰最深的君主，或是由于政治，或是由于虔诚的缘故，而变成了他的一部分人民的刽子手；他把迫害思想、压迫和粉碎他的教士们的敌人——也是他常常相信就是自己的权势的敌人，当作一种神圣的义务。"（霍尔巴赫：《自然的体系》（下卷），管士滨译，商务印书馆2009年版，第213页。）

61 尼采：《尼采著作全集》（第十二卷），孙周兴译，商务印书馆2010年版，第471页。

62 施尼温德：《自律的发明：近代道德哲学史》，张志平译，上海三联书店2012年版，第112页。

63 幸德秋水：《基督抹杀论》，马采译，商务印书馆2009年版，第49页。

虽然不创造各种各样的宗教、形而上学形式、信念，但是却保存它们的虚弱本能"[64]。权威信仰正在塑造虚幻的真理秩序[65]，反而道德层面的"义务的纯洁"可以被人接受。"在无信仰的状态中受洗礼，缺少悔罪之意地去做忏悔，带着不可饶恕之罪或邪恶意愿去（接受）圣餐，或参与其他圣礼。那些（抱着这种态度的）人不会得到新的恩惠，而是在犯更多的罪。"[66]已成事实的义务信念反对那种刻意的谎言与背叛，来自契约的"应当"无论就个体而言还是就社会而言都是神圣的。

当然，反对权威与真理的强制结合并不意味着人们要否决其认知功能和社会效用。恰恰相反，在广大的限度内，权威决定我们的信念（beliefs）。具体而言，个人的眼界是极其有限的，人类的心灵普遍地接受着暗示，这使得人们依靠邻近人们的见证。权威之间互相冲突，人们知晓见证迟早要以一些较直接的知识泉源做根据，因而不采取权威主义以外的方法就难于在敌对的权威之间判断谁是谁非，这些事实削弱权威主义。通常人们将威信、人数、年代作为在权威互相冲突时的评判标准，但一个人在一门知识范围内所获得的威信不能推广到其他范围里去。并且，信仰一种教义的人数对于这教义在它使人们接受它这个层面上所具有的价值并无增加，除非信徒彼此独立地并通过一些客观方法或通过权威主义以外的方法得到他们的信仰。而且，只因年代标志一种教义成功地经过了许多不同的、独立的考验，年代才增加教义可以成立的或然性，这些都表明权威主义不是一种主要的而是一种次要的逻辑方法。权威主义对人心的支配，乃是由于它跟神秘主义、怀疑论、实用主义的联合，权威主义能使软弱而烦厌的人们免于负担为自己进行思索的重担，这些作用分别在来源的保证、证明的妥协、社会的功用和个体的无能层面使信仰者解放。因而，权威主义在伦理学里比在逻辑内更加重要，并且它对道德和宗教的影响好坏参半。[67]

---

64 尼采：《尼采全集》（第三卷），杨恒达译，中国人民大学出版社 2015 年版，第 424-425 页。

65 "任何信仰都具有欺骗本能：它们抗御任何真理，从真理而来，它们力求拥有真理的意志就受到了危险——它们视而不见，它们诽谤……"（尼采：《尼采著作全集》（第十三卷），孙周兴译，商务印书馆 2010 年版，第 629 页。）

66 吕斯布鲁克：《精神的婚恋》，张祥龙译，商务印书馆 2012 年版，第 21 页。

67 参见蒙塔古：《认识的途径》，吴士栋译，商务印书馆 2012 年版，目录 vi、vii 及正文第 1-27 页。吴士栋将原文中 beliefs 译作"信仰"，笔者此处将之改为"信念"，后者更为合适。下文引用中有类似的更改。

因此，蒙塔古的如下结论是合适的：我们拒绝接受人们照着权威主义方法为教义所提出的辩护，绝不等于我们拒绝接受教义本身。用以证明一种结论的前提是假的，并不表示结论是假的。通常只以权威为根据的神学信条或伦理信条很可能通过其他标准之一而被证明得一点一滴都有道理，以我们研究一般经典的同样忠实公正态度去研究圣经被人们称为"高级的勘训"。争取享受这种勘训权利的斗争之所以得到胜利，主要是由于得到了忠实教徒的帮助：他们那样彻底地相信圣经教条的合情合理，以至他们觉得再让人们怀疑这些教条有毛病乃是一件可耻的事，因为不肯把它拿出来受理性检验的学说必定会引起人们的这种怀疑。我们又要预防第二种误会。拒绝把权威作为主要的标准，这绝不等于拒绝把它作为次要的知识泉源，任何人的知识绝大部分是根据旁人的见证而得来的。只有当我们有理由怀疑见证人的诚实或资格时，我们才应当不接受他的权威。若对于见证要照权威主义者所说那样盲目地加以信任而不问见证跟理智或经验有多大的抵触，这是一回事，并且是不好的事，但如果把见证拿出来交给大家自由地、认真地去研究，则见证作为一种知识泉源就同任何其他泉源一样是正确的。[68]由此，权威铸就的威信成为道德和知识来源的基本物，但它绝不是什么高贵而神秘的终极真理。

三、信从者的心理状况

在宗教心理学中，[69]信仰被视为"一种自我（ego）朝向灵性生活的根本现实的基本方向"[70]。其含义是，在不同的生命阶段（灵性生命或物质生命），信仰都有不同的内容和形式上的表达；但根本上，它指向灵性生活。[71]所以，在心理层面，个体的信从表达为个人对诸神圣或灵性的接受，其具现形式是观念的、意义的，它贯穿人的整个生命历程。即在信仰产生初期——尤其是理智尚未健全但信仰已开始呈现的时段，信任作为重要的关系事件首先支撑着自我走向与他者的信仰关系，这一状况通常发生在青少年及之前的阶段；而待理智逐步成熟时，它会取代那种感觉或认知的本能并引导自我对信念做出判断，理

---

68 参见蒙塔古：《认识的途径》，吴士栋译，商务印书馆 2012 年版，第 22-23 页。

69 信仰与心理（科）学相关的七种方式，参见 D. G. Myers, "Teaching, Texts and Values", *Journal of Psychology and Theology*, vol. 23, 1995, pp. 244-247.

70 W. W. Meissner, *Life and Faith: Psychological Perspectives on Religious Experience*, Washington, D. C.: Georgetown University Press, 2001, pp. 64-68.

71 对这种指向的坚持和反身性的接受就是盼望（hope），参见 E. H. Erikson, *Insight and Responsibility*, New York: Norton, 1964.

智承担着自我内省的作用；最终，在恩典的活力（神圣的生命冲动）影响下，这一内省跃升为一种信仰的整全，它将信念内化在生命的行动中，更多呈现生理特性的原初信任同时被重新唤起。作为信心的一部分，它们在理智中见证信仰的成熟。[72]

因此，个体心理层面的信仰的产生和发展可以被称为内在的信从。与其历史化进程相似，信仰的生命内化以自身的深度、全面呈现为指向。根据福勒（James W. Fowler）的分析，个体信仰的发展在心理—身体层面大致可以分为如下六个阶段。第一阶段的信仰是直觉的／投射的信仰（大约4到8岁），此时世界的意义主要由父母和主要成人给予，通过对他们的模仿，信仰者直觉地投射出意义；第二阶段是神话／文字信仰阶段（约8至12岁），此时意义来自于与个人有联系的那些群体，信仰者从社区中借用那些对外部环境有意义的故事（神话），从字面上理解它们；第三阶段的信仰是综合／传统的一致的信仰（从大约12岁到成年），它从流行的传统中走出来，但超越了第二阶段，涉及到个人在传统中的选择。它将各种传统的需求平衡成一个可行的意义综合；第四阶段的信仰是个体化／反思性的信仰（17或18岁之后），此时信仰者个体自主选择信仰的模式，有意识地与他人的期望区分开来；第五阶段是合取信仰的阶段（通常是中年或晚年），信仰者将矛盾和不连续纳入整合模式，个人的信仰或信念系统被视为与更大的人类家庭相互依存；第六阶段的信仰则是普遍化的、圣徒般的信仰（晚年），在这种信仰中，终极性，而不是自我，成为参照点。[73]诸神圣、最高的美德、真理成为值得追随的东西，在个体的超越中，面向他者的信仰成为主体意识的终极归宿。[74]

当然，信仰的心理呈现并非始终如此秩序井然，偏离秩序或违背信从会导致心理偏激或扭曲，它比自然的冷漠或理智选择的不信痛苦得多。[75]例如姚（Richard Yao）描绘了一种复杂的"破碎信仰综合征"（Shattered faith syndrome），

---

[72] 有关信仰如何发生的心理学研究可参见 D. Wulff, "Beyond belief and unbelief", *Research in the Social Scientific Study of Religion*, vol. 10, 1999, pp. 1-15.

[73] 参见 James W. Fowler & Sam Keen, *Life Maps: Conversations on the Journey of Faith*, J. Berryman,(ed.), Waco TX: Word Books, 1978, pp. 96-99.

[74] 婆罗门修行与生活的四重历程（四行期）——梵行期（brahmacārin）、家住期（grhastha）、林栖期（vānaprastha）、遁世期（sannyāsin），其心理变化大致与此一致。

[75] "信心若没有行为就是死的。"（赫尔岑：《科学中华而不实的作风》，李原译，商务印书馆2009年版，第71页。）

其症状包括：长期内疚、焦虑和抑郁；自卑；孤独且离群索居；不信任他人或团体；厌恶任何组织或权威；对过去感到痛苦和愤怒；原教旨主义意识的痛苦重现；缺乏基本的社交技能；而且，在某些情况下会出现性困难，包括对性的焦虑，如果这些症状不是由真正的性功能障碍引起的。[76]

并且，这种信仰异变的状况在精神分裂症患者中更为显著。比如人们可以推断出斯特林堡（August Strindberg）因其宗教信仰危机所获得的东西仍是悬而未定的：无论是某种新灌输进来的坚定信念还是某种世界观的新框架，无论是恒常不变的还是不断发展的，有关奇异意象和符号的诠释始终随着其精神分裂的进程变换，信仰被置于剧烈摇晃之地。而荷尔德林则不同：他渴求一种过于激烈和炽热的信仰，为了在信仰和感知中抓住一种更好的生活，他已殊死搏斗到精疲力竭的地步。与之相较，梵高的信仰既未表露出那种易变的脆弱也未过于炽热，但由于它深种在对无限的、不可动摇的命运的爱中，所以与其生存境况相悖逆。爱的信仰由此成为一种苦痛的承受，它孕育了分裂—破碎之形式。而精神分裂与信仰异变伴生。[77]

事实上，根据尼布尔（Helmut Richard Niebuhr）的说法，信仰的破碎或幻灭（disillusionment）来源于一种对本应保持忠诚的神圣存在的不信任，它有三种形式：蔑视、恐惧和逃离。[78]人作为后堕落（post-Fall）世界的一员，很难不经受那种宏大、灿烂、洁净、喜乐远离的状况。但诚如詹姆士所描绘的，人唯独经受了如此的苦痛并达致彼处，对良善的存在和生活价值的信心才会"第二次诞生"。[79]在根本上，信仰事件的特征之一是在复杂且未定的此世中艰难呈

---

76 参见 R. Yao, *An Introduction to Fundamentalists Anonymous*, New York: Fundamentalists Anonymous, 1987. 信仰的破碎显然与脆弱相关，即信任崩溃之人"不可能再去信奉过去那种欺骗性的信任。复仇有吸引力，因为它提供了没有脆弱性的结构和计划"（纳斯鲍姆：《善的脆弱性》，徐向东、陆萌译，译林出版社 2007 年版，第 574 页），这种对脆弱的排除暗示了对某种不现实的永恒的拒绝，它呼求一种珍惜和复归。

77 参见雅斯贝尔斯：《斯特林堡与梵高：与斯威登堡、荷尔德林作比较的病理学案例分析》，孙秀昌译，中国社会科学出版社 2020 年版，第 81、112、120、144 页。刘小枫将之总结为："诗人自杀不是日常事件，而是信仰危机事件。"（刘小枫：《拯救与逍遥》，上海三联书店 2001 年版，第 55 页。）

78 参见 H. R. Niebuhr, *Faith on Earth: An Inquiry into the Structure of Human Faith*, New Haven: Yale University Press, 1989, p. 80.

79 第一次诞生指的是具有健全心智的灵魂被圣灵充满，人沉浸在神圣者及其造物的美善之中；第二次诞生指人在初始时的信仰状态受到阻碍，它在克服空虚、诱惑和恐惧后，复得新生，是信仰的更新。（参见 William James, *The Varieties of Religious Experience*, New York: Modern Library, 1936, p. 96, 104, 180.）

现，它确保了信仰发生的真实和自由。这意味着，信仰的解构作为事件是暂时的，有时信仰甚至会主动解构自身——比如佛教的涅槃——以保持纯粹，但只要它回归，那么这种偏离终会回到正轨。信从，在这个意义上，最终是归家之旅。

第三节　信从的整体性质

一、信从是信心的效果

在信仰与心的关系方面，努尔西（Bediuzzaman Said Nursi）的看法是，信仰是护守的，是对启示和恩典的感恩性回应，是对真主的畏惧，信仰照护有心之人。自然，在努尔西这里，有信者和无信者被根本区别为两种类型，前者的心有所倚靠，而后者走在背信之路上，信心是那充实生命之物。更进一步，努尔西宣称信仰是心、灵、身的全部屈服，顺从（aslaman）与信仰（amāna）的区别就在行动是否有心、灵（因而也是体悟与智慧）的参与。此时，信仰不只是一种简单的意志的行动，它需要有信者确证并实现与神圣相关的一切时空要素的关系。[80]因而，作为生命事件，信仰在此世的发生意味着此在不再沉沦。

事实上，信心对行为的预备正是此在摆脱沉沦的起始，但这预备并不能被理解为一种助燃作用，它甚至比行为本身更加重要。玛雅法瑞钦（Mayyāfāriqīn）在律法问答（第五十九条）中强调了信心相对于行动（事工）的优先：信心与行动的结合产生想要的有益的效果，拥有信心总是自身擅长且对自身有益的事情，即使它与行动相分离；反之则不然，行动决然不能离开信心，[81]作为一种未被具现的可能，信心显然胜过作为现象的行为。与此同时，贝拉基（Pelagius）强调作工（行为）于信心的见证之重要，[82]它将一种可视图像再现在其他主体的心中，信心由此在主体间扩展开来。在这个意义上，行为规模化生产信心的容器。

80　参见 Jane I. Smith, "At the Heart of the Matter: Faith and Belief in the Poeti Imagery of Bediuzzaman Said Nursi," in *Spiritual Dimensions of Bediuzzaman Said Nursi's Risale-I Nur*, Ibrahim M. Abu-Rabi' (ed.), New York: State University of New York Press, 2008, pp. 69-80.

81　参见 David Powers, *Islamic Legal Thought: A Compendium of Muslim Jurists*, Leiden & London: Brill, 2013, p. 209.

82　参见 Wayne A. Meeks & John T. Fitzgerald (eds.), *The Writings of St. Paul*, New York & London: W. W. Norton & Company, 2007, pp. 362-365.

当然，有关信心与信从的讨论不止于此。比如穆尔吉亚神学（Murji'ī theology）认为，人的信心与献身的行动（'amal）相分离，前者既不会因后者有所增加也不会有所减弱。艾布·哈尼法（Abū Ḥanīfa al-Nu'mān b. Thābit）发展了此观点，他认为行动无法反映信心并将信心与行动区分开来：信心是平等的，从天使到先知再到罪人都如此，这一观点有效地敞开了信仰的道路——人们都能进入（或再次进入，如悔改）神圣之光的照护中；但行动有程度的差别，个体通过自身的努力——即信仰的行动——获得不同的领悟并最终在得救时区别地呈现。与之相较，更加保守、传统的观点认为信心与行动紧密缠结，如祈祷、斋戒等宗教仪式必然要被纳入到信仰之中，麦克迪西（Abū 'Abd Allāh Muḥammad al-Maqdisī）对行动与信心共行的坚持正表明了这一点。[83]但无论如何，信心和行动都作为信仰的基本要素存在，二者的相互关系在不同的层面——心意的平等和作为的具化、身心一致的现象——互补。"就如身体没有灵魂是死的，信心没有行为也是死的"[84]，这死亡在趋近神圣的意义上并没有区别。

所以，即使不同宗教、不同教派对信心与行动的关系的看法不尽相同，对二者的关注也不会缺乏。例如，与基督教将关系性的信仰视为对上帝恩赐或拯救的回应不同，伊斯兰教更多地将之视为对真主意愿的接受，心在此时是受动的，一种人评断神的人类中心主义由此得以避免。同样，与改革者相对，基要主义者更强调信从而不是信心，例如宾德兰瓦勒（Sant Jarnail Singh Bhindranwale）对信徒的号召是回归锡克教的基本原理或真正的教义，遵守行为准则，从中发现美好的道德生活。在他的演讲中，宾德兰瓦勒更多强调行为而不是信念，他很少谈论神学或宇宙学的观点，更多的是行为问题和政治经济问题，[85]而这与侧重信心和信念的加尔文形成了鲜明的对比。当然，这种区分并不是绝对的，大部分极端的基要主义者也强调信心，但他们要求的是服从而不是真正的神圣的感动。在根本上，难以为继的制度—行为模式在改革中自然转移到理解、诠释和体悟的变化中。

---

83 参见 Travis Zadeh, *The Vernacular Qur'an: Translation And The Rise Of Persian Exegesis*, Oxford: Oxford University Press & London: the Institute of Ismaili Studies, 2012, pp.62-68, p.466.

84 《雅各书》2：26。

85 参见 T. N. Madan, *Modern Myths, Locked Minds: Secularism And Fundamentalism In India*, Delhi: Oxford University Press, 1997, p. 70.

在此基础上，有关自由的观念在信心与行动的未定关系中呈现出来，这种让人难以理解甚至感到痛苦的不定、两可具有一种命定的意味。"如非真主打算或意愿将他赋予人类的有限的自由意志赋予人类，那么祂的全能本可以使全人类都一样：那时所有人都有信仰，但这种信仰并不会反映他们的价值。……强迫的信仰不是信仰。他们要在属灵的方面努力，真主的打算就照他所愿而行。"[86]所以，"此在的生存必是主体的艰难挣扎，而信仰的骑士独自为自己负责。他为自己不能使他人理解而深感痛苦，但他并不妄想去教导他人，他的信心就是他的痛苦，但他并不知道虚妄的想法，只因为他的心灵太过于诚实"[87]。作为无顾忌的敞开，诚实惯常居于心的最深处，主体意识此时不再生成工具性的幻象，甚至苦痛本身也消解在纯粹的经验之流中。

总体上，巴孛（The Báb）区分了信仰的七个层级，每一个层级都对应着不同的人群及其感受到的不同的神秘经验。七个层级的人分别是神圣意志花园的子民（al mashiyya）、神圣目的花园的子民（al-irāda）、神谕之海花园的子民（baḥr al qadar）、伊甸园的子民（al-'adn）、神圣应许花园的子民（al-'idhn）、永恒花园的子民（al-khuld）、神圣庇护花园的子民（al-mawā'），[88]不同层级的人按照不同程度的信仰行事。在终极的意义上，即在明真理的信仰中，不同信仰层级的人彼此通融，它们共立在真主的审判之前。于个体而言，这种死亡之面向贯穿生命始终；自然，与至高的宁静相结合的不屈的信仰在死亡时刻不可或缺。[89]

二、信从是信念的效果

人们通常将信德视为信念在（宗教）实践中的完满，它意指某种言行一致的德性。与之类似，知行合一也被用来反对那些言不由衷的行为，但有趣的是，人们并不谴责行为本身，被反对者是那被称为因果相应的东西。这种预设—实现的做法将信念与行为区别开来，它们分别作为独立的实体被对待，信念因而在时间上与行为并列——要么在先，要么共时，其中有一种天然的断裂。但对

---

86 'Abdullah Yusuf 'Ali, *The Holy Qur'an: Arabic Text With English Translation and Commentary*, Kashmiri Bazar, Lahore: Shaikh Muhammad Ashraf, 1938, p. 510.

87 克尔凯郭尔：《恐惧与颤栗》，刘继译，贵州人民出版社 1994 年版，第 55 页。

88 参见 Todd Lawson, *Tafsir as Mystical Experience: Intimacy and Ecstasy in Quran Commentary*, Leiden & Boston: Brill, 2018, p. 97.

89 参见 W. Y. Evans-Wentz, *Tibetan Yoga and Secret Doctrines: Seven Books of Wisdom of the Great Path*, New York: Oxford University Press, 2000, p. 80.

主体来说，信念对行为的预备是不可分割的，行为本身具有一种认识结构的基础，它生成那些未被意识[90]的身体认知。所以，正如沃德所说，认识（cognition）是具化的，精神活动每时每刻都渗透着身体的影响，或至少应该如此。根据麦吉尔克里斯特（Iain McGilchrist）的脑域认识理论，沃德论证了相信（faith 和 belief）的神学基础[91]，此时诸神圣的对象化本身就意味着人在认知层面的接受。事实上，在从笛卡尔的知识论转向塞尔托（Michel de Certeau）的实践论[92]的过程中，信念就得到了科学且生活化的保证，它可以被区分为具有不同侧重的类型——人们经常提及的信念是认知性的。与认知性信念（cognitive beliefs）不同，情感性信念（affective beliefs）的意义驻留在表达它们的行动中，并且这些行动在清楚表达、确证、加强一种使人类经验更清晰的总体的（人类学）世界观方面有价值，这种世界观还为预测、控制人类经验提供了可能。[93]因此，信念和行为在根本上是合一的，它们拒绝一种机械化的分离。

当然，这种观点并未得到广泛的一致同意。比如与戴（Abby Day）[94]相对的戴维（Grace Davie）在《自 1945 年以来的不列颠宗教：无归属感的信念》（Religion in Britain since 1945: believing without belonging）一文中立场明确地将信念定义为个人的、命题性的、私人的信仰，这意味着，人们可以在具有明确宗教信念的同时，不去参与定期的教会活动和宗教仪式，而这一状况——根据戴维的研究——在英国逐渐增长。[95]与之相反，福伊希特旺（Stephan Feuchtwang）认

---

90 无行为的信念本身就暗示了此行为不会发生。比如蒙田认为，真正的信念只能在行动中表明自己。他说如果我们真正信仰我们自称接受的基督教的上帝，"那么，这种信仰将无处不在：它的光芒和光辉不仅会从我们的言谈中而且也从我们的作为中散发出来"。（参见施尼温德：《自律的发明：近代道德哲学史》，张志平译，上海三联书店 2012 年版，第 58 页。）

91 参见 Graham Ward, *How the Light Gets in: Ethical Life I*, Oxford: Oxford University Press, 2016, pp. 255-285.

92 塞尔托认为，信念的两种主要性质是宗教性和政治性，且二者都在创造解释学意义上的真实。（参见 Michel de Certeau, *The Practice of Everyday Life*, vol. 1, Berkeley: University of California Press, 1984, pp. 176-198.）

93 参见 Greg Bailey & Ian Mabbett, *The Sociology of Early Buddhism*, Cambridge: Cambridge University Press, 2003, pp. 141-142.

94 戴（Abby Day）提出了一种"行为性信念"的说法。（参见 Abby Day, *Believing in Belonging: Belief and Social Identity in the Modern World*, Oxford: Oxford University Press, 2011, pp. 191-196.）有关 Abby Day 的理论，详见本章第四节第二部分。

95 参见 Grace Davie, *Religion in Britain Since 1945: Believing Without Belonging*, Oxford: Blackwell, 1994.

为这种将行为和信念区分开来的做法是不合适的。因为一方面信念被包含在作为符号化的活动和论述的仪式活动及社会意识中，另一方面，这种区分会直接导致一个翻译的难题——例如欧洲的语言系统会误解中国的宗教及仪式的内涵。[96]换言之，在个体行为与集体行为、观念认同和仪式表达之间存在不同的理解空间，它们共同拒斥那种跨界的、鲁莽的二分法：个人有意识地不去教会可以不出自言行不一这一无能之举，也可以与虚伪的信仰无关，其人在个体信仰的领会、理解中得出了与教会某些规定或观念不一致的结论，这结论促使他（她）选择远离；同样，有关宗教研究的理论不能仅凭信众的某些行为或仪式就断定其类型、历史或价值，只有将当地的文化习俗、思想习惯、社会信念置入这种跨文化的诠释中，这种理解才是整全的。信念和行为形成了一种生成的辨证。

因之，在伊斯兰教中，信念与信仰的区分是非常清晰的：单纯的信念本身不自足，唯有得到确证的、与真理因而与神圣相关的信念才能被称为真信仰，它包含了理智的行动。在阿拉伯语中，理性（'aql）与信念（或信条、教义，'aqīda，belief，عقيدة，creed, doctrine）共享一个词根，这意味着典型的伊斯兰信仰的形式与知识有着明显的密切关系。然而，信仰不仅是知识，也是其他东西，它包含知识，那个额外的东西就是 tasdiq（تَصْدِيق）[97]。根据伊斯兰神学，信仰（īmān）可以被简单定义为 tasdiq，tasdiq 的意思是要认识、运用、申明、确证并实现真理。对穆斯林来说，tasdiq 要求个体的信仰建立在知识的基础上，他反对一种"信仰的飞跃"[98]。因此，信仰不是简单地相信一个命题，而是认识真理并使之存在。换言之，"信仰可以由知识引起，但知识远未构成信仰的本质；信仰是一种同意，这种同意的性质使拥有它的人感到由于这种不可动摇的信念而产生的深刻的满足"[99]。于是，信仰就是信念的真理内在化事件，在终极的意义上，它是神圣事件的发生。

与此同时，信仰和信念的区分也体现在共性和个性的差别中，如艾丁（Feriduddin Aydin）从解释学的角度分析了信仰的内涵，他在史密斯（即 W.

---

96 参见 Stephan Feuchtwang, *The Imperial Metaphor: Popular Religion In China*, London & New York: Routledge, 1991, p. 9.

97 tasdiq 有承认、确证、接受、信任之义。

98 此处指因激情、冲动而来的决志入教等。

99 Cafer S. Yaran, *Understanding Islam*, Edinburgh: Dunedin Academic Press Ltd., 2007, p. 22.

C. Smith）的基础上提出，对伊斯兰教来说，信仰是由全部传统共享的，即 dīn 和 islām；而信念（īmān）与特定的传统具体相关。所以，在艾丁的视角中，诸如启示、圣书、先知身份、圣地、宗教团体和律法（sharī'ah）等既定结构不是宗教本身而是其具体形式——即具体的信念，且这些具体的形式受时间和地点的限制，它们完全依赖于语境——尤其在历史性的注解中，因而并不自足。其结果是，所有拥有普遍信仰的个人都有资格获得救赎，信仰或共性而非信念或语境与救赎紧密相关。[100]在这个意义上，普遍的解释是胜过个体解释的，它在抽象的层面反对那种字面解读的流俗，后者因过于依赖经验性的体悟失去了共享的可能。因此，与字面解经学者相反，阿沙里（al-Ash'arī）承认理性论证的价值，这一过程可以将文字符号的深层含义分享出来。但他批评了如莫塔兹派（Mo'tazilites）宣称的那种理性绝对至上的理念，因为根据古兰经的说法，宗教生活无法离开对 ghayb（无形的、超感官的、神秘的）的信仰，[101]而理性对此无能。换言之，真主让"信仰和理性面对面，并没有调解二者"，这未调解的冲突恰好让信念的行动在解释中走向多元。

事实上，反对知识还原主义的运动在宗教实践中时有发生。按照运动组织者的说法，女性清真寺运动（the women's mosque movement）的出现正是为了回应将宗教知识作为现代结构之下的世俗统治组织日常生活的手段的理解。此运动的参与者经常批评一种他们认为在埃及日益增长的宗教性的流行形式，这种形式将伊斯兰视作一种信念的抽象系统，且与个人的生活方式不直接相关，无法直接指导个人的生活。此趋势通常与埃及社会的世俗化或西方化相关，人们认为它将伊斯兰的知识（既作为一种行为方式也作为原则的集合）还原为习惯和民俗。[102]然而，有关宗教知识的教导毕竟是宗教性的，即使有些解释已经不合时宜，它仍不能被还原为某种历史的猜想。如扎尼塞尔（A. H. Mathias Zahniser）所言，在伊斯兰传统中，知识和信仰处于平行的位置，但这平行并不意味着分离。[103]无知识支撑的信仰会流于表面，无信仰关照的知识将

---

100 参见 Jerusha Tanner Lamptey, *Never Wholly Other: A Muslima Theology of Religious Pluralism*, New York: Oxford University Press, 2014, p. 57.

101 参见 Mircea Eliade, *History of Religious Ideas*, vol. 3, Chicago & London: University of Chicago Press, 1986, p. 115.

102 参见 Saba Mahmood, "Agency, Performativity, and the Feminist Subject", in *Bodily Ciatation: Religion and Judith Butler*, Ellen T. Armour & Susan M. St. Ville (eds.), New York: Columbia University Press, 2006, pp. 177-224.

103 参见 Andrew Rippin (ed.), *The Blackwell Companion to the Qur'an*, Malden, MA:

走向深渊，它要求一种知识和信仰内部的扭转。质言之，宗教知识应当在自我的重新解释中被再次承认。

第四节　信从的宗教内容

一、信从与宗教

当人们提及宗教生活时，一种内在的语义差别被暗示其中，信仰似乎塑造了日常生活之外的某些东西。然而，作为事件，信仰在人类生活的总体中发生，它并不谋划一种逃离，反而真正专注于那基底性的、无法改变的事物。这种专注的行动对蒂里希来说就是信仰的行动，它的"确信"来自它注入一个人生命各个方面的无处不在的重要性和整合力量。由于一个人的信仰是一个人存在的关键、核心或基本取向和允诺，自然没有什么东西能比它更为根本或不容置疑。我们甚至可以说，一个人的信仰是"基础性的"，只要我们记得这是在一种存在意义上而非理论意义上来说的。用蒂里希自己的话说，生存性的确信是"平静的、积极的信心"或"在一种终极关怀状态中对自己的勇敢的肯定"，而这正是信仰的本质。蒂里希赋予信仰及与之相应的生存性确信的角色，非常接近于萨特赋予人们的"原初计划"，或者是维特根斯坦赋予人们的"生命形式"或"像一个人那样活着的方式"。[104]这种生命形式或活着的方式是主体性的，它将单纯的身体或灵魂的行动内深、扩展为生活。

事实上，信仰越是生活化的，便越真实。[105]比如拉纳提倡一种扩展了的信

Wiley-Blackwell, 2005, pp. 282-297. 需注意的是，伊斯兰传统中也有持"知识婢女论""哲学婢女论"等观点的思想家，他们往往过分强调信仰自身而忽视信仰与其他事件的关联。

104 参见唐纳德·A. 克罗比斯：《荒诞的幽灵：现代虚无主义的根源与批判》，张红军译，社会科学文献出版社2020年版，第182-183页。

105 "有所作为与信念。——新教教导者总是在散布这样根本错误的观点：重要的只是信念，有所作为必然出自信念。这绝对不是真的，然而听起来如此具有诱惑力，乃至于不同于路德一类的有识之士（即苏格拉底和柏拉图一类的有识之士）都被迷惑了——尽管一切日常生活经验中的亲眼所见都证实了相反的东西。最可信的知识或信念，也不能给我们以行动的力量，不能让我们精明强干地行动，它取代不了精致的、由众多部分组成的机制的实践，实践必然在先，从而某种东西才能从一种观念变为行动。首先是有所作为！也就是说，实践，实践，实践！从属于实践的'信念'由此而出——你们相信这一点吧！"（尼采：《尼采全集》（第三卷），杨恒达译，中国人民大学出版社2015年版，第19页。）

仰定义：由于上帝的普遍拯救意志和超自然的信仰恩典的给予，人以个体的样式存在成为一个永恒特征，每个人甚至在基督的消息的明确教导之前，就总潜在地成为了一名信徒；且人在先于其自由的恩典中，已经拥有了他所要相信之事物（即自由地接受）：上帝在基督里直接的自我交通。[106]信仰定义越是扩展，其内涵越贴近生活。在根本上，恩典和自由将信仰内化为生存处境的潜在要素，人的宗教实践因而成为信心和信念的生活再现。在文化或社会层面，史密斯将信仰看作一种人类生活的特征品质或潜能，[107]它显然与信仰之道的人格化有关。

具体言之，信仰并不靠自身存在，它不独自由人产生，也非从某些外在的神圣意志处得来。[108]毋宁说，信仰在对话中，通过对话被塑造、表达并现实化。[109]信仰的类比（analogia fidei）通常由两个理由支撑，"一是信仰与律法的作工分离，二是信活跃在爱中"[110]。于前者而言，单纯的身体行为或对律法的遵循不足以赋予个人信徒的身份[111]，是信心与信念划定了信士的界限。对后者来说，信仰之爱在本体范畴可被视作全然的恩典，它将绝对相异之物带入主体之中。这种爱的活跃暗示了人自有限中超越的方式，即使在日常生活中，它也意味着共情的实现。如勒皮卡（LePicart）所言，"没有爱的信是死的，但离了信，

---

106 参见 K. Rahner, S.J., "Concerning the Relationship Between Nature and Grace", in *Theological Investigations* vol.1, Baltimore: Helicon, 1965, pp. 297-318.

107 参见 Wilfred Cantwell Smith, *Faith and Belief*, Princeton: Princeton University Press, 1979, Preface, vii.

108 "由于和肉体相比，上帝具有绝对的超验性，所以神并不能真正深入到人的灵魂。正如'有限不能包含无限'一样。只有当上帝通过选民们的工作，并且他们真正意识到这一点时，这些选民才有可能和他们信仰的上帝融为一体，从而感受到这一点；换句话说，他们的行动根源于对上帝施恩的信赖，而这种信赖本身又是以其行动的性质而证明它是上帝的恩赐。"（韦伯：《新教伦理与资本主义精神》，龙婧译，安徽人民出版社 2012 年版，第 95 页。）

109 参见 Mohammad Arkoun, *Rethinking Islam Today*, Washington, DC: Centre for Contemporary Arab Studies, 1987, p. 10.

110 Matthew L. Becker, *Fundamental Theology*, London & New York: Bloomsbury Publishing Plc, 2015, p. 321.

111 信从当然包括戒律和责任的方面，比如一个犹太人每天需要诵读《申命记》6：4 两次，穆斯林要作每日的功课，但这些要求都由其信徒身份引申而来，这种类比的作为是主体性的。而哈里哲派（Khārijites，又译哈瓦利吉派）坚持一种传统的对信仰概念的理解，认为信仰就是外在地确证神圣律法。（参见 Majid Fakhry, *A History of Islamic Philosophy*, New York: Columbia University Press & London: Longman, 1983, p. 38.）

爱无法存在"[112]。爱不仅是信仰关系的起始，它将真诚的信仰现实化为生活中的道德原则。[113]

在传统意义上，信仰的行动通常被限制在信仰生活的共同体内，它的界限由信仰者的内部关系决定。史密斯对此的说法是，于穆斯林而言，信仰不仅在圣书之中，也在穆罕穆德的所行之中，而穆罕默德所做的正是通过建立一个社区以传扬真主有关公义社会的诫命。因此，对社区（ummah）的基本看重是古兰经的道德命令，正如基督教强调在"基督里的合一"一样——基督徒需要参与到教会中去。[114]与之类似，佛教强调的皈依也意味着在信仰关系中找到归处或庇护所（shelter），因此佛教徒也需要实在地进到僧团、居士众、庙宇中恭敬三宝，信仰关系此时是界域化的。需注意的是，信仰的行动本身并不要求信仰者的生活拘泥于信众之间，信徒之所以如此作为很大程度在于身处这种紧密的信仰关系有利于其自身信仰的加深或持存。所以，若与非信仰或异信仰的个人、团体的交往有同样效果，那么信仰个体应敞开自身的边界，此时信仰的关系渗透进普遍的关系之中。

因此，宗教生活中的信仰行为的确与人类的整体道德相关。"无论信仰的焦点是什么，专注于信仰的结果是，它不仅创造并把信仰的对象——神性——带到我们面前，而且它产生赐福之善力，这种善力会自然发生。"[115]在人格层面，这种根本善可以被理解为完满的道德榜样，它迫使人的灵魂羞愧。《阿底格兰特》（*The Adi Granth* or *the Holy Scriptures of the Sikhs*）载，"（在古鲁的帮助下，复祷其名、拥抱宽容、践行洗礼，面容焕发光彩），贪欲、忿怒、贪婪都已灭绝，一切骄傲都被废弃"，[116]顺服、事奉古鲁（Guru）作为锡克信仰的德性，将傲慢驱逐人的日常生活。在终极的意义上，信从的目的是实现个体的救赎或超越，如施莱尔马赫所说，我们的普遍宗教意识的属性是完全特征未定的，而一旦与之相关的解释脱离了救赎的经验，对上帝的信念就只是魔鬼也可

---

112 Francois Lepicart, *Les Sermons et Instructions Chrestiennes, Pour Tous les Iours de l' Avent, Iusques à Noel: de Tous les Dimenches Festes, Depuis Noel Iusques à Caresme*, Paris: Nicolas Chesneau, 1566, p. 312.

113 "有了信心，我们才能付出爱；爱心成就了信心，信与爱是分不开的。"（特蕾莎修女：《活着就是爱》，王丽萍译，四川人民出版社2000年版，第34页。）

114 参见 Wilfred Cantwell Smith, *On Understanding Islam: Selected Studies,* The Hague: Mouton, 1981, p. 235.

115 R. A. Stein, *Tibetan Civilisation*, London: Faber and Faber, 1972, p. 175.

116 参见 *The Adi Granth or the Holy Scriptures of the Sikhs*, Ernest Trumpp (trans.), London: W. H. Allen & Co. & N. Trubner & Co., 1877. p. 65.

以拥有的信仰的阴影。[117]所以，唯有转向一种纯粹的信仰，才能保留真实的坚固、自由的尊严，并且由此给予理性一片可合适作为的场域。[118]在这个意义上，由理性指导的宗教生活比世俗的日常生活[119]更加人性。

二、信从作为综合的宗教经验

在宗教社会学中，不仅有关信仰的研究非常重要，且这里的"信仰"具有一种怪趣：信仰虽以 belief 之名表征自身，其含义却指称那印证、践行或反驳 belief 的行动（practice、conduct）。按照史密斯（Robertson Smith）的说法，信仰是宗教的核心，它优先于神学的或历史的解释。"信仰不再是我们需捍卫的神学的结果，而是某些优先于神学的事物。我们所需捍卫的不是有关基督教的知识，而是我们的基督教信仰。"[120]Belief 对行为的预备不在信念的反身意识即理性反思的结果中，它在信众的社会行为中构成全部的信念—行为符码体系。戴用社会学—人类学的方法对信仰进行了分析，并在 3B（Belonging、Belief、Behaviour）的基础上提出了行为性信念（performative belief）的说法。此观点认为，信念不是预先构成的（pre-formed），它是活生生的、具化了的行为，在行动中，它成为实在。因此，在信仰中被崇拜的对象不是诸如神明或"社会"的实体，而是有关归属的经验本身。在这一前提下，对"归属感的相信"（believe in belonging）成为信仰的事件—关系内涵，信仰者所处的社会、生存境况成为信仰事件的世界图景。由此，如戴所言，对信仰（信念）本身的关注应该取代那种传统的对信仰（信念）内容的强调，信仰（信念）在社会中应该被重新安置——它仍然是宗教研究的中心且足以作为跨文化比较的核心概念。这样，外在信仰的三重含义在社会学的研究中也得到了呈现：归属感、信念、行为与信心、信念、信从大体一致。[121]

---

117 参见 Friedrich Daniel Ernst Schleiermacher, *On the "Glaubenslebre": Two Letters to Dr. Lücke*, James Duke & Francis Fiorenza (trans.), Chico, Calif.: Scholars Press, 1981, p. 731.

118 参见 Jacob H. Sherman, "A Genealogy of Participation", in *The Participatory Turn: Spirituality, Mysticism, Religious Studies*, Jorge N. Ferrer & Jacob H. Sherman (eds.), Albany: State University of New York Press, 2008, pp. 81-112.

119 世俗的日常生活或现代社会秩序的最低要求和最高要求分别是人的自由与尊严，而自由是尊严的基础。

120 W. Robertson Smith, *Lectures and Essays of William Robertson Smith*, London: Adam and Charles Black, 1912, p. 110.

121 Abby Day, *Believing in Belonging: Belief and Social Identity in the Modern World*, Oxford: Oxford University Press, 2011, pp. 191-196.

　　事实上，宗教社会学的原初目的就是阐明宗教信念与行动的内在关联，社会学家将这一研究的背景置于可观察的社会生活中。例如，泰勒（Edward Burnett Tylor）认为信仰的功能是解释未知事件的发生并将之意义化到人的生活中去，因此信仰在此处明显是理智主义的、心理学的、普遍的、演化的、解释性的。[122]韦伯的看法与泰勒相似，他认为信仰是基于个人、在社会中被中和、整合的价值机制，人们藉此寻求意义。[123]贝格尔和卢克曼（Thomas Luckmann）追随了二者的脚步，他们也将信仰视作由个体驱动的、普遍的人类符号、行为系统，整个社会都与之相关。[124]与之相对，涂尔干将信仰视为仪式活动的并立物，它是人们参与宗教仪式、获得归属感的直接结果，而不是理性反思的功能。[125]因此，信仰在此处不是预先存在而是生成的，它属于社会关系的总体，而不在其先；马林诺夫斯基（Bronislaw Malinowksi）赞成这一看法，[126]列维-布留尔（Lucien Lévy-Bruhl）藉此将信仰视作人对集体需要和情感的回应。[127]与此同时，伊文思-普理查德对阿赞德巫师（Azande witchcraft）的研究也证明了信仰作为附属社会系统的外在性：尽管宗教信念是命题性、认知性的，但它属于整个氏族、群落，因而信仰在实际生活中居于一般的习俗、道德、权力系统之下，它与其他命题之间的冲突被瓦解在社会系统的自我持存的调节之中。[128]道格拉斯（Mary Douglas）将信仰的此种系统调节功能称为实用主义的，它服务于个体或社群对外部生存环境的适应，因此信仰并不作为一种哲学思想或神学信条在社会生活中独立存在。弗思对个体信仰在社会生活中演

---

122 参见 E. Tylor, *Primitive Culture*, New York: Haper, 1958.

123 参见 M. Weber, *The Sociology of Religion*, Boston: Beacon Press, 1922.

124 参见 P. L. Berger & T. Luckmann, *The Social Construction of Reality: A Treatise in the Sociology of Knowledge*, Garden City, N. Y.: Anchor Books, 1966.

125 参见 Durkheim & M. Mauss, *Primitive Classification*, Rodney Needham (ed.) & (trans.), London: Cohen, 1963. "宗教现象可以自然而然地分为两个基本范畴：信仰和仪式。信仰是舆论的状态，是由各种表现构成的；仪式则是某些明确的行为方式。这两类事实之间的差别，就是思想和行为之间的差别。"（涂尔干：《宗教生活的基本形式》，渠东、汲喆译，商务印书馆 2011 年版，第 45 页。）

126 参见 Bronislaw Malinowksi, *Coral Gardens and Their Magic: A Study of the Methods of Tilling the Soil*. London: Routledge, 2002.

127 参见 L. Lévy-Bruhl, *How Natives Think*, London: Geogre Allen and Unwin, Ltd., 1926.

128 参见 Evans-Pritchard, *Witchcraft, Oracles, and Magic Among the Azande*, Oxford: Clarendon Press, 1976.这种信仰是模糊的，尚未达到教义的标准，参见本书第 2 页。

变过程的揭示也说明了这一点。[129]概言之，如格尔茨（Clifford Geertz）所言，信仰确实不是一个同质的概念范畴，它可以被区分为概念性的理解和仪式中活生生的经验。[130]

基于此，有关信念与行动的研究被综合在一起。某一宗教是否成熟——以神圣为核心并全面展开——的判别标准是：信心是否共通、信念是否合理、信从是否具有德性。对信众而言，可观察的信仰在内在外都与他者及其注视相关。按照加尔文的说法，"成熟的信仰改变动机、塑造行为并使自身转变"[131]，这意味着信仰个体会在成熟的信仰中走向个人的整全。[132]事实上，在一项基于6个改革宗教派的信仰成熟度测量中，这种在与他者（包括他人、祂神）的关系中得到领会、确证并具化为行动的信仰已被量化为38个具体的标志，[133]它们在总体上与信心、信念和信从相对应。自由的感受、意义的充盈、坚定的认信、道德的服从、人文的关怀、对正义的追求，在上帝之爱和邻人之爱的双重维度阐明信仰之道的个体内涵。

三、宗教仪式

宗教社会学将其研究对象置于可视、可知的经验整体中，这些经验构成了材料的历史。在诸多经验材料中，仪式以其特征之鲜明被置于首位，它是人类学研究中最基本的要素。在宗教人类学领域[134]，史密斯有关古代宗教中（尤其是希腊宗教）的信仰的论断在很长时间内受到大部分学者的青睐（可能现在仍然如此）。他认为绝大多数古代宗教都没有信条，宗教由机构和宗教实践构成，

---

129 参见 R. Firth, "Religious Belief and Personal Adjustment", in *The Journal of the Royal Anthropological Institute of Great Britain and Ireland, vol.* 78, 1948, pp. 25-43.

130 参见 C. Geertz, *The Interpretation of Cultures: Selected Essays*, New York: Basic Books, 1973, pp. 109-110.

131 J. Calvin, *Institutes of the Christian Religion*, H. Beveridge (trans.), London: James, Clark & Co., 1949.

132 比如贝特-哈拉米（Benjamin Beit-Hallahmi）和阿盖尔（Michael Argyle）的《宗教行为、信念和经验的心理学》（*The Psychology of Religious Behaviour, Belief and Experience*）一书从心理学—社会学角度考察宗教信念和宗教经验的运作模式，对宗教做出了人文科学的解释。参见 Benjamin Beit-Hallahmi & Michael Argyle, *The Psychology of Religious Behaviour, Belief and Experience*, New York: Routledge, 1997.

133 参见 Peter L. Benson, Michael Donahue & Ioseph A. Erickson, "The Faith Maturity Scale: Conceptualization, Measurement and Empirical Validation ", *Research in the Social Scientific Study of Religion*, vol. 5, Monty L.Lynn & David O. Moberg (eds.), 1993, pp. 1-26.

134 宗教社会学的一些研究对象、研究方法与宗教人类学重叠。

因而信仰和信念的含义极其模糊，处于一种未被明确察觉的状态。所以，对古代宗教来说不存在正统和异端的问题，因为每一种解释都是可以接受的，信念此时在根本上是一种神话叙事。这样，"对某些神话传说的信仰既不是必须的，也不是实在的宗教的一部分，也不能认为人们通过信仰获得了功德并赢得了众神的恩惠。由宗教传统规定的某些神圣行为的具体表现才是义务的、有功的"[135]。这种将信念和行为对立的观点由史密斯的追随者继承，其中普里斯（Simon Rowland Francis Price）宣称"实践而非信念是研究古希腊宗教的关键"[136]，奥斯本（Robin Osborne）认为"是仪式的行为而非行为者的心灵状态在起作用"[137]。在更广的层面，赫夫纳（Robert Hefner）宣称，宗教信仰并不是独自在仪式行为中独自生成、完整、圆满的，它总是在更大的文化的对话中构成。[138]根据沃森（James Watson）的总结，在可接受的序列中，仪式的适当执行占据着最重要的位置，它决定了谁被认作或不被认作是完全"中国的"。换言之，行为优先于信念，只要仪式被适当地执行，人所相信的有关死亡和来世生活的信念无关紧要。[139]

然而，即使此类观点言之凿凿，在目前学术界中，它也已不再具备原本的统治力。在某种程度上，这种行为对信念的优胜甚至得到了反转。比如瑟伦森（Jesper Sørensen）发展出了一种社会人类学的"宗教认知科学"，旨在诠释宗教信念体系与日常信念体系的相互影响；[140]哈里森（Thomas Harrison）区分了信念意义的不同用法——高强度的用法（high-intensity）和低强度的用

---

135 W. R. Smith, *Lectures on the Religion of the Semites*, London: HardPress Publishing, 1894, pp.16-17.

136 参见 S. R. F. Price, *Rituals and Power: The Roman Imperial Cult in Asia Minor*, Cambridge: Cambridge University Press, 1984, p. 3, 11.; S. R. F. Price, *Religions of the Ancient Greeks*, Cambridge: Cambridge University Press, 1999, p. 3.

137 参见 R. Osborne, "Archaeology, the Salaminioi and the Politics of Sacred Space in Archaic Attica", in *Placing the Gods*, S. Alcock & R. Osborne (eds.), Oxford: Clarendon Press, 1994, pp.143-60.

138 Robert W. Hefner, *Hindu Javanese: Tengger Tradition and Islam*, Princeton: Princeton University Press, 1985, p. 211.更加具体的仪式层面的讨论，比如基督教的祈祷和佛教冥想的对比，可参见 Rita M. Gross & Terry C. Muck (eds.), *Christians Talk About Buddhist Meditation, Buddhists Talk About Christian Prayer*, New York: University of Hawai'i Press, 2003.

139 参见 J. Watson & E. Rawski (eds.), *Death Ritual in Late Imperial and Modern China*, Berkeley: University of Califomia Press, 1988, p.4.

140 参见 J. Sørensen, "Religion in Mind: A Review Article of the Cognitive Science of Religion", *Numen*, vol. 52, 2005, pp. 465-494.

法（low-intensity）——以解决不同宗教之间、古代和现代宗教之间的信念无法转译的问题。[141]如哈里森所言，我们需要把自己从希腊宗教研究的遗产中进一步解放出来，毕竟它对仪式和信仰做出了错误选择，我们要接受宗教信仰领域作为研究希腊宗教经验的一个更重要的方面。[142]由此，信仰不仅是现代宗教研究的核心，也是古代宗教研究的关键——即使在宗教人类学的领域。

事实上，信仰研究的转变意味着信仰之道自我呈现的多样化，人类学研究的兴趣从传统的、官方的、集体的信仰模式转向新兴的、民间的、个人的信仰实践正说明了这一点。弗里曼（Susan Tax Freeman）的看法是，教会无法在人类学层面定义什么是宗教或什么不是宗教，"伟大传统的重压可能阻碍了对欧洲流行信仰体系的研究"[143]，因此人类学家的工作是将正式的宗教表达形式转向更私人的宗教表达形式。阿萨德重申了弗里曼的主张，即宗教研究应包括对信念以及仪式行为的考虑。"我们不仅要检验仪式本身，还要检验整个范围的学科活动、知识和实践的工具形式，信仰在其中自我形成，'信仰达成'的可能性被划出。"[144]

概言之，如史密斯（Martin A. Smith）所说，除非一个人对表演或表演者建立了 *dadpa*（"信仰"或"信任"）的基础，否则另一个人的仪式表演就没有内在价值。即使一个僧侣是个酒鬼和骗子，他的祈祷对那些继续相信他的人仍然有效，虽然这可能对后者而言没有好处。相反，如果一个人没有信仰，那么即使是佛陀本身（对他来说）也没有任何益处。[145]当然，过分强调信仰（*dadpa*）是一种纯粹精神上的、主观的功能是错误的；同样，把它理解为一个纯粹静态

141 参见 H. S. Versnel, *Coping With the Gods: Wayward Readings in Greek Theology*. Leiden: Brill, 2011, pp. 552-558.; R. Needham, *Belief*, Language and Experience. Oxford: Blackwell, 1972, Ch. 3.

142 参见 Thomas Harrison, "Belief vs. Practice", in *The Oxford Handbook of Ancient Greek Religion*, Esther Eidinow & Julia Kindt (eds.), New York: Oxford University Press, 2015, pp.21-28.有关"信仰"和"信念"概念是否适用于古希腊宗教研究的论述，亦可参见 H. S. Versnel, *Coping With the Gods: Wayward Readings in Greek Theology*, Leiden & Boston: Brill, 2011, pp. 539-559.

143 参见 Susan Tax Freeman, "Faith and Fashion in Spanish Religion: Notes on the Observance of Observance", *Peasant Studies* vol. 7, 1978, pp. 101-123.

144 参见 Talal Asad, "Anthropological Conceptions of Religion: Reflections on Geert", *Man*, vol. 18, 1983, pp. 237-259.

145 Martin A. Mills, *Identity, Ritual and State in Tibetan Buddhism: The Foundations of Authority in Gelukpa Monasticism*, London & New York: Routledge, 2003, p. 202.

的东西——一个人要么有要么没有的东西，也有所偏颇。信仰不是一个人简单地"拥有"的东西；更确切地说，这是一件已完成的（ja）关于特定的人、事件和对象的事情。尽管在形式上是象征性的，但"信仰"从来都不是一种关于世界的静态信念——因而是表达性的，而是一种根本内在于世界的工具性仪式行为。[146]

四、神迹

神迹（miracle）[147]作为信从的极致结果，是信众最普遍也最迫切的追求，因而与之相关的描述及对应的理解至关重要。在各个宗教中，神迹都是最具有证明力度、最具神性的证据，它反映人与神圣交通的此世化，这直接导致将神迹视作信从的绝对现世追求不仅朴素而现实，它甚至是一种历史逻辑的必然。对应地，被广泛使用的神迹一词不仅有特定的神学含义，它更有丰富的日常用法，神迹的语义学被世俗化了。通过综合其神学语义和日常语义，斯温伯恩给出了一个关于 miracle 的宽泛的定义：神迹是一种超乎寻常的事件，它源于上帝，具有宗教意义[148]；而在更广的层面，此定义可扩展为：神迹是一种超乎寻常的事件，它源于诸神圣，具有深刻的[149]宗教内涵。

具体而言，此定义中"超乎寻常"指事件的发展超出其正常状态，而正常状态意味着处于自然法则（natural laws）之中。自然法则有两种形式，其一是普遍法则（universal laws），其二是算术法则（statistical laws）。前者关乎诸事物总如此行动，后者与事件发生的概率相关。换言之，普遍法则说明什么必然

---

146 参见 D. Gellner, "What is the Anthropology of Buddhism About?", *Journal of the Anthropological Society of Oxford*, vol. 21, 1990, pp. 95-112.

147 关于 miracle 的译法：在 NIV 中，miracle 既被用来翻译旧约中的מופת一词，又被用来翻译新约中的 δυναμις 一词。而和合本则对应的将מופת译为奇事，将 δυναμις 译为异能。此处我们需要注意的是，מופת一词有两重含义：其一指奇事，即上帝能力特殊的显现；其二指神迹、兆头，关乎未来的事件。在斯温伯恩的描述中，miracle 具备以上两重含义，为了更加符合汉语语境，我们将之译为神迹。神迹在汉语语境中，既表示神的能力的特殊显明，又表示一种预示的符号。与此相比，奇迹之表达过于世俗化而奇事和异能的含义又显得单一。除此之外，值得一提的是，在英语中 wonder 与 miracle 的词义近似，都可以用来翻译מופת，鉴于斯温伯恩采取的是 miracle 的译法，我们不再展开讨论 wonder 的含义与用法。

148 Richard Swinburne, *The Concept of Miracle*, London & Basingstoke: Palgrave Macmillan, 1970, p. 1.

149 当诸神圣代替上帝时，由上帝限定的意义被转化为宗教的普遍意义，但这意义不能是表象性的，它应该根植在神圣、人文之中，即体现一种深刻的特性。

发生，而算术法则说明什么必然可能发生。[150]运用自然法则的典型案例是牛顿力学和量子力学，前者建立在普遍法则基础之上，它证明了事物的宏观运动都受力的影响——从成熟的苹果落地到月球引发潮汐无不遵循此原则；而二十世纪发展起来的量子力学有效说明了在微观领域粒子的运动是受算术法则支配的，即粒子的运动并无固定的轨迹。因此，"超乎寻常"实际意味着突破构成自然法则的两种法则中的任意一种，或者二者皆被突破。斯温伯恩说："任何事件只要反对或者违背了自然法则，就是超乎寻常的。"[151]

事实上，神迹的日常用法正是如此。精美绝伦的艺术品之所以被称为"神迹"，是因为人们认为，人凭自己的力量难以达成如此的成就，它简直是出自上帝之手，是临在人身上的灵的作工——有超越人的、不在普遍法则之下的力量参与了创作，完成了不可思议的作品。同样地，人们惊讶于从惨烈的连环车祸中生还之人的幸运，我们不认为如此低概率的事件会发生自己的生活中，除非冥冥之中有什么在引导着。一些哲学家[152]和神学家有意将这种超乎寻常的巧合（coincidence）视作神迹，即使在不承认神迹的科学主义传统中，它也足够让人惊叹。

与之类似，在神学表达中，神迹也意指对自然法则的违背。斯温伯恩考察了阿奎那和教宗本尼迪克特十四世（Pope Benedict XIV）的神迹定义，并对此做出了解释。阿奎那宣称："那些因神圣力量而偶然超出一般秩序的事件通常被称作神迹。"[153]他认为，"那些完全服从于已建立的秩序的事物无法超越这秩序。而所有的被造物都需要服从上帝在自然中确立的秩序。所以，没有被造物可以行在自然秩序之外，那行在自然秩序之外的便是神迹"[154]。与此同时，本尼迪克特在《论神迹》（De Miraculis）中给出了神迹的标准陈述：某一事件是神迹，当且仅当它的运作超出了可见且有形的本性。[155]这本性即事物遵循的

150 Richard Swinburne, *The Concept of Miracle*, London & Basingstoke: Palgrave Macmillan, 1970, p. 2.

151 Richard Swinburne, *The Concept of Miracle*, London & Basingstoke: Palgrave Macmillan, 1970, p. 3.

152 R. F. Holland, "The Miraculous", *American Philosophical Quarterly*, Vol. 2, 1965, pp. 43-51.

153 Thomas Aquinas, *Summa Contra Gentiles*, Neapoli: tipographia virgiliana, 1846, cap.CI-CII, p. 242.

154 Thomas Aquinas, *Summa Contra Gentiles*, Neapoli: tipographia virgiliana, 1846, cap.CI-CII, p. 242.

155 参见 Pope Benedict XIV, *De Servorum Dei Beatificatione et Beatorum Canonizatione*,

自然法则。由此可见，神迹对自然规则的违背在神学上意味着上帝对这一超乎寻常事件的参与，与神迹的日常用法相比，它更加注重神圣性，上帝的力量显化其中。

需注意的是，此处上帝指三位一体的上帝，即圣父、圣子、圣灵合一的上帝。斯温伯恩将上帝看作"非具象的理性的大能的实施者（non-embodied rational agent of great power）"，这一描述显然将圣灵包含其中。更进一步，斯温伯恩强调"来源于上帝"这一条件有强弱两种解释：在强意义上，只有与以色列立约的那一位所行的才是神迹，先知、使徒及异教神所行的不是神迹，而是巫术或魔法；在弱意义上，除上帝外，那些有形的理性施动者也可行神迹，天使、先知同样具备此能力，罗马天主教宣称的"圣人相通"是其典型表达。换言之，神迹的发生建立在"上帝存在"这一基础上，若非上帝所行的，都只是无神圣关照的异事。如果无人祈祷，即使从一个装有 50 个小红球和 50 小绿球的黑盒中连续 20 次拿出的球都是同一个颜色，它也与上帝无关。在根本上，神迹具有宗教内涵。

在严格的定义中，上帝的唯一性保证了神迹的神圣性。即上帝不会无缘无故以杖击磐石取水，[156] 祂这么做，全因摩西带领的以色列的民全靠水而得活；耶稣基督也不会无故增加饼的数量，全因祂的门徒及众人靠饼而得活。[157] 神迹的出现，意味着不可能中的可能，这可能是上帝所意愿即符合上帝心意的。对此特征，斯温伯恩同样提供了强弱意义的不同理解：宽泛而言，一个事件具有宗教意义意味着它是善的且有助于或预示着世界的终极命运；严格来说，如本尼迪克特所言，这一事件必须"服务于确证大公教会的信仰或者证明某人的神圣性"。[158] 因此，无论从哪个意义上看，神迹趋近的都是神圣而非世俗，区别只在神圣的归属。蒂利希对此做了一个总结，他说："一个真正的神迹首先是

---

vol. 4, Sacramento, CA: Creative Media Partners, LLC, 2019.这种说法被罗马天主教接受，并成为教理之一。

156 "耶和华对摩西说：'你带着以色列的几个长老，走在百姓前面，手里拿着你先前击打尼罗河的杖，去吧！看哪，我要在何烈的磐石那里，站在你面前。你要击打磐石，水就会从磐石流出来，给百姓喝。'摩西就在以色列的长老眼前这样做了。"（《出埃及记》17: 5-6。）

157 "他就吩咐众人坐在地上，拿着这七个饼和几条鱼，祝谢了，擘开，递给门徒；门徒又递给众人。他们都吃，并且吃饱了，收拾剩下的碎屑，装满了七个筐子。"（《马太福音》15: 35-37。）

158 Richard Swinburne, *The Concept of Miracle*, London & Basingstoke: Palgrave Macmillan, 1970, p. 8.

令人震惊的、不寻常的、震撼人心的，但它并不与实在的理性结构相悖。其次，神迹指向存在的奥秘，它以肯定的方式表达了与我们的联系。"[159]如此一来，将神迹视作源于诸神圣并具有深刻宗教内涵的超乎寻常事件是融贯的。

当然，神迹作为信从的极致结果，受到信心和信念的共同作用。《路加福音》载："主说：'你们若有信心像一粒芥菜种，就是对这棵桑树说：'你要连根拔起，栽在海里'，它也会听从你们。'"[160]这彰显的显然是信心的大能。与之类似，《塔木德》记载了这样一个故事：有一次，拉比以利泽与其同事就律法问题发生了激烈的辩论。"拉比以利泽援引了一切可能的论据也未能使其同事心悦诚服。他于是对他们说：'如果律法与我的观点是一致的，愿这棵角豆树能作证明。'角豆树果然从其原地移动了 100 肘尺，而据另一些人说是 400 肘尺。他的同事们说，'角豆树不能提供任何证明。'他因此说，'如果律法与我的观点是一致的，愿这条水渠能作证明。'这时，水渠开始倒流。他们说，'水渠不能提供任何证明。'他然后说，如果律法与我的观点是一致的，愿这个学堂的墙壁作证明。'这时墙壁开始下降，马上就要倒坍。拉比约书亚对着墙训斥说，'研习《托拉》的人就律法问题展开辩论，与你们这些墙有何关系？'出于对拉比约书亚的敬重，墙便没有倒坍；出于对拉比以利泽的敬重，墙也没有再竖直，而是依然保持了倾斜状。拉比以利泽最后对同事们说，'如果律法与我的观点是一致的，让上天作证于是，一个'声音之女'出现了并且宣称：'你们为何要反对以利泽，律法的裁定总是与他的观点一致。'拉比约书亚跳起来喊道：'不是在天上'（《申命记》，30：12）。这是什么意思呢？拉比耶利米说：'因为《托拉》是在西奈山上传授的，所以我们对'声音之女'置之不理。'"（B. M. 59b）[161]显而易见，《塔木德》通过这种奇特的方式说明了这一点：要正确理解《托拉》，只能依据理性本身。信心和信念同样预备了神迹的发生；即使在最极偏激的理解中，信从作为外在信仰的表达也根植于那难以改变的人的宗教现实。

除此之外，人们也需要看到神迹的偶然性，即人不能将生活的根本或惯常依靠在神迹之上。神迹只是宗教生活的点缀，但人的作为是始终在的，信从的

---

159 Paul Tillich, *Systematic Theology*, vol. 1, London: Nisbet, 1953, pp. 128-131.

160 《路加福音》17：6。

161 亚伯拉罕·柯恩：《大众塔木德》，盖逊译，山东大学出版社 2004 年版，第 54-55 页。

生活更值得追求。因此，特蕾莎修女的教诲是："宁愿在热忱和爱心工作中犯错，也不愿在不仁不义中行神迹。"[162]

---

162 特蕾莎修女：《活着就是爱》，王丽萍译，四川人民出版社 2000 年版，第 53 页。

余论：宗教信仰的其他含义

在基本的含义[1]外，信仰仍需一种理解上的补充和增益，这与主体的他在相关。主体的他在指称这样一种事件：主体以非主体的方式与他者关联，并在二者的根本差别中将一致的表象扭转为陌生者之间的商谈。这意味着，主体性的信仰是他在的，理性的调和将之塑造为解释的多元体。[2]其具体表现为，在本体范畴诸神圣的多样性能否得到确证会根本影响本真信仰和内在信仰的发生——诸神圣和唯一神圣之间的差距天差地别；而在外在信仰中，诸如佛教所说的"智"和道教强调的器物（如"金丹大药"）切实丰富着信仰的历史内涵。事实上，道教的开光、佛教的加持、基督教的祝圣仪式作为特殊的信仰事件在本质也是信仰的行动，它们连接着神圣仪式的主持者（如祝圣者，其权柄是诸神圣赋予的）、被祝福而分享神圣的人及被祝圣的物，而这种外在分有神圣的形式与内在承受神圣截然不同。所以，在人的身体与灵魂之外，他它、它物也与祂神根本相关。当然，就有关信仰的理解而言，仍是属人的。其补充和增益在心、念、行的边缘发生。

信慧

信慧有两义：其一，作为合称，它指三十七道品中"五根"之信根与慧根。《佛说无量寿经》载："寿命甚难得，佛世亦难值，人有信慧难。"[3]其二，信

---

1 有关信仰基本含义的简略分析（仅针对基督教、更侧重神学方面）也可参见 John Bishop & Daniel J. McKaughan, "Faith", in *Stanford Encyclopedia of Philosophy*, Edward N. Zalta & Uri Nodelman (eds.), Metaphysics Research Lab, Stanford University, 2022. https://plato.stanford.edu/archives/fall2022/entries/faith/

2 包括无价值判断的衍生体、异形体、畸变体。

3 CBETA 2021.Q3, T12, no. 360, p. 273b13.

慧指信心之智慧。信可以破邪见，慧可以断无明，信心之智慧言喻心的运转机敏、灵巧。在佛教中，"慧（或智）"乃"信"的补充，其中慧（或智）以其常性和明性，在信法之外，成就"慧解脱"。[4]换言之，尽管佛教之慧（或智）与作为"信心""信念""信从"的"信"相关，但此慧（或智）不受恩典的约束（即恩典之知），它自成称义的思量。释迦对罗睺罗的教诲，正说明了这一点。

> 如是我闻：一时，佛住舍卫国祇树给孤独园。尔时，尊者罗睺罗往诣佛所，稽首佛足，退坐一面，白佛言："善哉，世尊！为我说法，我闻法已，独一静处，专精思惟，不放逸住；独一静处，专精思惟，不放逸住已，如是思惟；所以族姓子剃除须发，正信非家，出家学道，修持梵行，见法自知作证：'我生已尽，梵行已立，所作已作，自知不受后有。'"尔时，世尊观察罗睺罗心，解脱慧未熟，未堪任受增上法。问罗睺罗言："汝以授人五受阴未？"罗睺罗白佛："未也，世尊！"佛告罗睺罗："当为人演说五受阴。"尔时，罗睺罗受佛教已，于异时为人演说五受阴，说已，还诣佛所，稽首佛足，退住一面，白佛言："世尊！我已为人说五受阴，唯愿世尊为我说法，我闻法已，独一静处，专精思惟，不放逸住，乃至自知不受后有。"尔时，世尊复观察罗睺罗心，解脱智未熟，不堪任受增上法，问罗睺罗言："汝为人说六入处未？"罗睺罗白佛："未也，世尊！"佛告罗睺罗："汝当为人演说六入处。"尔时，罗睺罗于异时为人演说六入处，说六入处已，来诣佛所，稽首礼足，退住一面，白佛言："世尊！我已为人演说六入处，唯愿世尊为我说法，我闻法已，当独一静处，专精思惟，不放逸住，乃至自知不受后有。"尔时，世尊观察罗睺罗心，解脱智未熟，不堪任受增上法。问罗睺罗言："汝已为人说尼陀那法未？"罗睺罗白佛言："未也，世尊！"佛告罗睺罗："汝当为人演说尼陀那法。"尔时，罗睺罗于异时为人广说尼陀那法已，来诣佛所，稽首礼足，退住一面，白佛言："世尊！为我说法，我闻

---

4 心解脱，梵语 citta-vimukti，谓由定力而于定障得解脱。其原始本义，系指心由一切束缚中解放，解脱之当体即为心，故称心解脱。而以智慧解脱者，则称慧解脱（prajñā-vimukti），指仅由无漏之智慧力断除烦恼障而得解脱。若由慧、定之力，断除烦恼、解脱二障而得解脱，则为俱解脱（ubhayato-bhāga-vīmukta），即得灭尽定。参见《佛光大辞典》，佛光大藏经编修委员会主编，佛光文化 2014 年版，第 1838、7599、5086 页。

法已，独一静处，专精思惟，不放逸住，乃至自知不受后有。"尔时，世尊复观察罗睺罗心，解脱智未熟……广说乃至告罗睺罗言："汝当于上所说诸法，独于一静处，专精思惟，观察其义。"尔时，罗睺罗受佛教勅，如上所闻法、所说法思惟称量，观察其义，作是念："此诸法一切皆顺趣涅槃、流注涅槃、后住涅槃。"尔时，罗睺罗往诣佛所，稽首礼足，退住一面，白佛言："世尊！我已于如上所闻法、所说法独一静处，思惟称量，观察其义，知此诸法皆顺趣涅槃、流注涅槃、后住涅槃。"尔时，世尊观察罗睺罗心，解脱智熟，堪任受增上法。告罗睺罗言："罗睺罗！一切无常。何等法无常？谓眼无常，若色、眼识、眼触……"如上无常广说。尔时，罗睺罗闻佛所说，欢喜随喜，礼佛而退。尔时，罗睺罗受佛教已，独一静处，专精思惟，不放逸住；所以族姓子剃除须发，着袈裟衣，正信非家，出家学道，纯修梵行，乃至见法自知作证："我生已尽，梵行已立，所作已作，自知不受后有。"成阿罗汉，心善解脱。佛说此经已，罗睺罗闻佛所说，欢喜奉行。[5]

罗睺罗于如来始终秉有大信心，奉释迦为法根、法眼、法依，并按其教诲自我修行、讲法于他人，具备完整的信仰行动，但阿罗汉果迟迟未能证得。最终，经由智的补足，罗睺罗才得观涅槃，得增上法，此乃"独一静处，思维称量，观察其义"这一智性事件的后果。由此可见，"心解脱"确需"慧解脱"的增补。总体上，如《杂阿含经》所言，"信应在前，然后有智，信智相比，智则为胜"[6]。在慧（或智）之中，信得以完全成就。

信解

信者，信仰也；解者，思明也。信解（adhi-mukta），[7]即于信仰中思明。此处信解有两点需注明：其一，与理智中的思明相区别，信解要求一种他者于自身的贯通，adhi-在此处意指那自上而下的观照。主体必须身处信仰行动之中，即使其发生并未被明觉。"于信仰中"作为思明的背景，一方面扩宽理智思明的视角，另一方面预备其边界的逾越。理智因而总在释放、免除某些东西。

5　《杂阿含经》，求那跋陀罗译，华文出版社 2013 年版，第 291-292 页。

6　《杂阿含经》，求那跋陀罗译，华文出版社 2013 年版，第 823 页。

7　此处的解释是哲学性的，有关佛教义理的解释见下文。

按佛教的说法，无明（梵语 avidyā，巴利语 avijjā）乃烦恼之别称，有不如实知见之意，它显然是解蔽之对象。信解反对那种闇昧事物，不通达真理与不能明白理解事相或道理之精神状态，理智因此谋求世俗知见的摆脱，它以内在信仰为思明之所。反观未涉信仰的智者（此类人极少）和信众中的庸人（此类人极多），他们多陷于信仰和理智断然相裂的深渊。

其二，思明不同于一般意义上的理解，也不同于一般意义上的聆听。以理解或聆听作为思明信仰之终点的人，通常都未进入纯思（或曰直观，abhi-）的领域。在思明信仰的传统中，有两种说法大行其道：一是理解（广义上就是思想）胜过一切思相（思维产生的世相），信仰是理解的方式之一，思明也是理解的方式之一；[8]二是信仰胜过理解，聆听可以完全取代思明。[9]于前者而言，理解是主体的存在方式，由理解诞生出的诸象，在存在意义上无法规定主体的理解，它的反身至多是一种解释。因此，被理解的信仰可还原为理解本身，其中不理解之需被抛弃。于后者而言，思明作为信仰的工具或仆从，在寻得信仰之后，同样会被放弃。因为除了作为阻碍（通常作为怀疑），思明不再拥有其他效用，信者不愿为此分心。于是，这两类人与思明决裂，前者自得于自相之情状，后者欣喜于色惑之慵懒，浑然不觉是他者的从旁关照和自我理智的内在支撑共同造就了信仰多元这一事实。个体共同认信，信众分别崇拜，信仰才是思明性的。

所以，善理解者，以我思之相起，以我思之相终；善聆听者，始于他思之相，亦终于他思之相。二者都未涉及灵思交往（灵性和纯思的交往，既是主体之间的，亦是主体与神圣之间的）的领域。所谓善理解者假于思，善聆听者假于信，其根源便在此：二者作为思与信的表象，从未观照过于信仰中思明的内涵。古希腊善辩的智者通常把信仰排除辩论术的范畴，而平庸的信众总希望最大程度摆脱理智对信仰的考验，都出于对信仰中思明这一事件的陌生或恐惧。因此，若无思明信仰的前提，灵思交往就难以达成。是故，《大般若经》载："世尊，是一切相智非取相修得，所以者何？诸取相者皆是烦恼。何等为相？

8　这种看法是后代真理观的起源之一。

9　"神只有通过聆听，才能创造一个世界。"（詹姆斯·卡斯：《有限和无限的游戏：一个哲学家眼中的竞技世界》，马小悟、余倩译，电子工业出版社 2019 年版，第140 页。）"在宗教中，聆听远比言说更重要。通道是从听道来的，使徒保罗如是说。"（詹姆斯·卡斯：《有限和无限的游戏：一个哲学家眼中的竞技世界》，马小悟、余倩译，电子工业出版社 2019 年版，第 180 页。）

所谓色相受想行识相，乃至一切陀罗尼门相，一切三摩地门相。于此诸相而取著者，名为烦恼。若取相修得一切相智者，胜军梵志。于一切智智，不应信解。何等名为彼信解相，谓于般若波罗蜜多深生净信；由胜解力，思惟观察一切智智。不以相方便，亦不以非相方便，以相与非相俱不可取故，是胜军梵志。虽由信解力归趣佛法名随信行者，而能以本性空悟入一切智智。"[10]由此，信解作为于信仰中思明之实相，是入净信，是与诸神圣灵思交往的起始。

信忍与含忍

忍作为信仰之道的品质，在不同宗教中具有不同的内涵。以佛教和基督教为例，表达为"信忍"与"含忍"的忍性，从慧（悟）与爱两个角度诉说信仰中忍耐的护守：作为行动或修持方法，它具备两种不同的根基。具言之，一方面，忍（kṣāntiḥ）在佛教中是不动法门，其具体含义是，受他人之侮辱恼害等而不生嗔心，或自身遇苦而不动心，证悟真理，心安住于理上。前者有忍辱、忍耐、堪忍[11]、忍许、忍可等表述，后者可表达为安忍、信忍。忍之行动的发生来自信，因而信忍之忍可以是一种果位。在三忍（喜、悟、信三忍）中，信忍之义为：于十信位中所得之忍，又作十信中忍。是时欢喜而大悟，故名喜忍、悟忍。证空谓此乃信本愿所得之利益，故名信忍；亲鸾则作为得他力信之一念时之利益。在五忍（伏、信、顺、无生、寂灭五忍）中，信忍之义为：地上菩萨得无漏信，随顺不疑。在六忍中（菩萨阶位之六种法忍）信忍之义为：别教菩萨于十住位中修习空观，信一切法悉皆空寂，能于空法忍可忍证。[12]可见，忍作为信的自然发生结果，或称"利益"，其基础是信，效果为安。且此时的

---

10 CBETA 2021.Q3, T05, no. 220, p. 209b11-29.

11 kṣama，堪耐忍受身心之压迫痛苦之意。sahā（音译娑婆），意译为堪忍；堪忍世界即指娑婆世界。

12 "六忍：相应于菩萨阶位之六种法忍。即：（一）信忍，别教菩萨于十住位中修习空观，信一切法悉皆空寂，能于空法忍可忍证，故称信忍。（二）法忍，别教菩萨于十行位中修习假观，虽知一切法空无所有，而能假立一切法，化诸众生，于假法中忍可忍证，故称法忍。（三）修忍，别教菩萨于十回向位中修习中观，知一切法事理融和，于中道中忍可忍证，故称修忍。（四）正忍，别教菩萨于十地位中次第正破十品无明之惑，于中道之理忍可忍证，故称正忍。（五）无垢忍，别教菩萨于等觉位中断除无明惑染，而于自性清净心体忍可忍证，故称无垢忍。（六）一切智忍，别教妙觉果佛，断十二品无明惑尽，遍知一切中道之法，而于此法忍可忍证，故称一切智忍。又智，知之意。十二品，谓十地等觉妙觉所断之惑，各有一品。"（《佛光大辞典》，佛光大藏经编修委员会主编，佛光文化 2014 年版，第 1655页。）

信，内容为一切法悉皆空寂，即慧悟空道。喜忍和悟忍在此便是信忍的心理印证和表达。

另一方面，忍在基督宗教中是爱的行动。《格林多前书》载"爱是含忍的（Ἡ ἀγάπη μακροθυμεῖ）"[13]，含忍指以苦痛之承受，诉说天主的恩典，遵守爱的戒律。与佛教的信忍相比，基督宗教中含忍的目的并不是不生嗔心或不动心，反而是因忍动爱，将爱的旨意传达到他者中。耶稣教导众人，不要与恶人作对，有人打你的右脸，连另一边也转过去由他打。因为人若只看顾自己，又怎么能与恶人相区别呢？所以基督徒要爱其仇敌，为那迫害自己的人祷告。如此，其人如同其父，是完全的。[14]因此，没有爱的忍耐仅是忍耐，称不上含忍，它将生存的谋划转化为爱的诫命与性命之安。且含忍之安不在证悟真理，而在倚住天主的心灵之安宁，这样，信忍与含忍都根植信仰的本性之中。[15]

信勤与勤信

佛教中有信勤之说，其义有二：一，信勤乃信、勤之合称，信与勤是独立的事项；二，信勤指勤于信，以信为本，勤为修辞。信勤共合，一种人格化的品质被赋予信仰之行动。具体而言，作为独立的事项，信与勤分别指修行中的不同阶段或法门。《三法度论》载："进者，信、勤、不舍。信、勤、不舍，是三假名进。……信者，净、欲、解。……勤者，起、习、专。……不舍者，不止、不厌、不离。"[16]此处，信、勤同属"进"法，是八正道的具体内容。而在《阿毘达磨品类足论》中，信、勤又同是善地法。其文云："十大善地法云何？谓信、勤、惭、愧、无贪、无嗔、轻安、舍、不放逸、不害。"[17]信、勤作为善法之首，确当修习。是故，《大乘阿毘达磨杂集论》曰："世间清净离欲增上者，谓信勤念定慧根，由此制伏诸烦恼故。"[18]五根修起四念处，[19]善生焉。故"善

---

13 "爱是含忍的，爱是慈祥的。"（思高圣经《格林多前书》13：4。）"爱是恒久忍耐，又有恩慈。"（和合本 2010 修订版《哥林多前书》13：4。）

14 参见《马太福音》5：43-48。

15 从释迦摩尼对神通第一目犍连的教导可知，仅有神通而无信悟是不够的。其中，神通是智的极致，它与神圣的真理相关。

16 CBETA 2021.Q3, T25, no. 1506, p. 18c4-26.

17 CBETA 2021.Q3, T26, no. 1542, p. 698c11-12.

18 CBETA 2021.Q3, T31, no. 1606, p. 715c21-22.

19 四念处又名四念住，即身念处、受念处、心念处、法念处。身念处是观身不净；受念处是观受是苦；心念处是观心无常；法念处是观法无我。此四念处的四种观

中唯取信、勤二法"[20]"善四，信、勤、无贪、嗔。"[21]此外，织田得能在断论毗昙宗与成实宗的旨要差异时说："毗昙主张信勤唯有善性；成实则主张信勤通善、不善、无记等三性。"[22]此处信、勤关乎信仰之道的根本，即作为事件的信仰在面向神圣时是否具有道德层面的规定。由此，分别之信、勤，同是内在信仰和外在信仰的关键要素。

与之相对，合称之信勤多表示勤于信这一持续的修行态度或事件。《达摩多罗禅经》所载"信勤勿懈怠，常起欲惭愧"[23]既可理解为独立的信、勤法门，又可指勤于信这一未断离的修行状态。换言之，在"信"取广义，即其含义超越信心范畴时，勤作为独立事件，既可承负信心，又可以信念和信从为主体，此时合称的信勤即勤于信。"信勤方便行，[24]疾成无上道"[25]，信勤由此可直白理解为勤于信仰、行方便法门，直通无上道路。释印顺所作偈语"懈怠为定障，信勤等对治"[26]，其义不言自明。于是，信勤乃是勤与信的合一。

需注意的是，除两种含义的信勤之外，佛教中亦有勤信之说。有《杂阿含经》载："若复善男子于我所说法，观察诸阴，勤欲、勤乐、勤念、勤信，彼能疾得尽诸漏。"[27]又有《法苑珠林》书："敬家分宅以居。于是归心三宝勤信法教。遂作佳流弟子（右此一验出冥祥记）。"[28]可见，此二处勤信，皆是勤于信之意，与上文所述信勤的第二层含义等同，故不累述。勤信与信勤，皆是信仰之道诸多特性中的一种。[29]

信力

信力（梵 śraddhābala）在佛教中是五力（梵语 Pañcabalāni，巴利语同）之

法都是以智慧为体，以慧观的力量，把心安住在道法上，使之正而不邪。相关研究可参见哈磊：《四念处研究》，巴蜀书社 2006 年版。

20 《俱舍论疏》，CBETA 2021.Q3, T41, no. 1822, p. 515b25.

21 《成唯识论掌中枢要》，CBETA 2021.Q3, T43, no. 1831, p. 655c6-7.

22 《佛光大辞典》，佛光大藏经编修委员会主编，佛光文化 2014 年版，第 3695 页。

23 CBETA 2021.Q3, T15, no. 618, p. 314a19.

24 巧用诸法，随机利物，称为方便。

25 《大方等如来藏经》，CBETA 2021.Q3, T16, no. 666, p. 458b28.

26 《成佛之道》，CBETA 2021.Q3, Y12, no. 12, p. 13a6.

27 CBETA 2021.Q3, T02, no. 99, p. 14a11-13.

28 CBETA 2021.Q3, T53, no. 2122, p. 989a7-8.

29 人所行的信仰之道，勤信是其要求；神圣自行的信仰之道，勤信是其品质特征。后者表现为神圣于时间的不断呈现和对凡俗的教化。

一，它指信的力用。信力者，谓由信而有势力也。信根增长，破诸邪信，不为偏小所动，故名信力。学道之人，非有信力，不能精进。然而，若以生命哲学的视角考察信力，其力不再是信仰行动的外在发用，而是信仰如此作为的实在依据，即信力与信根在功能上同构。如柏格森所言，"运动是简单的，是浑然一体的。这种努力的绵延是一种不可分的延续性"[30]。换言之，作为信仰的内在动力，信力不仅是根的有势之发，它同时是被神圣渗透的生命本身的内蕴之力。人与神圣者相遇时，顿悟回首、完全翻转、喜乐满盈，充斥在人的身体和灵魂中的伟力，正是被唤起的信力。这信力内在支撑信仰行动的持续不断，因而信众得以在日常的宗教实践中获得坚守或悔改的力量。

信靠

在基督教（尤其是新教）中，"信"有时被译为信靠[31]，其意在显明那种人之间的、活生生的信赖的关系。人因信将自身交托、托付于基督，这种倚赖在情感上美妙。"那靠着良人从旷野上来的是谁呢？"[32]"她若是墙，我们要在其上建造银塔；她若是门，我们要用香柏木板围护她。"[33]信靠正是那倚靠者轻柔而坚忍的心的抚触。换言之，信靠是主动、自愿、全然的（彻底的）信，它由爱而非索求生出，在这个意义上，它是信从自由情感的表达。主体可从与基督合一、与神圣同在中的状态中淡化或消退，这超越了一般意义上"从"的含义，即并非人与人的并在或追随，而是人被吸引到神圣者之中。这样，作为信靠的信从，更体现爱的共情而非理智的辨明。当然，信靠（fiducia）也与望（spes）相关，神作为公义的审判者在未来会以合适的称义和拯救奖赏信徒，[34]美目盼兮终得坚实、公信的回应。

坚信

作为事件的信仰强调一种张力的平衡，这平衡与行动的持存相关，它通常被称为坚信或信之坚固。与此同时，其张力表征神圣运转的样态，其中神圣流溢及分享的向度与其容纳及找回的向度具有不同的特性：前者内动、外

---

30 柏格森：《思想与运动》，邓刚、李成季译，上海人民出版社 2015 年版，第 7 页。

31 其古希伯来语、古希腊语词根是分别是 נשא，πίστις，即信、倚靠。

32 《雅歌》8：5。

33 《雅歌》8：9。

34 参见 Lowell C. Green, *How Melanchthon Helped Luther Discover the Gospel: the Doctrine of Justification in the Reformation,* Greenwood, SC: Attic Press, 1980, p. 145.

涌，后者外推、跃进。[35]所以，于前者而言，坚信构筑了神圣流溢的稳固通道，有关神圣的分享因此不至断裂；于后者而言，它是信众刻苦追寻神圣的路径和内在动力，信仰的飞跃由此起步。基于此，坚信和犹疑成为信众的两种注视：一方面是脚下之路，一方面是周围之景。犹疑作为驻足时的休憩，其目的仍在坚信。

事实上，在外在信仰中，坚信既是宗教实践的基本要求，又是信众必要的个人品质。于信众而言，坚定信仰是宗教修行的基础；而在信心层面，心之坚固是信仰的起始。天主教（公教会）和东正教（正教会）为信众施坚振礼（Confirmation），其义就在让圣神临在人心的殿堂。于公教会和正教会的信众而言，其领洗是"经由"或"藉着"圣神而重生；而在坚振圣事中，信众"领受"圣神，请圣神以特殊方式降到自己身上。圣神回应人心的颤动，使信众在领洗时所得的圣宠更坚固、更有力、更有效。这样，信心的坚固便自然生长出坚定的信念——在信念层面，观念的坚定使信仰始终如一。进而言之，按照佛教的说法，信众皈依释迦（神圣）后，信众的根力[36]诞生。因根力的缘故，坚信成为信仰个体的宗教品性。坚信者不背弃神圣之道，在信念中的表达就是四坚信：信佛、法、僧及戒也，故四坚信又名四不坏信。信念的坚定具有"金刚"[37]之性，其坚固能断破一切烦恼，犹如金刚坚固能摧破他物，故称金刚三昧（samādhiḥ，即定）。因而信念之坚定可破除犹疑与邪见，与信心之坚固使得心、念合一。在信从层面，此即信仰行动坚贞的品性。《佛说十往生阿弥陀佛国经》中云："无有正念，不得解脱。"[38]此处，正念就是坚贞的信行。《阿毗达磨品类足论》云："正定云何？谓圣弟子等，于苦思惟苦，于集思惟集，于灭思惟灭，于道思惟道，无漏作意相应，诸令心住、等住、安住、近住、坚住、

---

35 信仰的飞跃有两种：一是未信到信的飞跃，二是常信（一般信仰）到永信的飞跃。此处主要指后者。

36 即五根五力，指信根、精进根、念根、定根、慧根等五根，与信力、精进力、念力、定力、慧力等五力。

37 金刚，梵语 vajra，巴利语 vajira。音译作伐阇罗、跋阇罗、跋折罗、缚日啰、伐折罗、跋日罗。即金中最刚之义。经论中常以金刚比喻武器及宝石，较常用于比喻武器。据金刚顶疏卷一之说，世界之金刚有不可破坏、宝中之宝、战具中之胜等三义。另据北本涅槃经卷二十四、大乘义章卷九等举出，金刚有能破、清净、体坚、最胜、难测、难得、势力、能照、不定、主、能集、能益、庄严、无分别等十四德。(参见《佛光大辞典》，佛光大藏经编修委员会主编，佛光文化 2014 年版，第 4454 页。)

38 CBETA 2021.Q3, X01, no. 14, p. 365b17 // R87, p. 583b12 // Z1:87, p. 292b12.

不乱、不散、摄止、等持、心一境性；是名正定。"[39]心念专注于四谛，身行专注于心念，信仰于此合一。概言之，坚信而有定、义、解脱。

虔信（信爱）

在印度教中，虔信（bhakti）这一概念最早可以溯源到上古的《梨俱吠陀》，其发展历史极为久远。根据词源学的解读，bhakti 一词从动词 bhaj（分配）而来，在关系范畴它意指与神的"关联""参加"，在宗教中，其意为"献身、归依、尊敬、诚实、爱情"[40]等。印度古典文学中，虔信有"人间的""情绪的"及"崇敬的"用法，[41]它因此指称"对神的狂热和绝对的皈依"之类的感情，其中信、爱在情绪上相和。与在汉语中译为"信乐""爱乐"的 adhi-mukta[42]相比，它显然更加偏向情感而非理智。

事实上，虔信作为更倾向于心之情感的信仰，以信心为基本结构。按照帕拉伯瓦南达的解释，虔信可定义为"对神的专一的爱，即为爱而爱"[43]，或曰虔信是"对神强烈的爱"[44]。因此，爱的瑜伽指把爱奉献给神的道路或过程，虔信即信仰者需要在此道路或过程中达致的状态。根据《薄伽梵歌》的说法，解脱有三条途径："知道"（又称智瑜伽，Jnana-yoga）、"行道"（又称行瑜伽，karma-yoga）、"通道"（又称信瑜伽，bhakti-yoga）。其中，通道最直接、最重要，因此瑜伽行派尤重虔信。具体言之，虔信的起始源自对神圣者的倾听，圣人迦基把虔信定义为献身于聆听和赞美神之名，[45]信仰者的内在被充满。所以，"虔信者谈论神时，他们声音哽塞，泪水涟漪，在狂喜中毛发直立。这样的人不仅会净化自身的家庭，而且将净化他们出生于其中的地球"[46]。从信仰个体到信仰群体，虔信的社会化使得神圣的探寻和接受成为社会生活的符号，由此

---

39 CBETA 2021.Q3, T26, no. 1542, p. 722b12-16.

40 故 bhakti 也译为"信爱"。

41 参见原实：《"bhakti"研究》，《日本佛教学会年报》1962 年第 1 期，第 1-24 页。

42 上文已提到，adhi-mukta 更多译为信解。

43 斯瓦米·帕拉伯瓦南达：《爱的瑜伽：〈拿拉达虔信经〉及其权威解释》，王志成、富瑜译，四川人民出版社 2018 年版，前言第 2-3 页。

44 斯瓦米·帕拉伯瓦南达：《爱的瑜伽：〈拿拉达虔信经〉及其权威解释》，王志成、富瑜译，四川人民出版社 2018 年版，第 22 页。

45 参见斯瓦米·帕拉伯瓦南达：《爱的瑜伽：〈拿拉达虔信经〉及其权威解释》，王志成、富瑜译，四川人民出版社 2018 年版，第 87 页。

46 斯瓦米·帕拉伯瓦南达：《爱的瑜伽：〈拿拉达虔信经〉及其权威解释》，王志成、富瑜译，四川人民出版社 2018 年版，第 228 页。

波罗娑罗之子毗耶娑把虔信定义为献身于崇拜活动和类似的活动。[47]但在总体上，虔信还是一种修行方式，圣人桑蒂亚将虔信定义为避免一切杂念，只在阿特曼中获得喜悦，[48]意指的正是瑜伽作为信仰之道的方式之一，始终指向神圣。需要注意的是，尽管爱的瑜伽强调心而非知识或行动，它仍然坚持知识作为智慧附属的重要作用。只不过，"达致虔信并非只是一个知识和信息的问题，而更多地涉及一种基本的情感和灵性的转变"[49]，"灵性指向超脱，虔信不能用来实现欲望，它本身克制一切欲望"[50]。由此，虔信成为心之超脱的路径。

在更为具体的方面，罗摩奴阇认为人通过虔信可使自我（灵魂）更接近于神，即在灵魂与神的联系中成为更活跃的意识成分。他宣称虔信需要一系列的修持，包括：吃干净的食物、离欲、对神的信念、布施落悲、诚实、正直、怜悯、非暴力等。通过这些修持，人首先进入低层次的虔信，这个层次包括祈祷、举行仪式和偶像崇拜等活动，而高层次的虔信直接使人进入最后的认识，把最高实在作为皈依的对象。因此，人生的最终目的是亲证大神毗湿奴，从而达到解脱。事实上，这种有关虔信的修行学说的最大价值正在此，通过论证虔信事件的根本性，罗摩奴阇试图打破既有宗教的种姓—信仰秩序的限制。按照罗摩奴阇的说法，种姓制只不过是人在社会中其身份和肉体的不同区别而已，种姓制的差别并不与灵魂的性质发生关系。他认为对神的虔信没有差别，灵魂在神的面前平等，而虔信超越所有的种姓差别。罗摩奴阇的12人教团中包括一个婆罗门、一位理发师，一个皮匠和一位妇女，这种教团结构很难不被认为是具有普信之爱的。[51]

敬信

司马承祯提出的修道首要功夫乃敬信。《坐忘论》载："如人闻坐忘之言，

---

47 参见斯瓦米·帕拉伯瓦南达：《爱的瑜伽：〈拿拉达虔信经〉及其权威解释》，王志成、富瑜译，四川人民出版社2018年版，第83页。

48 参见斯瓦米·帕拉伯瓦南达：《爱的瑜伽：〈拿拉达虔信经〉及其权威解释》，王志成、富瑜译，四川人民出版社2018年版，第90页。

49 斯瓦米·帕拉伯瓦南达：《爱的瑜伽：〈拿拉达虔信经〉及其权威解释》，王志成、富瑜译，四川人民出版社2018年版，前言第6页。

50 斯瓦米·帕拉伯瓦南达：《爱的瑜伽：〈拿拉达虔信经〉及其权威解释》，王志成、富瑜译，四川人民出版社2018年版，第63页。

51 参见孙晶：《印度六派哲学》，中国社会科学出版社2015年版，第205页。更多有关罗摩奴阇对信爱的看法见本书第201-205页。

信是修道之要，敬仰尊重，决定无疑者，加之勤行，得道必矣！"[52]此处，敬显然是与诚相依的态度之恭敬。诚者，言成实也，它是言自照的无妄，也可引申为契约的相守。因此，敬既与自身的真理性相关——决定无疑，也意指对他者的尊重，这种尊重来自关系本身。换言之，敬可被视作信的德性。"信者，道之根；敬者，德之蒂。根深则道可长，蒂固则德可茂。"[53]《瑜伽师地论》云："又为五种不敬信所执持者，心不调柔，不能生长诸善根本。谓于大师所说正法增上戒学增上心学增上慧学，正觉发者，正教授者，正教诫者，同梵行所，无有信敬。"[54]作为戒、警，[55]敬是一种规范的态度或倾向，它要求信之德性的实现。毕竟，"信道之心不足，乃有不信之祸及之，何道之可望乎"[56]？

52 司马承祯：《坐忘论》，载《道藏》第 22 册，文物出版社、上海书店、天津古籍出版社 1988 年版，第 892 页。

53 司马承祯：《坐忘论》，载《道藏》第 22 册，文物出版社、上海书店、天津古籍出版社 1988 年版，第 892 页。

54 CBETA 2022.Q1, T30, no. 1579, p. 352b1-5.

55 古意解为戒、警，这两种说法各有支持者。

56 司马承祯：《坐忘论》，载《道藏》第 22 册，文物出版社、上海书店、天津古籍出版社 1988 年版，第 892 页。

结语：对宗教信仰的理性反思

在后现代语境下重谈信仰，尤其是以哲学的态度和方法言说信仰，决然离不开对信仰的再诠释或再论证。这些诠释和论证的基础乃是更加开放的理性，其绝对前设是理智容纳不可说之物。传统上，理性开放的三个基本原则是：逻辑自治、承认他者的存在、边界和内容都可修正，它们有时候又被称为奠基原理及推演、经验原则以及证实原则，这些原则构成现代哲学思潮之种种。但在根本上，理性开放在先解决的是本体论问题，即当理性不再是属性或功能的时候，当理性"开放自身"而不是被操纵着运作的时候，它就是根本的澄明事件。换言之，不可说之物在对象化的活动而不是对象固有的属性或结构中被认识了，对象之在即绝对他者介入了存在。

因此，言说信仰首先要处理的就是单向认知的假设，因为并非人在主导信仰，而是人在构成信仰。此处，构成意味着，信仰作为事件将正在认知事物的人纳入其中，"持以为真"即知识—真理的澄明装置。在这一点上，巴迪欧将"事件（介入）与忠实程序（关联的运算符）之间关联的过程本身"[1]称为"主体"，主体显然不再是海德格尔意义上的此在，自然生命或存在论上生命的内涵被重构了。因之，巴迪欧宣称："信仰就是在真理之名之下即将降临的东西。其合法性源自事件之名，它为情势附加了一个悖论性的多，并将之纳入情势的循环之中。"[2]情势（situation）被定义为"所有展现出来的多元"[3]，这样，在本体论层面，信仰就实现了自治：事件成为存在的核心，且其关系是建构的、

---

[1] 巴迪欧：《存在与事件》，蓝江译，南京大学出版社 2018 年版，第 297 页。
[2] 巴迪欧：《存在与事件》，蓝江译，南京大学出版社 2018 年版，第 490 页。
[3] 巴迪欧：《存在与事件》，蓝江译，南京大学出版社 2018 年版，第 35 页。

生成的，它在根本上是多的运作。信仰在当代的回归由此可以视作他者对理性的呼召，理性加入而非占据一切实存。

在此基础上，一种本然的多又将所有的参与者规定为交往的诸主体，主体在内容上获得了具化，个体此时意味着元素。主体的集合化（用{}表示，如主体 a 与集合{a}）建立起自身的结构，它成为认知的对象，在命名和知识的双重作用下，对象成为可辨识者。主体的集合化或说主体之多的有序呈现由理性保证，因此理性虽不与事件本身等同，但它却是事件的位点（site），即事件藉着理性不再是混乱、隐匿的，它可以被把握。并且，在诸主体的交往中，理性具有了约的样式，它使主体中那些自在的（未显现的）最终成为自为的（显现的）。

结果显而易见，信仰事件中的主体既是对象也是对象的建构者，不仅神圣者如此，人同样具有类似的作为，甚至对象所具有的一切可认知的属性都是自显的。人与神圣者之间的差别不只在所建构和所显露之物，更关键的是接受的能力，接受的有限使得人的模仿—建构较之神圣者更为困窘。这样，信仰就必然因多[4]之显露和接受的不对等被认为具有神圣的面向，它自然向弱者倾斜，并藉着理性向强者回转，这是信仰的根本规范。理性促使这一事件发生，由此它被视为信仰持存的动力。

当然，理性对信仰的支持并不形成某种属于或包含关系，即理性既不是信仰的元素，也不是信仰的部分。作为情势显现的状态，理性的功能是保证，信仰的功能是附加，并且这种附加需要检验，理性和信仰各自将对方纳入自身。其结果是，作为规则，理性承认（作为对象的）他者的绝对存在，而信仰附加与真理相关之物，情势的展开总归是整体有序的。"悖论性的多"可被纳入情势循环的前提正是此悖论能够发挥计数（计多为一）的效用，多与一在存在层面辨证，它不涉及命题之间的否定，因而这悖论并不意味着具体事项之间的冲突。换言之，理性与信仰的作用是相辅的，对象化由此完成。并且，理性和信仰都表现为言，以理性横向介入信仰，此即宗教哲学。

而在理性的自在层面，这种对存在秩序的保证首先表现为对信仰形式的普遍接受，即一切有关信仰的较为合理的解释都可纳入初始认知范畴。此时，自在理性显露出的特性是实用、功利，它附和宗教的朴素形式并成为附庸者，合理信念被转化为各式各样的宗教观念、教义教条。另外，理性的自在又催生

---

4 这多是层次性的，它既是数量，也是深度、强度。

范畴的综合，即社会、道德、人文、科学等范畴作为要素共在，它们共同将宗教塑造成解释的多元体，唯独在交互的具体命题发生冲突时，这种理性的融贯才被打破。换言之，理论理性是实践理性的正向缩减（同样是多），它保证赘余物（即冲突物）的正当权利。

与之相较，自为层面的理性具有更精致的结构和形式，理性之强力此时表现为理性总是强制被介入物呈现与自身一致的状态。基于逻辑推理的信仰证明尤其如此，被命题化的宗教信念不仅要含义清晰，它们甚至被要求可以被证实，或至少拥有逻辑层面的真值。但信仰的本质毕竟是附加，附加并不蕴含可证（证实或证否），可证的意味是允许理性的参与。所以，自为的理性若保持开放，它就不必然追求严格的形式逻辑证明，而是赋予信仰以合理、有效的说明。

这样，具现在体验、认知、行动层面的信仰就都面向理性开放，而理性也不吝做出或弱或强或效果主义的保证。[5]根据诺齐克的解释，人可能凭信心相信神圣最深层真实之存在，因为他（她）已越过这推论性的论证（inferential argument），其信心直接从深深的触动与接触事物的感动中产生。一个实在的人、一位故事中的人物、大自然的要素、一本书或一件艺术作品，任何存在的一部分都可借神圣本身所具有的形式品质暗示神圣者，它们胜过简单的相信理由（或论证前提）。换言之，理性此时与信仰交叠，这种弱的证明形式表现为直观，它具有本体论的样态，对象的附加被理性即时确证。这感动在根本上是一种对某人本身（in oneself）和自己回应（one's own response）的信仰，它是某人对自己至深的正面回应之信任。

并且，这种至深的回应涉及一种明显的自身异化，它与对象性的信念相关，此时信仰的根基是一种对其他事物的相信而不是一种对某人及其至深回应的信任，虽然它也可以表达为某人需对自己的信仰有信心（to have a faith in one's faith），即信任某人对所接触的事物的信仰反应。强证明之强力此时可被理解为理智认知对心之体验的匮乏性弥补，后者寻求一种更有力、可靠、可验证的支撑，而开放的理性恰是一种承构。在更宽泛的层面，一种程度比较低的信仰与特定经验的解释相关，内容的有效性在其中被淡化。将它与因通过接触而不是由理性而生的浪漫爱情比较就会发现，这信仰（理性可以用来展示它）推延理性的反思，它在人与世界的基本关联——关系和信任——中，预设了一

---

5 分别对应信心、信念、信从三个方面。

种解释的接受。所以，信仰的肯定（affirmation）不是停止判断，它将理性包含在生命的解释中，且这肯定与教条主义相区别。这意味着，肯定可以是全心全意的或尝试性的，它可被公开更换。对自己至深经验的信任引导个人自己的生命和探索，它不是要求其他人也如此。[6]

这样，一种效果主义的行动就是主体对具化信仰的简单修正，而理性确保附加物对身体、意志同样有效，即言与行保持一致。自发的信从可以从信心、信念或二者的综合得来，但行动绝不是纯粹的附属物，理性的本能在身体层面表达为意志习惯，这种习惯所对应的正是新情势、新事件。换言之，效果主义的行动既是已有信仰的实现又是未有信仰的预备，而理性凭其效果做出连续但有改变的保证，这种保证的连续发生即理性—信仰的历史。理性的开放此时意味着新位点的不断生成。

所以，信仰的确与那些独断的教义、虚假的知识以及虚伪的宗教生活差别开来[7]，是神圣和理性"内在释放我们的勇气和信心"[8]，它们拒绝没有勇气、没有激情，只有伪善之谦卑的宗教奴性。[9]如肯尼所说："若要在基督教的两种德性中做出选择，那么毫无疑问谦卑比信仰更加重要"[10]，因为谦卑不仅是信仰的主要特征，而且在逻辑层面它意味着真信仰的生成，宗教哲学的言说必须如此，[11]它由理性的谨慎保证。而在这之外，勇气的作用同样被强调，即"一

6 参见诺齐克：《上帝的本质，上帝的信仰》，载王晓朝、杨熙楠主编：《传统与后现代》，广西师范大学出版社 2006 年版，第 132-135 页。

7 "倾听所有人的言语声明，没有什么东西是像他们的宗教信条那样确定的。考察他们的生活，你们将几乎不会认为他们对他们的宗教信条抱有最微末的信赖。最伟大和最真实的热忱毫不向我们保证不是伪善；最公开的不虔敬伴随着隐秘的惧怕和懊悔。没有神学荒谬如此耀眼，以致它们没有被拥有最伟大和最受教化的知性的人们有时接受。没有宗教箴规如此严厉，以致它们没有被最放荡淫逸和最自甘堕落的人们采纳。无知是虔诚之母；这是一个格言式的、已经由一般经验确证的准则。"（休谟：《宗教的自然史》，曾晓平译，商务印书馆 2014 年版，第 96 页。）

8 参见 John Herman Randall & John Herman Randall, Jr., *Religion and the Modern World*, New York: Frederick A. Stokes Company, 1929, p. 230.

9 "他们过分拘泥，俯首听命，他们熟知东方人的鄙视，其目的是坚定自己的信仰；他们对待自己的信仰，就像亚洲人对待自己的君王一样，卑躬屈膝，顺从驯服，充满恐惧，了无独立的欲望。"（尼采：《权力意志与永恒轮回》，沃尔法特编，虞龙发译，上海译文出版社 2016 年版，第 52 页。）

10 Anthony Kenny, *Unknown God: Agnostic Essays,* London & New York: Continuum, 2004, p. 102.

11 "整个是一个谜，一个奥秘，一个不可说明的奥秘。怀疑、不确定性、悬置判断看来是我们对这个主题的最精确考察的惟一结果。但是人的理性是如此脆弱，意

种试探性的信仰并非真信仰"[12]，信仰的决断意味着飞跃，它无法被挽回，但理性却可不断对之进行推演、修正，它使附加的发生有所增减。克尔凯郭尔的说法是，"依靠荒诞去获得全部暂时性的领域，要有一种相悖的而又卑微的勇气才行，那是一种信仰的勇气"[13]。这种勇气并不拒斥开放的理性，它所拒斥的乃是不开放本身。

见的漫延是如此不可抵挡，以致如果我们没有扩大我们的视野，没有以一种迷信反对另一种迷信，让它们相互争吵，而在它们狂怒和争吵期间，我们自己幸运地使我们逃进哲学的平静的尽管晦涩的领域，甚至这种审慎的怀疑也几乎不能得到维持。"（休谟：《宗教的自然史》，曾晓平译，商务印书馆 2014 年版，第 97 页。）

12 Ted Honderich, *Philosophers of Our Times*, Oxford University Press, 2015, pp. 267-268.
13 克尔凯郭尔：《恐惧与颤栗》，刘继译，贵州人民出版社 1994 年版，第 25 页。

参考文献

一、中文著作、译著

1. 《薄伽梵歌》，张保胜译，中国社会科学出版社 1989 年版。

2. 《古兰经》，周仲曦编译，伊斯兰国际出版社 1990 年版。

3. 《摩奴法论》，蒋忠新译，中国社会科学出版社 2007 年版。

4. 《塔木德》，塞妮亚编译，内蒙古人民出版社 2003 年版。

5. 《天主教教理》，中国河北信德社 2012 年版。

6. 《五十奥义书》，徐梵澄译，中国社会科学出版社 1995 年版。

7. 《杂阿含经》，求那跋陀罗译，华文出版社 2013 年版。

8. 阿多尔诺：《否定辩证法》，王凤才译，商务印书馆 2019 年版。

9. 阿多诺：《美学理论：修订译本》，王柯平译，上海人民出版社 2020 年版。

10. 阿甘本：《神圣人：至高权力与赤裸生命》，吴冠军译，中央编译出版社 2016 年版。

11. 阿桂：《钦定盛京通志》，台湾商务印书馆影印文渊阁《四库全书》本，第 502 册。

12. 阿奎那：《神学大全》（第 1、3 册），周克勤等译，中华道明会、碧岳学社 2008 年版。

13. 阿罗宾多：《神圣的人生引论》，秦林译，光明日报出版社 2010 年版。

14. 阿罗频多：《薄伽梵歌论》，徐梵澄译，商务印书馆 2009 年版。

15. 阿诺德：《文化和无政府状态》，韩敏中译，生活·读书·新知三联书店 2012 年版。

16. 艾利克森：《基督教神学》（第 1 卷），郭俊豪、李清义译，中华福音神学院出版社 2000 年版。

17. 艾耶尔：《语言、真理与逻辑》，伊大贻译，上海译文出版社 1981 年版。

18. 爱尔维修：《论精神》，杨伯恺译，上海人民出版社 2019 年版。

19. 爱因斯坦：《爱因斯坦文集》（第 3 卷），许良英、赵中立、张宣三编译，商务印书馆 1979 年版。

20. 安波罗修：《论基督教信仰》，杨凌峰译，生活·读书·新知三联书店 2010 年版。

21. 奥古斯丁：《忏悔录》，周士良译，商务印书馆 2009 年版。

22. 奥古斯丁：《上帝之城：驳异教徒》（中），吴飞译，上海三联书店 2007 年版。

23. 奥卡姆：《逻辑大全》，王路译，商务印书馆 2010 年版。

24. 奥托：《神圣者的观念》，丁建波译，江西教育出版社 2014 年版。

25. 巴迪欧：《爱的多重奏》，邓刚译，华东师范大学出版社 2012 年版。

26. 巴迪欧：《存在与事件》，蓝江译，南京大学出版社 2018 年版。

27. 巴哈欧拉：《大同圣帐 巴哈欧拉复马尼克齐．萨希卜书及其他著作》，巴哈伊世界中心编，新纪元国际出版社 2016 年版。

28. 巴哈欧拉：《笃信经》，絮升译，新纪元国际出版社 2011 年版。

29. 巴哈欧拉：《七谷经与四谷经》，李绍白译，新纪元国际出版社 2013 年版。

30. 巴哈欧拉：《亚格达斯经 至圣经书》，新纪元国际出版社 2017 年版。

31. 巴哈欧拉：《隐言经》，新纪元国际出版社 2017 年版。

32. 巴什拉：《胡塞尔的逻辑学：〈形式逻辑与先验逻辑〉研究》，张浩军译，华东师范大学出版社 2021 年版。

33. 巴什拉：《土地与意志的遐想》，冬一译，商务印书馆 2020 年版。

34. 巴特：《〈罗马书〉释义》，魏育青译，华东师范大学出版社 2005 年版。

35. 巴特：《文之悦》，屠友祥译，上海人民出版社 2016 年本版。

36. 柏格森：《道德与宗教的两个来源》，王作虹、成穷译，贵州人民出版社 2007 年版。

37. 柏格森：《生命的意义》，刘霞译，台海出版社 2018 年版。

38. 柏格森：《时间与自由意志》，冯怀信译，北京时代华文书局 2018 年版。

39. 柏格森：《思想与运动》，邓刚、李成季译，上海人民出版社 2015 年版。

40. 包尔生:《伦理学体系》,何怀宏、廖申白译,商务印书馆 2021 年版。

41. 贝格尔:《神圣的帷幕:宗教社会学理论之要素》,高师宁译,上海人民出版社 1991 年。

42. 贝格尔:《天使的传言》,高师宁译,中国人民大学出版社 2003 年版。

43. 彼珀:《动物与超人之维:对尼采〈查拉图斯特拉〉第 1 卷的哲学解释》,李洁译,华夏出版社 2001 年版。

44. 辨喜:《胜王瑜伽》,曹政译,商务印书馆 2019 年版。

45. 辨喜:《行动瑜伽》,闻中译,商务印书馆 2017 年版。

46. 别尔嘉耶夫:《俄罗斯思想》,雷永生等译,生活·读书·新知三联书店 1995 年版。

47. 波兰尼:《个人知识:迈向后批判哲学》,许泽民译,贵州人民出版社 2000 年版。

48. 波兰尼:《科学、信仰与社会》,王靖华译,南京大学出版社 2004 年版。

49. 波林:《实验心理学史》,高觉敷译,商务印书馆 2009 年版。

50. 波纳文图拉:《中世纪的心灵之旅:波纳文图拉神哲学著作选》,溥林译,华夏出版社 2003 年版。

51. 波普尔:《猜想与反驳:科学知识的增长》,傅季重等译,中国美术学院出版社 2006 年版。

52. 波普尔:《科学发现的逻辑》,查汝强等译,中国美术学院出版社 2007 年版。

53. 玻尔:《尼尔斯·玻尔哲学文选》,戈革译,商务印书馆 1999 年版。

54. 伯格编:《世界的非世俗化:复兴的宗教及全球政治》,李骏康译,上海古籍出版社 2005 年版。

55. 伯曼、徐大建、张辑:《古印度六派哲学经典》,姚卫群编译,商务印书馆 2003 年版。

56. 布伯:《我与你》,陈维刚译,生活·读书·新知三联书店 2001 年版。

57. 布里松:《柏拉图:词语与神话》,陈宁馨译,华东大学出版社 2020 年版。

58. 布鲁姆:《巨人与侏儒:1960-1990》,张辉等译,华夏出版有限公司 2020 年版。

59. 布鲁姆:《推理得来的理性》,荣立武译,科学出版社 2021 年版。

60. 布伦塔诺：《从经验立场出发的心理学》，郝忆春译，商务印书馆 2020 年版。

61. 布伦塔诺：《根据亚里士多德论"是者"的多重含义》，溥林译，商务印书馆 2021 年版。

62. 布洛赫：《希望的原理》（第一卷），梦海译，上海译文出版社 2012 年版。

63. 布洛赫：《希望的原理》（第二卷），梦海译，上海译文出版社 2020 年版。

64. 陈兵：《佛教生死学》，中央编译出版社 2012 年版。

65. 陈兵：《佛教心理学》，陕西师范大学出版社 2015 年版。

66. 陈兵编著：《新编佛教词典》，中国世界语出版社 1994 年版。

67. 程俊英释注：《诗经释注》，上海古籍出版社 1985 年版。

68. 茨威格：《鹿特丹的伊拉斯谟：辉煌与悲情》，舒昌善译，生活·读书·新知三联书店 2016 年版。

69. 达尔文：《人类的由来》，潘光旦、胡寿文译，商务印书馆 2009 年版。

70. 达米特：《弗雷格：语言哲学》，黄敏译，商务印书馆 2019 年版。

71. 丹托：《寻常物的嬗变：一种关于艺术的哲学》，陈岸瑛译，江苏人民出版社 2012 年版。

72. 道格拉斯：《洁净与危险》，黄剑波等译，民族出版社 2008 年版。

73. 德勒兹、加塔利：《资本主义与精神分裂（卷二）：千高原》，姜宇辉译，上海书店出版社 2010 年版。

74. 德勒兹：《康德的批判哲学》，夏莹、牛子牛译，西北大学出版社 2018 年版。

75. 德里达、瓦蒂莫主编：《宗教》，杜小真译，商务印书馆 2006 年版。

76. 德里达：《书写与差异》，张宁译，生活·读书·新知三联书店 2001 年版。

77. （伪）狄奥尼修斯：《神秘神学》，包利民译，商务印书馆 2012 年版。

78. 狄德罗：《哲学思想录》，罗芄、章文译，上海译文出版社 2021 年版。

79. 狄德罗：《哲学思想录》，书琴译，江西美术出版社 2019 年版。

80. 狄尔泰：《历史理性批判手稿》，陈锋译，上海译文出版社 2012 年版。

81. 迪昂：《物理理论的目的与结构》，张来举译，中国书籍出版社 1995 年版。

82. 荻野弘之：《马可·奥勒留〈沉思录〉：精神堡垒》，周翔译，生活·读书·新知三联书店 2021 年版。

83. 翟灏：《通俗编》（第 20 卷），乾隆十六年无不宜斋刊本。

84. 蒂利希：《存在的勇气》，成穷译，贵州人民出版社 2007 年版。

85. 蒂利希：《文化神学》，陈新权、王平译，工人出版社 1988 年版。

86. 蒂利希：《信仰的动力》，钱雪松译，中国轻工业出版社 2019 年版。

87. 董诰等编：《全唐文》，中华书局 1983 年版。

88. 杜斯特哈赫选编：《阿维斯塔——琐罗亚斯德教圣书》，元文琪译，商务印书馆 2005 年版。

89. 杜威：《人性与行为：社会心理学导论》，罗跃军译，华东师范大学出版社 2019 年版。

90. 杜维明：《论儒学的宗教性：对〈中庸〉的现代诠释》，段德智译，武汉大学出版社 1999 年版。

91. 段玉明：《相国寺：在唐宋帝国的神圣与凡俗之间》，巴蜀书社 2004 年版。

92. 范胡泽编：《后现代神学》，高喆译，上海人民出版社 2014 年版。

93. 斐洛：《论〈创世记〉：寓意的解释》，王晓朝、戴伟清译，商务印书馆 2012 年版。

94. 费奥多罗夫：《共同事业的哲学》，范一译，辽宁教育出版社 2001 年版。

95. 费尔巴哈：《对莱布尼茨哲学的叙述、分析和批判》，涂纪亮译，商务印书馆 2009 年版。

96. 费尔巴哈：《基督教的本质》，荣震华译，商务印书馆 1984 年版。

97. 费希特：《费希特文集》（第 1 卷），梁志学编译，商务印书馆 2014 年版。

98. 费希特：《伦理学体系》，梁志学、李理译，商务印书馆 2009 年版。

99. 费希特：《论学者的使命 人的使命》，梁志学、沈真译，商务印书馆 2009 年版。

100. 冯特：《人类与动物心理学讲义》，李维译，北京大学出版社 2013 年版。

101. 佛光大藏经编修委员会主编：《佛光大辞典》，佛光文化 2014 年版。

102. 弗兰克：《无意义生活之痛苦：当今心理治疗法》，朱晓权译，生活·读书·新知三联书店 1991 年版。

103. 弗雷格：《弗雷格哲学论著选辑》，王路译，商务印书馆 1994 年版。

104. 弗洛伊德：《图腾与禁忌》，文良文化译，中央编译出版社 2005 年版。

105. 弗洛伊德：《自我与本我》，徐胤译，天津人民出版社 2020 年版。

106. 伏尔泰：《伏尔泰文集第 2 卷：哲学辞典》，王燕生译，商务印书馆 2019 年版。

107. 福山:《历史的终结及最后之人》,黄胜强等译,中国社会科学出版社 2003 年版。

108. 福特编:《现代神学家:二十世纪基督教神学导论》,董江阳、陈佐人译,道风书社 2005 年版。

109. 福泽谕吉:《劝学篇》,群力译,商务印书馆 2009 年版。

110. 傅有德:《犹太哲学与宗教研究》,中国社会科学出版社 2007 年版。

111. 盖建民:《道教医学》,宗教文化出版社 2001 年版。

112. 高师宁:《新兴宗教初探》,中国社会科学出版社 2006 年版。

113. 高宣扬:《后现代论》,中国人民大学出版社 2005 年版。

114. 格里芬:《后现代宗教》,孙慕天译,中国城市出版社 2003 年版。

115. 郭淑云:《原始活态文化:萨满教透视》,上海人民出版社 2001 年版。

116. 哈布瓦赫:《论集体记忆》,毕然、郭金华译,上海人民出版社 2002 年版。

117. 哈磊:《四念处研究》,巴蜀书社 2006 年版。

118. 哈里森:《人的堕落与科学的基础》,张卜天译,商务印书馆 2021 年版。

119. 哈桑:《后现代转向》,刘象愚译,上海人民出版社 2015 年版。

120. 海德格尔:《存在与时间:修订译本》,陈嘉映,王庆节译,生活·读书·新知三联书店 2014 年版。

121. 海德格尔:《康德与形而上学》,王庆节译,商务印书馆 2021 年版。

122. 海德格尔:《形而上学的基本概念:世界—有限性—孤独性》,赵卫国译,商务印书馆 2017 年版。

123. 海德格尔:《哲学论稿:从本有而来》,孙周兴译,商务印书馆 2012 年版。

124. 海涅:《论德国宗教和哲学的历史》,海安译,商务印书馆 2016 年版。

125. 海森伯:《物理学和哲学》,范岱年译,商务印书馆 2009 年版。

126. 海舍尔:《觅人的上帝:犹太教哲学》,郭鹏、吴正选译,山东大学出版社 2003 年版。

127. 韩炳哲:《暴力拓扑学》,安尼、马琰译,中信出版社 2019 年版。

128. 韩炳哲:《透明社会》,吴琼译,中信出版社 2019 年版。

129. 韩炳哲:《在群中:数字媒体时代的大众心理学》,程巍译,中信出版社 2019 年版。

130. 何光沪:《百川归海:走向全球宗教哲学》,中国社会科学出版社 2008 年版。

131. 何光沪：《多元化的上帝观：20 世纪西方宗教哲学概览》，中国人民大学出版社 2009 年版。

132. 赫尔岑：《科学中华而不实的作风》，李原译，商务印书馆 2009 年版。

133. 赫伊津哈：《游戏的人：文化的游戏要素研究》，傅存良译，北京大学出版社 2014 年版。

134. 赫伊津哈：《中世纪的衰落》，刘军等译，北京大学出版社 2014 年版。

135. 黑尔：《道德语言》，万俊人译，商务印书馆 2021 年版。

136. 黑格尔：《黑格尔早期神学著作》，贺麟译，商务印书馆 2016 年版。

137. 黑格尔：《精神现象学》，先刚译，人民出版社 2015 年版。

138. 胡孚琛主编：《中华道教大辞典》，中国社会科学出版社 1995 年版。

139. 胡塞尔：《纯粹现象学通论（第 1 卷）：纯粹现象学和现象学哲学的观念》，李幼蒸译，商务印书馆 1992 年版。

140. 胡塞尔：《生活世界现象学》，倪梁康、张廷国译，上海译文出版社 2005 年版。

141. 怀特：《科学—神学论战史》，鲁旭东译，商务印书馆 2012 年版。

142. 怀特海：《科学与近代世界》，黄振威译，北京师范大学出版社 2017 年版。

143. 黄晖：《论衡校释》，中华书局 1990 年版。

144. 霍尔巴赫：《自然的体系》（下卷），管士滨译，商务印书馆 2009 年版。

145. 霍尔特等：《新实在论》，伍仁益译，商务印书馆 2013 年版。

146. 霍克海默、阿道尔诺：《启蒙辩证法——哲学片段》，渠敬东、曹卫东译，上海人民出版社 2006 年版。

147. 霍耐特：《为承认而斗争》，胡继华译，上海人民出版社 2005 年版。

148. 基拉尔：《牺牲与成神：初民社会的秩序》，生活·读书·新知三联书店 2022 年版。

149. 吉登斯：《现代性的后果》，译林出版社 2011 年版。

150. 加塔利：《混沌互渗》，董树宝译，南京大学出版社 2020 年版。

151. 江亦丽：《商羯罗》，台湾东大图书公司 1997 年版。

152. 金克木：《怎么读汉译佛典》，生活·读书·新知三联书店 2017 年版。

153. 金雅娜编著：《东正教密码》，商务印书馆 2021 年版。

154. 金泽：《宗教学理论新探》，商务印书馆 2022 年版。

155. 鸠摩罗什等：《佛教十三经》，中华书局 2010 年版。

156. 觉音：《清净道论》，叶均译，贵州大学出版社 2017 年版。

157. 卡尔纳普：《世界的逻辑构造》，陈启伟译，上海译文出版社 2008 年版。

158. 卡桑：《思想岛》，陆源峰、何祺韡译，北京师范大学出版社 2019 年版。

159. 卡斯：《有限和无限的游戏：一个哲学家眼中的竞技世界》，马小悟、余倩译，电子工业出版社 2019 年版。

160. 开普兰：《无需超自然主义的犹太教》，转引自傅有德：《犹太哲学与宗教研究》，中国社会科学出版社 2007 年版。

161. 开普兰：《犹太教：一种文明》，黄福武、张立改译，山东大学出版社 2002 年版。

162. 康德：《单纯理性限度内的宗教》，李秋零译，中国人民大学出版社 2003 年版。

163. 康德：《康德著作全集》（第 6 卷），李秋零译，中国人民大学出版社 2007 年版。

164. 康德：《逻辑学讲义》，许景行译，商务印书馆 1991 年版。

165. 康德：《判断力批判》，宗白华译，商务印书馆 1964 年版。

166. 柯恩：《大众塔木德》，盖逊译，山东大学出版社 2004 年版。

167. 克尔凯郭尔：《恐惧与颤栗》，刘继译，贵州人民出版社 1994 年版。

168. 克罗比斯：《荒诞的幽灵：现代虚无主义的根源与批判》，张红军译，社会科学文献出版社 2020 年版。

169. 克罗齐：《美学的历史》，王天清译，商务印书馆 2018 年版。

170. 库比特：《后现代宗教哲学》，朱彩虹等译，浙江大学出版社 2008 年版。

171. 库比特：《神学的奇异回归：基督教在后现代思想中的变迁》，王志成等译，社会科学文献出版社 2013 年版。

172. 库恩：《科学革命的结构》，金吾伦、胡新和译，北京大学出版社 2012 年版。

173. 库萨的尼古拉：《论隐秘的上帝》，李秋零译，商务印书馆 2012 年版。

174. 拉德克利夫-布朗：《安达曼岛人》，梁粤等译，广西师范大学出版社 2005 年版。

175. 拉尔修：《明哲言行录：古希腊文、汉文对照》，徐开来、溥林译，广西师范大学出版社 2010 年版。

176. 拉卡托斯：《数学、科学和认识论》，林夏水等译，商务印书馆 2020 年版。

177. 拉康:《宗教的凯旋》,严和来、姜余译,商务印书馆 2019 年版。

178. 拉纳:《圣言的倾听者:论一种宗教哲学的基础》,朱雁冰译,生活·读书·新知三联书店 1994 年版。

179. 赖尔:《心的概念》,徐大建译,商务印书馆 2009 年版。

180. 赖品超:《大乘基督教神学:汉语神学的思想实践》,道风书社 2011 年版。

181. 兰德曼:《哲学人类学》,阎嘉译,贵州人民出版社 2006 年版。

182. 黎靖德编:《朱子语类》,王星贤注解,中华书局 1986 年版。

183. 李炽昌:《跨文本阅读:〈希伯来圣经〉诠释》,上海三联书店 2015 年版。

184. 李昉等编:《太平广记》,中华书局 1961 年版。

185. 李学勤主编:《十三经注疏.周礼注疏》,北京大学出版社 1999 年版。

186. 里德:《艺术哲学论》,张卫东译,江苏人民出版社 2019 年版。

187. 利奥塔:《后现代性与公正游戏:利奥塔访谈、书信录》,谈瀛洲译,上海人民出版社 2018 年版。

188. 利奥塔:《后现代状况:关于知识的报告》,岛子译,湖南美术出版社 1996 年版。

189. 利科:《爱与公正》,韩梅译,华东师范大学出版社 2016 年版。

190. 利普顿:《信念的力量》,喻华译,中国城市出版社 2011 年版。

191. 列维纳斯:《论来到观念的上帝》,王恒、王士盛译,商务印书馆 2019 年版。

192. 列维纳斯:《总体与无限:论外在性》,朱刚译,北京大学出版社 2016 年版。

193. 列维-斯特劳斯:《结构人类学》,张祖建译,中国人民大学出版社 2006 年版。

194. 林崇德等编:《心理学大辞典》:上海教育出版社 2003 年版。

195. 林悟殊:《摩尼教华化补说》,兰州大学出版社 2014 年版。

196. 林悟殊:《中古夷教华化丛考》,兰州大学出版社 2011 年版。

197. 刘小枫:《拯救与逍遥》,上海三联书店 2001 年版。

198. 卢曼:《作为激情的爱情:关于亲密性编码》,华东师范大学出版社 2019 年版。

199. 陆九渊:《陆九渊集》(第 34 卷),钟哲点校,中华书局 1980 年版。

200. 路易斯:《返璞归真》,汪咏梅译,华东师范大学出版社 2013 年版。

201. 路易斯：《古今之争》，邓军海译，华东师范大学出版社 2019 年版。

202. 路易斯：《荣耀之重：暨其他演讲》，邓军海译注，华东师范大学出版社 2016 年版。

203. 罗森茨维格：《救赎之星》，孙增霖、傅有德译，山东大学出版社 2013 年版。

204. 罗斯：《正当与善》，斯特拉顿-莱克编，林南译，上海人民出版社 2016 年版。

205. 罗素：《莱布尼茨哲学的批评性解释》，段德智等译，商务印书馆 2000 年版。

206. 罗素：《罗素文集第 4 卷：心的分析》，贾可春译，商务印书馆 2012 年版。

207. 罗素：《我的哲学的发展》，温锡增译，商务印书馆 2009 年版。

208. 罗素：《意义与真理的探究》，贾可春译，商务印书馆 2012 年版。

209. 罗素：《宗教与科学》，徐奕春、林国夫译，商务印书馆 2009 年版。

210. 洛夫克拉夫特：《克苏鲁神话合集》，熊瑶等译，重庆大学出版社 2017 年版。

211. 洛克：《人类理解论》，关文运译，商务印书馆 1959 年版。

212. 吕斯布鲁克：《精神的婚恋》，张祥龙译，商务印书馆 2012 年版。

213. 马赫：《感觉的分析》，洪谦、唐钺、梁志学译，商务印书馆 2009 年版。

214. 马林诺夫斯基：《巫术、科学、宗教与神话》，李安宅译，中国民间文艺出版社 1986 年版。

215. 马西沙、韩秉方：《中国民间宗教史》，上海人民出版社 1992 年版。

216. 马小鹤：《光明的使者：摩尼与摩尼教》，兰州大学出版社 2013 年版。

217. 迈尔斯：《社会心理学》，侯玉波等译，人民邮电出版社 2006 年版。

218. 迈蒙尼德：《迷途指津》，傅有德等译，山东大学出版社 1998 年版。

219. 麦独孤：《心理学大纲》，查抒佚、蒋柯译，商务印书馆 2020 年版。

220. 麦金太尔：《追寻美德：道德理论研究》，宋继杰译，译林出版社 2011 年版。

221. 麦奎利：《二十世纪宗教思想》，高师宁、何光沪译，上海人民出版社 1989 年版。

222. 麦奎利：《探索人性》，何光沪、高师宁译，东方出版社 2019 年版。

223. 梅尔泽：《字里行间的哲学：被遗忘的隐微写作史》，赵柯译，华东师范大学出版社 2018 年版。

224. 梅洛-庞蒂：《知觉现象学》，姜志辉译，商务印书馆 2001 年版。

225. 梅耶：《差异 排斥 历史》，史忠义、晓祥译，知识产权出版社 2015 年版。

226. 蒙塔古：《认识的途径》，吴士栋译，商务印书馆 2012 年版。

227. 墨菲、柯瓦奇：《近代心理学历史引论》，林方、王景和译，商务印书馆 1980 年版。

228. 默顿：《科学社会学：理论与经验研究》，鲁旭东译、林聚任译，商务印书馆 2003 年版。

229. 默顿：《十七世纪英格兰的科学、技术与社会》，范岱年译，商务印书馆 2009 年版。

230. 缪勒：《宗教的起源与发展》，金泽译，上海人民出版社 1989 年版。

231. 缪勒：《宗教学导论》，陈观胜、李培茱译，上海人民出版社 2010 年版。

232. 穆尔：《命运的驯化：悲剧重生于技术精神》，麦永雄译，广西师范大学出版社 2014 年版。

233. 纳斯鲍姆：《善的脆弱性》，徐向东、陆萌译，译林出版社 2007 年版。

234. 尼采：《悲剧的诞生》，周国平译，北京十月文艺出版社 2019 年版。

235. 尼采：《尼采全集》（第 2 卷），杨恒达译，中国人民大学出版社 2011 年版。

236. 尼采：《尼采全集》（第 3 卷），杨恒达译，中国人民大学出版社 2015 年版。

237. 尼采：《尼采著作全集》（第 6 卷），孙周兴等译，商务印书馆 2015 年版。

238. 尼采：《尼采著作全集》（第 12、13 卷），孙周兴译，商务印书馆 2010 年版。

239. 尼采：《权力意志与永恒轮回》，沃尔法特编，虞龙发译，上海译文出版社 2016 年版。

240. 尼采：《善恶的彼岸》，魏育青等译，华东师范大学出版社 2016 年版。

241. 尼特：《一个地球 多种宗教：多信仰对话与全球责任》，王志成等译，宗教文化出版社 2003 年版。

242. 尼特：《宗教对话模式》，王志成译，中国人民大学出版社 2003 年版。

243. 欧阳询：《艺文类聚》，汪绍楹校，上海古籍出版社 1965 年版。

244. 帕拉伯瓦南达：《爱的瑜伽：〈拿拉达虔信经〉及其权威解释》，王志成、富瑜译，四川人民出版社 2018 年版。

245. 潘能伯格：《神学与哲学》，李秋零译，商务印书馆 2013 年版。

246. 潘尼卡：《宗教内对话》，王志成译，宗教文化出版社 2001 年版。

247. 潘尼卡：《印度教中未知的基督》，王志成、思竹译，四川人民出版社 2003 年版。

248. 朋霍费尔：《伦理学》，胡其鼎译，商务印书馆 2012 年版。

249. 彭加勒：《科学的价值》，李醒民译，商务印书馆 2010 年版。

250. 彭加勒：《科学与假设》，李醒民译，商务印书馆 2021 年版。

251. 彭加勒：《最后的沉思》，李醒民译，商务印书馆 2009 年版。

252. 皮尔逊：《科学的规范》，李醒民译，商务印书馆 2012 年版。

253. 普兰丁格：《基督教信念的知识地位》，邢涛涛等译，北京大学出版社 2004 年版。

254. 普里查德：《原始宗教理论》，孙尚扬译，商务印书馆 2001 年版。

255. 普罗提诺：《九章集》，石敏敏译，中国社会科学出版社 2009 年版。

256. 秦家懿、孔汉思：《中国宗教与基督教》，吴华译，生活·读书·新知三联书店 1990 年版。

257. 萨特：《存在与虚无》，陈宣良等译，生活·读书·新知三联书店 2007 年版。

258. 萨特：《自我的超越性：一种现象学描述初探》，杜小真译，商务印书馆 2010 年版。

259. 塞内卡：《哲学的治疗：塞涅卡伦理文选之二》，吴欲波译，中国社会科学出版社 2018 年版。

260. 沙甘：《现代信仰的诞生：从中世纪到启蒙运动的信仰与判断》，唐建清译，社会科学文献出版社 2020 年版。

261. 商羯罗：《智慧瑜伽：商羯罗的〈自我知识〉》，瓦斯米·尼哈拉南达英译，王志成汉译并释论，四川人民出版社 2018 年版。

262. 舍尔巴茨基：《佛教逻辑》，宋立道、舒晓炜译，商务印书馆 1997 年版。

263. 舍勒：《爱的秩序》，孙周兴等译，北京师范大学出版社 2014 年版。

264. 舍勒：《道德意识中的怨恨与羞感》，林克等译，北京师范大学出版社 2014 年版。

265. 舍勒:《伦理学中的形式主义与质料的价值伦理学》,倪梁康译,商务印书馆 2011 年版。

266. 舍勒:《舍勒选集》,刘小枫主编,上海三联书店 1999 年版。

267. 舍斯托夫:《雅典和耶路撒冷》,徐凤林译,浙江人民出版社 2000 年版。

268. 舍斯托夫:《在约伯的天平上》(《舍斯托夫文集》第 8 卷),董友等译,商务印书馆 2019 年版。

269. 圣凯:《中国佛教信仰与生活史》,江苏人民出版社 2016 年版。

270. 施尼温德:《自律的发明:近代道德哲学史》,张志平译,上海三联书店 2012 年版。

271. 施佩曼:《哲学信仰的观念》,载雅斯贝尔斯等:《哲学与信仰》,鲁路译,人民出版社 2010 年版。

272. 十字若望:《攀登加尔默罗山》,加尔默罗圣衣会译,星火文化 2012 年版。

273. 世界正义院研究部编:《巴哈欧拉书简集 启示于〈亚格达斯经〉之后》,新纪元国际出版社 2016 年版。

274. 叔本华:《伦理学的两个基本问题》,任立、孟庆时译,商务印书馆 2009 年版。

275. 叔本华:《叔本华论说文集》,范进等译,商务印书馆 1999 年版。

276. 叔本华:《作为意志和表象的世界》,石冲白译,商务印书馆 1982 年版。

277. 斯宾诺莎:《笛卡尔哲学原理》,王荫庭、洪汉鼎译,商务印书馆 2009 年版。

278. 斯宾诺莎:《神学政治论》,温锡增译,商务印书馆 1963 年版。

279. 斯达克、芬克:《信仰的法则:解释宗教之人的方面》,杨凤岗译,中国人民大学出版社 2003 年版。

280. 斯坎伦:《实在地看理由》,吴童立、金梁译,科学出版社 2021 年版。

281. 斯特伦:《人与神——宗教生活的理解》,金泽、何其敏译,上海人民出版社 1991 年版。

282. 孙晶:《印度六派哲学》,中国社会科学出版社 2015 年版。

283. 索洛维约夫:《神人类讲座》,张百春译,华夏出版社 1999 年版。

284. 索绪尔:《普通语言学教程》,刘丽译,九州出版社 2007 年版。

285. 泰戈尔:《人生的亲证》,宫静译,商务印书馆 2009 年版。

286. 泰勒:《原始文化》,连树声译,上海文艺出版社 1992 年版。

287. 泰勒：《自我的根源——现代认同的形成》，韩震等译，译林出版社 2008 年版。

288. 汤可敬：《说文解字今释》，岳麓书社 1997 年版。

289. 特蕾莎修女：《活着就是爱》，王丽萍译，四川人民出版社 2000 年版。

290. 涂尔干：《宗教生活的基本形式》，渠东、汲喆译，商务印书馆 2011 年版。

291. 托兰德：《泛神论要义》，陈启伟译，商务印书馆 1997 年版。

292. 威尔伯：《性、生态、灵性》，李明等译，中国人民大学出版社 2008 年版。

293. 威廉斯：《伦理学与哲学的限度》，陈嘉映译，商务印书馆 2018 年版。

294. 薇依：《伦敦文稿》，吴雅凌译，华夏出版社有限公司 2020 年版。

295. 韦伯：《支配社会学》，康乐、简惠美译，广西师范大学出版社 2005 年版。

296. 韦伯：《新教伦理与资本主义精神》，龙婧译，安徽人民出版社 2012 年版。

297. 维柯：《新科学》，朱光潜译，商务印书馆 1989 版。

298. 维科：《论意大利最古老的智慧：从拉丁语源发掘而来》，张小勇译，上海人民出版社 2019 年版。

299. 维科：《维科著作选》，利昂·庞帕编，陆晓禾译，商务印书馆 1997 年版。

300. 维纳：《人有人的用处》，陈步译，商务印书馆 1978 年版。

301. 维特根斯坦：《逻辑哲学论》，郭英译，商务印书馆 1985 年版。

302. 魏宁格：《性与性格》，肖聿译，北京联合出版公司 2013 年版。

303. 魏宁格：《最后的事情》，温仁百译，译林出版社 2014 年版。

304. 温妮科特：《人类本性》，卢林等译，北京大学医学出版社 2019 年版。

305. 文德尔班：《哲学史教程》，罗达仁译，商务印书馆 1997 年版。

306. 沃尔什：《历史哲学导论》，何兆武、张文杰译，广西师范大学出版社 2001 年版。

307. 乌丙安：《萨满信仰研究》，长春出版社 2014 年版。

308. 吴光辉编著：《哲学视域下的东亚：现代日本哲学思想研究》，厦门大学出版社 2018 年版。

309. 吴雅凌编译：《俄耳甫斯教祷歌》，华夏出版社 2006 年版。

310. 西季威克：《伦理学方法》，廖申白译，商务印书馆 2020 年版。

311. 西美尔：《哲学的主要问题》，钱敏汝译，北京师范大学出版社 2021 年版。

312. 西美尔：《宗教社会学》，曹卫东译，上海人民出版社版 2003 年版。

313. 西塞罗：《西塞罗论法律》，王焕生译，上海人民出版社 2006 年版。

314. 西田几多郎:《善的研究》,代丽译,金城出版社有限公司 2020 年版。

315. 西田几多郎:《西田几多郎全集》第 19 卷,(日)岩波书店 1980 年版。

316. 席勒:《审美教育书简》,冯至、范大灿译,北京大学出版社 1985 年版。

317. 谢林:《哲学与宗教》,先刚译,北京大学出版社 2017 年版。

318. 幸德秋水:《基督抹杀论》,马采译,商务印书馆 2009 年版。

319. 休谟:《人性论》,关文运译,商务印书馆 1980 年版。

320. 休谟:《宗教的自然史》,曾晓平译,商务印书馆 2014 年版。

321. 徐凤林:《俄罗斯宗教哲学》,北京大学出版社 2006 年版。

322. 许慎:《说文解字注》,段玉裁注,凤凰出版社 2007 年版。

323. 薛定谔:《自然与希腊人;科学与人文主义》,张卜天译,商务印书馆 2020 年版。

324. 雅各比:《杀戮欲:西方文化中的暴力根源》,姚建彬译,商务印书馆 2013 年版。

325. 雅斯贝尔斯:《斯特林堡与梵高:与斯威登堡、荷尔德林作比较的病理学案例分析》,孙秀昌译,中国社会科学出版社 2020 年版。

326. 雅斯贝尔斯:《哲学入门:12 篇电台讲演集》,鲁路译,华东师范大学出版社 2020 年版。

327. 杨学政:《原始宗教论》,云南人民出版社 1991 年版。

328. 伊本-西那:《论灵魂》,王太庆译,商务印书馆 2009 年版。

329. 伊利亚德:《神圣的存在:比较宗教的范型》,晏可佳、姚蓓琴译,广西师范大学出版社 2008 年版。

330. 伊利亚德:《神圣与世俗》,王建光译,华夏出版社 2002 年版。

331. 游泓:《情感与社会关系结构方程模型的建构与验证》,西南交通大学出版社 2018 年版。

332. 袁宏:《后汉记》,张烈点校,中华书局 2002 年版。

333. 袁宏道:《袁宏道集笺校》,钱伯城笺校,上海古籍出版社 1981 年版。

334. 查常平:《历史与逻辑:作为逻辑历史学的宗教哲学》,巴蜀书社 2007 年版。

335. 查常平:《中国先锋艺术思想史第一卷 世界关系美学》,上海三联书店 2017 年版。

336. 詹姆士:《多元的宇宙》,吴棠译,商务印书馆 1999 年版。

337. 詹姆斯：《心理学原理》，郭宾译，中国社会科学出版社 2009 年版。

338. 张君房编：《云笈七籤（四）》，李永晟点校，中华书局 2003 年版。

339. 张一兵：《神会波兰尼：意会认知与构境》，上海人民出版社 2021 年版。

340. 张志刚：《宗教哲学研究：当代观念、关键环节及其方法论批判：增订版》，中国人民大学出版社 2009 年版。

341. 宗喀巴：《菩提道次第广论》，法尊译，青海人民出版社 2012 年版。

二、外文著作、译著

1. *Nettipakaraṇa*, Hardy, E. (ed.), London: P. T. S., 1902.

2. *Rig Veda: A Metrically Restored Text With an Introduction and Notes*, Nooten, Barend A. van & Holland, Gary B. (eds.), Cambridge, Massachusetts & London, England: Harvard University Press, 1994, p. 100.

3. *The Adi Granth or the Holy Scriptures of the Sikhs*, Ernest Trumpp (trans.), London: W. H. Allen & Co. & N. Trubner & Co., 1877. p. 65.

4. Abe, Masao (ed.), *Buddhism and Interfaith Dialogue, Part One of a Two-Volume Sequel to Zen and Western Thought*, Honolulu: University of Hawai'i Press, 1995.

5. Abrabanel, Issac, *Rosh Amanah (Principle of Faith)*, Kellner (trans.), Oxford: Littman Library of Jewish Civilization, 1982.

6. Abrams, J. Z., *Judaism and Disability: Portrayals in Ancient Texts from the Tanach through the Bavli*, Washington, DC: Gallauder University Press.

7. Akhtar, S., *Be careful with Muhammad the Salman Rushdie affair*, London: Bellew, 1989.

8. Alféri, Pierre, *Guillaume d'Ockham: Le singulier*, Paris: Éditions de Minuit, 1989.

9. Al-Ghazali, *Faith in Divine Unity and Trust in Divine Providence*, Burrell, David (trans.), Louisville KY: Fons Vitae, 2001.

10. Ali, Abdullah Yusuf, *The Holy Qur'an: Arabic text with English translation and commentary*, Kashmiri Bazar, Lahore: Shaikh Muhammad Ashraf, 1938.

11. Alston, William P., *Philosophy of Language*, Englewood Cliffs: Prentice-Hall, 1964.

12. Altizer, Thomas J. J. , *Deconstruction and Theology*, New York: The Crossroad Publishing Company, 1982.

13. Altizer, Thomas J. J. , *The Call to Radical Theology*, Albany: State University of New York Press, 2012.

14. Altizer, Thomas J. J. , *The Gospel of Christian*, Philadelphia: Westminster, 1966.

15. Altizer, Thomas J. J. , *Total Presence: The language of Jesus and the language of today*, Aurora, Colorado: The Davies Group, Publishers, 2016.

16. Ambler, R. , *Global Theology: The meaning of faith in the present world crisis*, London: SCM Press, 1990.

17. Amstutz, Galen, *Interpreting Amida: History and Orientalism in the Study of Pure Land Buddhism*, Albany: State University of New York Press, 1997.

18. Aquinas, Thomas, *Summa Contra Gentiles*, Neapoli: tipographia virgiliana, 1846.

19. Arkoun, Mohammad, *Rethinking Islam Today*, Washington, DC: Centre for Contemporary Arab Studies.

20. Arndt, Johann, *True Christianity*, Erb, Peter (trans.) , New York: Paulist Press, 1979.

21. Asad, Talal, *Genealogies of Religion: Discipline and Reasons of Power in Christianity and Islam*, Baltimore: The Johns Hopkins University Press, 1993.

22. Astley, Jeff, *Ordinary Theology: Looking, Listening and Learning in Theology (Explorations in Practical, Pastoral and Empirical Theology)*, Burlington: Routledge, 2002.

23. Austin, López, *The Myths of the Opossum: Pathways of Mesoamerican Mythology*, Montellano, Bernard R. Ortiz de & Montellano, Thelma Ortiz de (trans.), Albuquerque: University of New Mexico Press, 1993.

24. Badiou, Alain, *Saint Paul: The Foundation of Universalism*, Brassier, Ray (trans.) , Stanford, California: Stanford University Press, 2003.

25. Baier, Annette C. , *Moral Prejudices: Essays on Ethics*, Cambridge, Massachusetts: Harvard University Press, 1994.

26. Bailey, Greg & Mabbett, Ian, *The Sociology of Early Buddhism*, Cambridge: Cambridge University Press, 2003.

27. Bainbridge, W. S. , *The Sociology of Religious Movements*, London: Routledge, 1997.

28. Baker, Don, *Korean Spirituality*, Honolulu: University of Hawai'i Press, 2008.

29. Balthasar, Hans Urs von, *The Glory of the Lord: A Theological Aesthetics vol. I: Seeing the Form*, Edinburgh: T& T Clark, 1982.

30. Balthasar, Hans Urs von, *Theo-Drama: Theological Dramatic Theory, Vol. 5*, Harrison, Graham (trans.) , San Francisco: Ignatius Press, 1998.

31. Barrow, Isaac, *The Works of Isaac Barrow*, vol. 2, New York: John Riker, 1845.

32. Barthes, Roland, *The Semiotic Challenge*, Howard, Richard (trans.) , New York: Hill& Wang, 1988.

33. Basu, Durga Das, *The Essence of Hinduism: A Discourse on Comparative Religion on the Background of Hinduism*, New Delhi: Prentice-hall of India, 1990.

34. Batnitzky, Leora, *How Judaism Became a Religion: An Introduction to Modern Jewish Thought*, Princeton & Oxford: Princeton University Press, 2011.

35. Becker, Matthew L. , *Fundamental Theology*, London & New York: Bloomsbury Publishing Plc, 2015.

36. Beit-Hallahmi, Benjamin & Argyle, Michael, *The Psychology of Religious Behaviour, Belief and Experience*, New York: Routledge, 1997.

37. Bellah, Robert N. & Tipon, Steven M. (eds.), *The Robert Bellah Reader*, Durham & London: Duke University Press, 2006.

38. Bellah, Robert, *Beyond Belief: Essays on Religion in a Post-Traditional World*, New York: Harper and Row, 1970.

39. Bentley, Jerry H. , *Humanists and Holy Writ: New Testament Scholarship in the Renaissance*, Princeton: Princeton University Press, 1983.

40. Berger P. L. & Luckmann, T. , *The social construction of reality: a treatise in the sociology of knowledge*, Garden City, N. Y.: Anchor Books, 1966.

41. Berger, Peter L. *A Rumor of Angels: Modern Society and the Rediscovery of the Supernatural*, New York: Anchor Books, 1970.

42. Berger, Peter L. *Questions of faith: a skeptical affirmation of Christianity*, Malden, MA: Blackwell Publishing Ltd, 2004.

43. Berger, Peter, *The Sacred Canopy: Elements of a Sociological Theory of Religion*, New York: Doubleday, 1967.

44. Bhatt, Chetan, *Liberation and Purity: Race, New Religious Movements and the Ethics of Postmodernity*, London: Routledge, 1997.

45. Bierma, Lyle D. , *The Theology of the Heidelberg Catechism: A Reformation Synthesis*, Louisville, Kentucky: Westminster John Knox Press, 2013.

46. Blum, Mark L. , *The Origins and Development of Pure Land Buddhism: A Study and Translation of Gyonen's Jodo Homon Genrusho*, New York: Oxford University Press, 2002.

47. Bonhoeffer, Dietrich, *Letters and Papers from Prison*, Bethge, Eberhard (ed.), New York: Macmillan, 1972.

48. Bouwsma, O. K. , *Without Proof or Evidence: Essays of O. K. Bouwsma*, Craft, J. L. & Hustwit, R. (eds.) , Lincoln: University of Nebraska Press, 1984.

49. Bradley, Arthur, *Negative Theology and Modern French Philosophy*, New York: Routledge, 2004.

50. Bruce, Steve, *Religion in the Modern World: From Cathedrals to Cults*, Oxford: Oxford University Press, 1996.

51. Buber, Martin, *Two Types of Faith*, Goldhawk, Norman P. (trans.) , New York: Harper & Row, 1961.

52. Bultmann, Rudolf Karl, *Glauben und Verstehen, Gesammelte Aufsätze I-IV,* Tubingen: Mohr, 1933.

53. Bultmann, Rudolf Karl, *Theologie des Neuen Testaments*, Tübingen: Mohr Siebeck, 1953.

54. Burgh, W. G. de, *The Legacy of the Ancient World*, Harmondsworth: Penguin Books, 1955.

55. Burgh, W. G. de, *The Life of Reason*, London: Macdonald & Evans, 1949.

56. Burton, David, *Buddhism, Knowledge and Liberation: A Philosophical Study*, Aldershot: Ashgate Pub Ltd, 2004.

57. Butschkus, H. , *Luther's Religion und ihre Entsprechung im japanischen Amida-buddhismus*, Elmsdetten: Verlags-anstalt Heinr & L. Lechte, 1950.

58. Byrne, Máire, *The Names of God in Judaism, Christianity, and Islam: A Basis for Interfaith Dialogue*, New York: Continuum, 2011.

59. Calvin, J. , *Institutes of the Christian Religion*, H. Beveridge (trans.) , London: James, Clark & Co., 1949.

60. Caputo, John & Vattimo, Gianni, *After the Death of God*, New York: Columbia University Press, 2007.

61. Caputo, John D. , *The Prayers and Tears of Jacques Derrida: Religion Without Religion*, Bloomington: Indiana University Press, 1997.

62. Caputo, John D. , *The Weakness of God: A Theology of the Event*, Bloomington: Indiana University Press, 2006.

63. Caputo, John D. , *What Would Jesus Deconstruct? The Good News of Postmodernism for the Church*, Grand Rapids, Mich.: Baker Academic, 2007.

64. Carnap, R. , *Logical Foundations of Probability*, Chicago University Press, 1950.

65. Carnap, Rudolf, *Logical Syntax of Language*, London: Routledge, 2001.

66. Carrette, Jeremy, *Foucault and Religion*, London & New York: Routledge, 1999.

67. Certeau, M. D. , *The Certeau Reader*, G. ward (ed.) , Oxford: Blackwell, 2000.

68. Certeau, Michel de, *The Practice of Everyday Life*, vol. I, Berkeley: University of California Press, 1984.

69. Charles Baudelaire, *Oeuvres Completes de Charles Baudelaire*, vol. II, Baudelaire, Charles P. & Gautier, Theophile (eds.) , Caroline: Nabu Press, 2012.

70. Christian, William A. , *Meaning and Truth in Religion*, Princeton, NJ: Princeton University Press, 1964.

71. Cimino, Richard P. , *Mystical science and pratical religion: Muslim, Hindu, and Sikh discourse on science and technology*, London: Lexington Books, 2014.

72. Clarke, Peter B. & Byrne, Peter, *Religion defined and explained*, London: The Macmillan Press Ltd, 1993.

73. Clayton, Philip, *Explanation from Physics to Theology: An Essay in Rationality and Religion*, New Haven: Yale University Press, 1989.

74. Clément, Catherine & Kristeva, Julia, *The Feminine and the Sacred*, Todd, Jane Marie (trans.) , New York: Columbia University Press, 2003.

75. Cobb, Jr. , John B. & Griffen, David Ray, *Process Theology: An Introductory Exposition*, Louisville & London: The Westminster Press, 1976.

76. Collingwood, R. G. , *The Idea of History*, Dussen, Jan Van Der (ed.) , Oxford & New York: Oxford University Press, 1993.

77. Cone, James H. , *A Black Theology of Liberation*, New York: Lippincott, 1970.

78. Cone, James H. , *Black Theology and Black Power*, New York: The Seabury Press, 1969.

79. Coulanges, Numa Denis Fustel de, *The Ancient City*, Garden City, NY: Doubleday, 1956.

80. Coward, Horald G. (ed.) , *Modern Indian Responses to Religious Pluralism*, Delhi: Sri Satguru Publication, 1991.

81. Danforth, Loring M. , *Firewalking and Religious Healing: The Anastenaria of Greece and the American Firewalking Movement*, Princeton: Princeton University Press, 1989.

82. Davie, Grace, *Religion in Britain since 1945: believing without belonging*, Oxford: Blackwell, 1994.

83. Day, Abby, *Believing in Belonging: Belief and Social Identity in the Modern World*, Oxford: Oxford University Press, 2011.

84. Derrida, Jacques & Gianni Vattimo, (eds.) , *Religion*, Stanford: Stanford University Press, 2002.

85. Derrida, Jacques, *On the Name*, Dutoit, Thomas (ed.) , Stanford, Calif. : Stanford University Press, 1995.

86. Desmond, William, *Desire, Dialectic and Otherness*, New Haven, Conn. : Yale University Press, 1987.

87. Dewey, John, *A Common Faith*, New Haven: Yale University Press, 1934.

88. Drees, Willem B. , *Religion, Science and Naturalism*, Cambridge: Cambridge University Press, 1996.

89. Duckworth, Douglas S. , *Tibetan Buddhist Philosophy of Mind and Nature*, New York: Oxford University Press, 2019.

90. Dulles, Avery, *The Assurance of Things Hoped For: A Theology of Christian Faith*, New York & Oxford: Oxford University Press, 1997.

91. Dupré, Wilhelm, *Religion in Primitive Cultures: A Study in Ethnophilosophy*, Paris: De Gruyter Mouton, 1975.

92. Durkheim & Mauss, M. , *Primitive classification*, Needham, Rodney (ed.) & (trans.), London: Cohen, 1963.

93. Ebeling, Gerhard, *The Nature of Faith*, Smith, Ronald G. (trans.) , Philadelphia: Fortress, 1961.

94. Eckhart, Meister, *Meister Eckhart Werke I*, Largier, Niklaus (ed.) , Quint, Josef (trans.) , Frankfurt am Main: Deurscher Klassiker Verlag, 1993.

95. Eddington, Arthur Stanley, *The philosophy of physical science*, London: Cambridge University Press, 1939.

96. Edwards, Jonathan, *Select Works, Volume III: Treatise Concerning the Religious Affections,* London: Banner of Truth, 1961.

97. Eliade, Mircea, *History of Religious Ideas*, vol. III, Chicago & London: University of Chicago Press, 1986.

98. Eliade, Mircea, *The Myth of the Eternal Return: Cosmos and History*, Princeton: Princeton University Press, 2005.

99. Ellens, J. Harold (ed.) , *The Destructive Power of Religion: Violence in Juaism, Christianity, and Islam*, Westport: Praeger Publishers, 2004.

100. Emerson, R. , *Ralph Waldo Emerson: Selected prose and poetry*, San Francisco: Rinehart, 1969, p. 25.

101. Erikson, E. H. , *Insight and Responsibility*, New York: Norton, 1964.

102. Erp, Stephan van, *The Art of Theology: Hans Urs von Balthasar's Theological Aesthetics and the Foundations of Faith*, Leuven: Peeters, 2004.

103. Esack, Farid, *Qur'an, Liberation and Pluralism*, London: Oneworld Publications, 1997.

104. Evans-Pritchard, Edward E. , *Witchcraft, Oracles, and Magic among the Azande*, Oxford: Oxford University Press, 1976.

105. Evans-Wentz, W. Y. , *Tibetan Yoga and Secret Doctrines: Seven Books of Wisdom of the Great Path*, New York: Oxford University Press, 2000.

106. Fakhry, Majid, *A History of Islamic Philosophy*, New York: Columbia University Press & London: Longman, 1983.

107. Feuchtwang, Stephan, *The Imperial Metaphor: Popular Religion In China*, London & New York: Routledge, 1991.

108. Firth, Raymond, *Religion : A Humanist Interpretation*, London & New York: Routledge, 1995.

109. Flew, Anthony, *New Essays in Philosophical Theology*, Norwich: Hymns Ancient & Modern Ltd, 2012.

110. Flood, Gavin, *Beyond Phenomenology: Rethinking the Study of Religion*, New Tork: Continuum, 1999.

111. Fowler, James W. & Keen, Sam, *Life Maps: Conversations on the Journey of Faith*, Berryman, J. (ed.) , Waco TX: Word Books, 1978.

112. Fredericks, James L. , *Buddhists and Christians: Through Comparative Theology to Solidarity*, Mary-knoll: Obris, 2004.

113. Freud, Sigmund, *Beyond the Pleasure Principle*, Straghey, James (trans.) & (ed.), New York & London: W. W. Norton & Company, 1961.

114. Fuller, Robert C. , *The Body of Faith: A Biological History of Religion in America*, Chicago & London: The University of Chicago Press, 2013.

115. Gaon, Saadya, *The Book of Doctrines and Beliefs*, Indianapolis: Hackett, 2002.

116. Geertz, C. , *The Interpretation of Cultures: Selected Essays*, New York: Basic Books, 1973.

117. Geivett, R. Douglas & Sweetman, Brendan (eds.) , *Contemporary Perspectives on Religious Epistemology*, New York: Oxford University Press, 1992.

118. Gethin, R. M. L. , *The Buddhist Path to Awakening*, Oxford: One World, 2001.

119. Goswami, Tamal Krishna, *A Living Theology of Krishna Bhakti: Essential Teachings of A. C. Bhaktivedanta Swami Prabhupada*, New York: Oxford University Press, 2012.

120. Gothóni, René, *Words Matter: Hermeneutics in the Study of Religions*, Bern: Peter Lang, 2011.

121. Greeley, Andrew M. , *Religion as Poetry*, New Brunswick & London: Transaction Publishers, Routledge, 1995.

122. Greeley, Andrew M. , *Religion in Europe at the End of the Second Millennium: A Sociological Profile*, New Brunswick: Transaction Publishers, 2002.

123. Green, Lowell C. , *How Melanchthon Helped Luther Discover the Gospel: the Doctrine of Justification in the Reformation*, Greenwood, SC: Attic Press, 1980.

124. Greisch, Jean, *L'arbre de Vie et L'arbre du Savoir*, Paris: Le Cerf, 2000.

125. Griffin, David Ray, Beardslee, William A. & Holland, Joe, *Varieties of Posmodern Theology*, Albany: State University of New York Press, 1989.

126. Gross, Rita M. & Muck, Terry C. (eds.) , *Christians Talk About Buddhist Meditation, Buddhists Talk About Christian Prayer*, New York: University of Hawai'i Press, 2003.

127. Gschwandtner, Christina M. , *Postmodern Apologetics? Arguments for God in Contemporary Philosophy*, New York: Fordham University Press, 2013.

128. Guardini, Romano, *The Essential Guardini: An Anthology of the Writings of Romano Guardini, Kuehn*, Heinz R. (ed.), Archdiocese of Chicago: Liturgy Training Publications, 1997.

129. Guthrie, W. , *The Christian's Great Interest*, Publications Committee of the Free Presbyterian Church of Scotland, 1951.

130. Hare, R. M. , *Essays on Religion and Education*, Oxford: Clarendon Press, 1992.

131. Harold Smith, F. , *The Buddhist Way of Life: Its Philosophy and History*, London & New York: Routledge, 2008.

132. Hedge, Paul, *Comparative Theology: A Critical and Methodological Perspective*, Leiden: Brill, 2017.

133. Hefner, Robert W. , *Hindu Javanese: Tengger Tradition and Islam*, Princeton: Princeton University Press, 1985.

134. Heft, S.M., J. L. (ed.), *Beyond Violence: Religious Sources of Social Transformation in Judaism, Christianity, and Islam*, New York: Fordham University Press, 2004.

135. Heidegger, Martin, *The Phenomenology of Religious Life*, Fritsch, Matthias & Gosetti, Jennifer Anna (trans.) , Bloomington, Indiana: Indiana University Press, 2004.

136. Helm, Bennett, *Emotional Reason: Deliberation, Motivation, and the Nature of Value*, Cambridge: Cambridge University Press, 2007.

137. Helm, Paul, *Belief Policies*, Cambridge & New York: Cambridge University Press, 2007.

138. Hendrikse, Klaas, *Geloven in een God die Niet Bestaat: Manifest van een Atheïstische Dominee*, Amsterdam: Nieuw Amsterdam Uitgevers, 2007.

139. Hick, John, *Faith and Knowledge*, Ithaca: Cornell University Press, 1966.

140. Hick, John, *The Philosophy of Religion*, London: Prentice-Hall International, 1990.

141. Hodges, H. A. , *God Beyond Knowledge*, Hudson, W. D. (ed.) , London: Macmillan, 1979.

142. Hoffman, Valerie Jon, *The Essentials of Ibadi Islam*, Syracuse: Syracuse University Press, 2012.

143. Hofmeister, Heimo. E. M. , *Truth and Belief: Interpretation and Critique of the Analytical Theory of Religion*, Dordrecht & Boston & London: Kluwer Academic Publisher, 1990.

144. Holmer, Paul L. , *The Grammar of Faith*, San Francisco: Harper&row. 1978.

145. Honderich, Ted, *Philosophers of Our Times*, Oxford University Press, 2015.

146. Hopkins, Dwight N. , *Down, Up, and Over: Slave Religion and Black Theology*, Minneapolis: Fortress Press, 1999.

147. Hudson, Yeager, *The Philosophy of Religion*, Mountain View, CA: Magfield Publishing Company, 1991.

148. Hume, David, *Dialogues Concerning Natural Religion*, Cambridge: Cambridge University Press, 2007.

149. Hurley, Susan, *Natural Reasons*, Oxford: Oxford University Press, 1989.

150. Inge, W. R. , *Faith and Its Psychology*, Sydney: Wentworth Press, 2019.

151. Iqbāl, Muhammad, *The Reconstruction of Religious Thought in Islam*, Stanford, CA: Stanford University Press, 2013.

152. Irenacus, *The Scandal of the Incarnation: Irenaeus Against the Heresies*, Balthasar, Hans Urs von (ed.) , Saward, John (trans.) , San Francisco: Ignatius Press, 1990.

153. Irigaray, Luce, *Between East and West: From Singularity to Community*, Pluháček, Stephen (trans.) , New York: Columbia University Press, 2002.

154. Isaac Penington, *Knowing the Mystery of Life Within: Selected Writings of Isaac Penington in Their Historical and Theological Context*, Keiser, R. Melvin & Moore, Rosemary (eds.) , London: Quaker Books, 2005.

155. Isaacs, Ronald H. , *Every Person's Guide to Jewish Philosophy and Philosophers*, Northvale, New Jersey: Jason Aronson, Inc., 1999.

156. Izutsu, Toshihiko, *Sufism and Taoism: A Comparative Study of Key Philosophical Concepts*, Tokyo: Iwanami-shoten & Berkeley: University of California Press, 1983.

157. Jackson, Roy, *Nietzsche and Islam*, London & New York: Routledge, 2007.

158. Jacques Maritain, *A Maritain Reader: Selected Writings of Jacques Maritain*, Donald & Gallagher, Idella (eds.) , New York: Image Books, 1966.

159. James, William, *The Principles of Psychology*, New York: Henry Holt & Co., 1890.

160. James, William, *The Varieties of Religious Experience*, New York: Modern Library, 1936.

161. Jaskson, Roger R. & Makransky, John J. (eds.) , *Buddhist Theology: Critical Reflections by Contemporary Buddhist Scholars*, London & New York: Routledge, 2016.

162. Jaspers, Karl, *Der philosophische Glaube angesichts der Offenbarung*, München: R. Piper & Co. Verlag, 1962.

163. Joas, Hans, *Faith as an Option: Christianity's Possible Futures*, Skinner, Alex (trans.) , Stanford: Stanford University Press, 2014.

164. John, Wesley, *The Complete Works of John Wesley, Volume 01: Journals 1735-1745*, Albany, OR: Books for the Ages, 1996.

165. Johnston, William, *The Inner Eye of Love*, San Francisco: Harper & Row, 1978.

166. Kalupahana, David J. , *A History of Buddhist Philosophy: Continuities and Discontinuities*, Honolulu: University Of Hawaii Press, 1992.

167. Kaufman, Gordon D. , *The Theological Imagination: Constructing the Concept of God*, Philadelphia: Westminster Press, 1981.

168. Kaufmann, Walter A. , *Critique of Religion and Philosophy*, Princeton: Princeton University Press, 1978.

169. Kearney, Richard, *Anatheism: Returning to God After God*, New York: Columbia University Press, 2010.

170. Kearney, Richard, *Strangers, Gods and Monsters: Interpreting Otherness*, London & New York: Routledge, 2003.

171. Kee, Alistair, *Nietzsche Against the Crucified*, London: SCM Press, 1999.

172. Kellenberger, J. , *God-Relationships With and Without God*, Basingstoke & Lodon: The Macmillan Press, 1989.

173. Kellenberger, J. , *The Cognitivity of Religion: Three Perspectives*, London: Macmillan, 1985.

174. Kelsey, David H. , *To Understand God Truly: What's Theological About a Theological School*, Louisville, Ky. : Westminster / John Knox, 1992.

175. Kennedy, Melville T. , *The Chaitanya Movement: A Study of Vaishnavism in Bengal*, New Delhi: Munshiram Manoharlal Publishers Pvt Ltd, 1993.

176. Kenny, Anthony, *Unknown God: Agnostic Essays*, London & New York: Continuum, 2004.

177. Kenny, Anthony, *What is Faith: Essays in the Philosophy of Religion*, New York: Oxford University Press, 1992.

178. Khomeini, R. M. , *Islam and Revolution: Writings and Declarations of Imam Khomeini*, Algar, H. (trans.) , Berkeley: Mizan Press. 1981.

179. Kierkegaard, Søren, *Concluding Unscientific Postscript*, Swenson, David F. & Lowrie, Walter (trans.) , Princeton, NJ: Princeton University Press, 1941.

180. Kierkegaard, Søren, *Kierkegaard's Writings V: Eighteen Upbuilding Discourses*, Hong, Howard V. & Hong, Edna H. (trans.) & (eds.), Princeton: Princeton University Press, 1992, p. 19.

181. Kim, Hiheon, *Minjung and Process: Minjung Theology in a Dialogue with Process Thought*, Bern: Peter Lang AG, Internationaler Verlag der Wissenschaften, 2009.

182. King-Farlow, John & Christensen, William, *Faith and the Life of Reason*, Dordrecht, Holland: D. Reidel, 1972.

183. Kristeva, Julia, *Polylogue*, Paris: Éditions du Seuil, 1977.

184. Kristeva, Julia, *Σημεωτιχη: Recherche pour une Sémanalyse*, Paris: le Seuil, 1969.

185. Küng, Hans, *A Global Ethic for Global Politics and Economics*, New York, Oxford: Oxford University Press, 1998.

186. Kurtz, Paul, *Eupraxophy: Living Without Religion*, New York: Prometheus Books, 1989.

187. Lacan, Jacques, *Le Triomphe de la Religion*, Paris: Seuil, 2005.

188. Lamptey, Jerusha Tanner, *Never Wholly Other: A Muslima Theology of Religious Pluralism*, New York: Oxford University Press, 2014.

189. Lane, E. W., *Lane's Arabic-English Lexicon*, Lebanon: Librairie du Liban, 1980.

190. Latour, Bruno, *On the Modern Cult of the Factish Gods*, Durham, NC: Duke University Press, 2010.

191. Lawson, Todd, *Tafsir as Mystical Experience: Intimacy and Ecstasy in Qur'an Commentary*, Leiden & Boston: Brill, 2018.

192. Leaman, Oliver (ed), *The Qur'an: An Encyclopedia*, London & New York: Routledge, 2005.

193. Leibowitz, Yeshayahu, *Judaism, Human Values, and the Jewish State*, Goldman, Eliezer et al. (trans.), Cambrige, Massachusetts & London: Harvard University Press, 1995.

194. Lepicart, Francois, *Les Sermons et Instructions Chrestiennes, pour tous les Iours de I' avent, iusques à Noel: de tous les Dimenches Festes, depuis Noel iusques à Caresme,* Paris: Nicolas Chesneau, 1566.

195. Lerner, Ralph & Mahdi, Muhsin (eds.), *Medieval Political Philosophy: A Sourcebook*, New York: Free Press, 1963.

196. Levinas, *Ethique et Infini*, Paris: Librairie Arthème Fayard and Radio-France, 1982.

197. Lévy-Bruhl, L. , *How Natives Think*, London: Geogre Allen and Unwin, Ltd., 1926.

198. Lindbeck, George, *The Nature of Doctrine: Religion and Theologif a Post-liberal Age*, London: SPCK; Philadelphia Westminster Press, 1984.

199. Locke, John, *Essay Concerning Human Understanding*, London: William Tegg, 1698.

200. Locke, John, *John Locke: Writings on Religion, Nuovo*, Victor (ed.) , New York: Oxford University Press, 2002.

201. Lopez, Donald S. Jr. , *Prisoners of Shangri-La:Tibetan Buddhism and the West*, Chicago & London: University Of Chicago Press, 1998.

202. Luther, Martin, *Dr. Martin Luthers Werke: Kritische Gesamtausgabe*, vol. 33, Weimar: H. Bohlau, 1883-1993.

203. Luther, Martin, *Lectures on Galatians*, in Luther's Works, vols. 26-27, Jaroslav Pelikan (trans. & ed.) , St. Louis: Concordia Publishing House, 1963.

204. Luther, Martin, *Luther's Works*, vol. 23 & vol. 28, Pelikan, Jaroslav & Lehman, Helmut (eds.), Philadelphia & St. Louis: Fortress and Concordia, 1955-1986.

205. Lyden, John (ed.) , *Enduring Issues in Religion*, San Diego: Greenhaven Press, 1995.

206. Lyotard, Jean-François, *Économie Libidinale*, Paris: Les Éditions de Minuit, 1974.

207. Mackey, James P. , *Modern Theology: A Sense of Direction*, Oxford & New York: Oxford University Press, 1987.

208. Macquarrie, John, *Being and Truth: Essays in Honour of John Macquarrie*, Kee, A. & Long, E. T. (eds.) , London: SCM Press, 1986.

209. Macquarrie, John, *Principles of Christian Theology*, London: SCM Press, 1977.

210. Macquarrie, Jone, *An Existentialist Theology: A Comparison of Heidegger and Bultmann*, New York: Harper & Row, 1965.

211. Madan, T. N. , *Modern Myths, Locked Minds: Secularism and Fundamentalism in India*, Delhi: Oxford University Press, 1997.

212. Magliocco, Sabina, *Witching and Culture: Folklore and Neo-Paganism in America*, Philadelphia: University of Pennsylvania Press, 2004.

213. Maillard, Olivier, *Sermones de Sanctis*, Paris: Jehan Petit, 1504.

214. Maimoides, *The Guide of the Perplexed*, J. Guttmann (trans.) , Indianapolis: Hackett, 1995.

215. Maitreyanātha / Āryāsaṅga, *Universal Vehicle Discourse Literature: Mahāyānasutrālamkāra*, Jamspal, L. et al. (trans.) , New York: American Institute of Buddhist Studies, 2004, p. 105.

216. Malinowksi, Bronislaw, *Coral Gardens and Their Magic: A Study of the Methods of Tilling the Soil*, London: Routledge, 2002.

217. Marion, Jean-Luc, *God Without Being*, Thomas A. Carlson (trans.) , Chicago & London: The University of Chicago Press, 2012.

218. Martin, David, *A General Theory of Secularization*, Oxford: Blackwell, 1979.

219. McCarthy, Richard, *Freedom and Fulfillment*, Boston: Twayne, 1980.

220. McCutcheon, Russell T. , *The Discipline Of Religion: Structure, Meaning, Rhetoric*, New York: Routledge, 2003.

221. McGrath, Alister, *The Twilight of Atheism*, London & New York: Doubleday, 2004.

222. Meeks, Wayne A. & Fitzgerald, John T. (eds.) , *The Writings of St. Paul*, New York & London: W. W. Norton & Company, 2007.

223. Meissner, W. W. , *Life and Faith: Psychological Perspectives on Religious Experience*, Washington, D. C.: Georgetown University Press, 2001.

224. Merleau-Ponty, Maurice, *Phenomenology of Perception*, Smith, Colin (trans.) , London & New York: Routledge, 2002.

225. Miller, Monica R. , *Religion and Hip Hop*, Oxon: Routledge, 2012.

226. Mills, Martin A. , *Identity, Ritual and State in Tibetan Buddhism: The Foundations of Authority in Gelukpa Monasticism*, London & New York: Routledge, 2003.

227. Moltmann, Jürgen, *God for a Secular Society: The Public Relevance of Theology*, Kaiser, Chr. & Gütersloh, Güstersloher Verlagshaus (trans.), Minneapolis: Fortress Press, 1999.

228. Moran, Dermot, *The Philosophy of John Scottus Eriugena: A Study of Idealism in the Middle Ages*, Cambridge: Cambridge University Press, 1989.

229. Morris, Thomas V. (ed.) , *God and the Philosophers: The Reconciliation of Faith and Reason*, New York and Oxford: University Press, 1994.

230. Most, Glenn W. , *Doubting Thomas*, Cambridge, MA: Harvard University Press, 2007.

231. Murphy, George L. , *The Cosmos in the Light of Cross*, Harrisburg: Trinity Press International, 2003.

232. Nagel, Thomas, *Secular Philosophy and the Religious Temperament*, New York: Oxford University Press, 2010.

233. Nancy, Jean-Luc, *Being Singular Plural*, Robert Richardson, O'Byrne, Anne E. (trans.) , Stanford, California: Stanford University Press, 2000.

234. Nancy, Jean-Luc, *The Inoperative Community*, Connor, Peter & Garbus, Lisa (trans.) , Minneapolis, MN: the University of Minnesota Press, 1991.

235. Needham, Rodney, *Belief, Language and Experience*, Oxford: Blackwell, 1972.

236. Newman, John Henry, *An Essay in Aid of a Grammar of Assent*, Ker, I. T. , (ed.) , Oxford: Clarendon Press, 1985.

237. Newman, John Henry, *Sermons*, Chiefly on the Theory of Religious Belief, Preached before the University of Oxford, London: Rivington, 1844.

238. Niebuhr, H. R. , *Faith on Earth: An Inquiry into the Structure of Human Faith*, New Haven: Yale University Press, 1989.

239. Niebuhr, H. R. , *Radical Monotheism and Western Culture*, New York: Harperand Row, 1960.

240. Niebuhr, Reinhold, *Faith and History: A Comparison of Christian and Modern Views of History*, New York: Charles Scribner's Sons, 1949.

241. Nielsen, Kai, *Scepticism*, London: Macmillan & New York: St. Martin's Press, 1973.

242. Nock, Arthur Darby, *Conversion: The Old and the New in Religion from Alexander the Great to Augustine of Hippo*, Lanham, MD: University Press of America, 1988.

243. Novak, David, *Jewish-Christian Dialogue: A Jewish Justification*, New York & Oxford: Oxford University Press, 1989.

244. Nozick, Robert, *Invariances: The Structure of the Objective World*, Cambirdge, Massachusetts; London, England: Harvard University Press, 2001.

245. Oakes, Edward T. , *Pattern of Redemption: The Theology of Hans Urs von Balthasar*, New York: Continuum Intl Pub Group, 1994, .

246. Ogden, Schubert M. , *Is There Only One True Religion or are There Many?* Dallas: Southern Methodist University Press, 1992.

247. Opoku, Kof Asare, *West African Traditional Religion*, Accra, Ghana: FEP International Private Limited, 1978.

248. Ozment, Steven E. , *Homo Spiritualis: Comparative Study of the Anthropology of Johannes Tauler, Jean Gerson, and Martin Luther(1509-16) in the Context of Their Theological Thought*, Leiden: Brill, 1969.

249. Palma, Anthony J. , *The Science of Religion: A Defence: Essays by Donald Wiebe*, Leiden & Bosten: Brill, 2019.

250. Panikkar, R. , *The Intra-religious Dialogue*, New York: Paulist Press, 1978.

251. Paquda, Bachya ben Joseph ibn, *Duties of the Heart*, New York: Feldheim Publishers, 1996.

252. Parsons, Talcott et al. , *Theories of Society: Foundations of Modern Sociological Theory*, New York: Free Press, 1961.

253. Pasieka, A. , *Hierarchy and Pluralism: Living Religious Difference in Catholic Poland*, New York: Palgrave Macmillan, 2015.

254. Penelhum, Terence, *Problems of Religious Knowledge*, London: Macmillan, 1971.

255. Penington, Isaac, *Knowing the Mystery of Life Within: Selected Writings of Isaac Penington Pepin, Guillaume, Sermones Quadraginta de Destructione Ninive*, Paris: Claude Chevallon, 1527.

256. Peter, F. E. , *Judaism, Christianity and Islam: the Classical Texts and Their Interpretation*, Princeton: Princeton University Press, 1990.

257. Phillips, D. Z. , *Faith and Philosophical Enquiry*, New York: Routledge, 2016.

258. Phillips, D. Z. , *Religion Without Explanation*, London: Blackwell, 1976.

259. Phillips, D. Z. , *Wittgenstein and Religion*, Basingstoke & Lodon: Palgrave Macmillan, 1993.

260. Placher, William C. , *Unapologetic Theology*, Louisville, Kentucky: Westminster / John Knox Press, 1989.

261. Plantinga, Alvin, *Warranted Christian Belief*, Oxford: Oxford University Press, 2000.

262. Pope Benedict XIV, *De Servorum Dei Beatificatione et Beatorum Canonizatione, vol. 4,* Sacramento, CA: Creative Media Partners, LLC, 2019.

263. Possamai, Adam, *Religion and Popular Culture: A Hyper-Real Testament*, Brussels: P. I. E. Peter Lang, 2005.

264. Powers, David, Islamic Legal Thought: A Compendium of Muslim Jurists, Leiden & London: Brill, 2013.

265. Price, Henry H. , *Belief*, London: Geogre Allen & Unwin, 1969.

266. Price, S. R. F. , *Religions of the Ancient Greeks*, Cambridge: Cambridge University Press, 1999.

267. Price, S. R. F. , *Rituals and Power: The Roman Imperial Cult in Asia Minor*, Cambridge: Cambridge University Press, 1984.

268. Przywara, Erich, *Analogia Entis*, Betz, John R. & Hart, David Bentley (trans.) , Grand Rapids, Michigan: William B. Eerdmans Publishing Company, 2014.

269. Quine, W. V. & Ulliam, J. S. , *The Web of Belief*, New York: McGraw-Hill, 1978.

270. Radhakrishnan, S. , *East and West in Religion*, London: G. Allen and Unwin, 1933.

271. Rahula, Walpola, *What the Buddha Taught: Revised and Expanded Edition With Texts From Suttas and Dhammapada*, New York: Grove Press, 1974.

272. Randall, John H. , *The Meaning of Religion for Man*, New York: Harper Torch Books, 1968.

273. Randall, John Herman & Randall, John Herman Jr. , *Religion and the Modern World*, New York: Frederick A. Stokes Company, 1929.

274. Rawls, John, *A Brief Inquiry Into the Meaning of Sin and Faith: With "on My Religion"*, Nagel, Thomas (ed.) , Cambridge, Massachusetts & London, England: Harvard University Press, 2010.

275. Reardon, Bernard M. G. (ed.) , *Religious Thought in the Nineteenth Century: Illustrated From Writers of the Period*, London: Cambridge University Press, 1966.

276. Reichenbach, Hans, *Experience and Prediction: An Analysis of the Foundations and the Structure of Knowledge*, Chicago & London: The University of Chicago Press, 1938.

277. Rhees, Rush, *Without Answers*, London: Routledge & Kegan Paul, 1969.

278. Rippin, Andrew (ed.) , *The Blackwell Companion to the Qur'an*, Malden, MA: Wiley-Blackwell, 2005.

279. Roberts, Keith A. , *Religion in Sociological Perspective*, Belmont: Wadsworth, 2004.

280. Romano, Claude, *Event and Time*, Mackinlay, Shane (trans.) , New York: Fordham University Press, 2013.

281. Ruel, Malcolm, *Belief, Ritual and the Securing of Life*, Leiden: E. J. Brill, 1997.

282. Ryūken, Williams Duncan, *The Other Side of Zen: A Social History of Sōtō Zen Buddhism in Tokugawa Japan*, Princeton: Princeton University Press, 2005.

283. Samartha, Stanley, *Courage for Dialogue*, New York: Mary Knoll, 1982.

284. Scanlon, T. M. , *What We Owe to Each Other*, Cambridge, Massachusetts & London, England: The Belknap Press of Harvard University Press, 2000.

285. Schellenberg, John L. , *The Will to Imagine: A Justification of Skeptical Religion*, Ithaca, NY: Cornell University Press, 2009.

286. Schelling, *On the History of Modern Philosophy*, Bowie, Andrew (trans.) , Cambridge: Cambridge University Press, 1994.

287. Schleiermacher, Friedrich Daniel Ernst, *On the "Glaubenslebre": Two Letters to Dr. Lücke*, Duke, James & Fiorenza, Francis (trans.) , Chico, Calif.: Scholars Press, 1981.

288. Schleiermacher, Friedrich, *On Religion: Speeches to Its Cultured Despisers*, Oman, John (trans.) , London: K. Paul, Trench, Trubner & Co., Ltd., 1893.

289. Schmidt, Roger, *Exploring Religion*, Boston: Cengage Learning, 1988.

290. Schmidt-Leukel, Perry & Genze, Joachim (eds.) , *Religious Diversity in Chinese Thought*, New York: Palgrave Macmillan, 2013.

291. Schreiner, Susan, *Are You Alone Wise? The Search for Certainty in the Early Modern Era*, New York: Oxford University Press, 2011.

292. Schumm, Darla & Stoltzfus, Michael (eds.) , *Disability in Judaism, Christianity, and Islam: Sacred Texts, Historical Traditons, and Social Analysis*, New York: Palgrave and Macmillan, 2011.

293. Sessions, William Lad, *The Concept of Faith: A Philosophical Investigation*, Ithaca, NY: Cornell University Press, 1994.

294. Shabestari, Mohammad Mojtahed, *Iman va Azadi*,Tehran: Tarh-e No, 1997.

295. Shagan, Ethan H. , *The Birth of Modern Belief: Faith and Judgment From the Middle Ages to the Enlightenment*, Princeton: Princeton University Press, 2018.

296. Shestov, L. , *Athens and Jerusalem*, Martin, B. (trans.) , New York: Simon and Schuster, 1968.

297. Simmel, Georg, *Essays on Religion*, Helle, Horst Jürgen & Nieder, Ludwig (trans.) & (eds.), New Haven & London: Yale University Press, 1997.

298. Simon, Josef, *Philosophy of the Sign*, Hefferman, George (trans.) , New York: State University of New York Press, 1995.

299. Simpson, Christopher Ben, *Religion, Metaphysics, and the Postmodern: William Desmond and John D. Caputo*, Bloomington: Indiana University Press, 2009.

300. Smart, J. J. C. & Haldane, J. J. , *Atheism and Theism*, Malden, MA, Wiley-Blackwell, 2003.

301. Smart, Ninian, *Reasons and Faiths*, London: Routledge, 1958.

302. Smedes, Taede A. , *God en de menselijke maat: Gods handelen en het natuurwetenschappelijk wereldbeeld*, Zoetermeer: Meinema, 2006.

303. Smith, F. Harold, *The Buddhist Way of Life: Its Philosophy and History*, London & New York: Routledge, 2008.

304. Smith, W. C. , *Belief and History*, Charlottesville: University of Virginia Press, 1977.

305. Smith, W. C. , *The Meaning and End of Religion: A New Approach to the Religious Traditions of Mankind*, New York: Macmillan, 1962.

306. Smith, W. R. , *Lectures on the Religion of the Semites*, London: HardPress Publishing, 1894.

307. Smith, W. Robertson, *Lectures and Essays of William Robertson Smith*, London: Adam and Charles Black, 1912.

308. Smith, Wilfred Cantwell, *Faith and Belief*, Princeton: Princeton University Press, 1979.

309. Smith, Wilfred Cantwell, *On Understanding Islam: Selected Studies*, The Hague: Mouton, 1981.

310. Smith, Wilfred Cantwell, *The Faith of Other Men*, New York: Harper and Row, 1963.

311. Smith, Wilfred Cantwell, *The Meaning and End of Religion*, New York: The Macmillan Company, 1962.

312. Solomon, Robert C. , *Spirituality for the Sceptic: The Thoughtful Love of Life*, Oxford: Oxford University Press, 2002.

313. Soskice, Janet, *Metaphor and Religious Language*, Oxford: Oxford University Press, 1985.

314. Stark, Rodney, *The Triumph of Faith: Why the World is More Religious Than Ever*, Wilmington, DE: Intercollegiate Studies Institute, 2015.

315. Stein, R. A. , *Tibetan Civilisation*, London: Faber and Faber, 1972.

316. Steinhart, Eric Charles, *Your Digital Afterlives: Computational Theories of Life after Death*, New York: Plagrave Macmillan, 2014.

317. Stephan van Erp, *The Art of Theology: Hans Urs von Balthasar's Theological Aesthetics and the Foundations of Faith*, Leuven: Peeters, 2004.

318. Stillingfleet, Edward, *Rational Account of the Grounds of the Protestant Religion*, Vol. 1, London: Forgotten Books, 1644.

319. Swidler, L. , *After the Absolute*, Minneapolis: Fortress Press, 1990.

320. Swinburne, Richard, *The Concept of Miracle*, London & Basingstoke: Palgrave Macmillan, 1970.

321. Talbi, M. & Jarczyk, G. , *Penseur Libre en Islam*, Paris: Albin Michel, 2002.

322. Talbi, M. , *Universalite du Coran*, Arles: Actes Sud, 2002.

323. Taylor, Charles, *A Secular Age*, Cambridge, Massachusetts & London: Belknap Press of Harvard University Press, 2007.

324. Taylor, Mark C. , *After God*, Chicago & London: University of Chicago Press, 2007.

325. Taylor, Mark C. , *Erring: A Postmodern A/Theology*, Chicago: University Of Chicago Press, 1987.

326. Tennant, Frederick R. , *The Nature of Belief*, London: Centenary Press, 1943.

327. Thurman, Robert A. F. , *The Central Philosophy of Tibet: A Study and Translation of Jey Tsong Khapa's Essence of True Eloquence*, Priceton: Priceton University Press, 1984.

328. Tilley, Terrence W. , *Postmodern Theologies: The Challenge of Religious Diversity*, Maryknoll, NY: Orbis, 1995.

329. Tillich, Paul, *Systematic Theology*, vol. 1, London: Nisbet, 1953.

330. Tocqueville, Alexis de, *Democracy in America: Bilingual French-English Edition*, Vol. 3, Nolla, Eduardo (eds), Schleifer, James T. (trans.) , Indianapolis: Liberty Fund Press, 2010.

331. Tolstoy, L. N. & Kentish, J. , *A Confession and Other Religious Writings*, London: Penguin Books, 1988.

332. Torrance, T. F. , *Reality and Scientific Theology*, Edinburgh: Scottish Academic Press, 1985.

333. Trigg, Roger, *Rationality and Religious Belief*, Oxford Blackwell, 1998.

334. Tylor, E. , *Primitive Culture*, New York: Haper, 1958.

335. Unamuno, Miguel de, *Tragic Sense of Life*, Flitch, Crawford J. E. (trans.) , New York: Dover Publications, Inc., 1954.

336. Upadhaya, Kashi Nath, *Early Buddhism and the Bhagavadgita*, Delhi: Motilal Banarsidass, 2008.

337. Vallee, Gerard (ed.) , *The Spinoza Conversations Between Lessing and Jacobi: Text With Excerpts From the Ensuing Controversy*, Lanham, Md: University Press of America, 1988.

338. Vattimo, Gianni, *Belief*, Stanford: Stanford University Press, 1999.

339. Vaziri, Mostafa, *Rumi and Shams' Silent Rebellion: Parallels With Vedanta, Buddhism, and Shaivism*, New York: Palgrave Macmillan, 2015.

340. Versnel, H. S. , *Coping With the Gods: Wayward Readings in Greek theology*, Leiden & Boston: Brill, 2011.

341. Vicent of Lérins, *Adversus Profanas Ominium Novitates Haereticorum Commonitorium Cum Nostic*, II. http://www.thelatinlibrary.com/vicentius.html, 2021.10.9. 10:30.

342. Virilio, Paul, *Open Sky*, Rose, J. (trans.) , London: Verso, 1997.

343. Wach, Joachim, *Types of Religious Experience, Christian and Non-Christian*, Chicago: University of Chicago Press, 1951.

344. Ward, Graham, *How the Light Gets In: Ethical Life I*, Oxford: Oxford University Press, 2016.

345. Ward, Keith, *Religion and Revelation*, Oxford: Clarendon Press, 1994.

346. Watson, J. & Rawski, E. (eds.) , *Death Ritual in Late Imperial and Modern China*, Berkeley: University of Califomia Press, 1988.

347. Weber, M. , *The Sociology of Religion*, Boston: Beacon Press, 1922.

348. Weil, Simone, *The Need for Roots: Prelude to a Declaration of Duties Towards Mankind*, Wills, Arthur (trans.), London & New York: Routledge, 2001.

349. Westphal, Merold, *Overcoming Onto-theology: Toward a Postmodern Christian Faith*, New York: Fordham University Press, 2001.

350. Williams, P. , *Mahayana Buddhism: The Doctrinal Foundations*, London: Routledge, 1989.

351. Wilson, Bryan & Cresswell, Jamic (eds.) , *New Religious Movements: Challenge and Response*, New York: Routledge, 1999.

352. Wilson, Bryan, *Religion in Sociological Perspective*, Oxford: Clarendon Press, 1982.

353. Wittgenstein, Ludwig, *Culture and Value*, Wright, G. H. von (ed.) , Winch, Peter (trans.) , Oxford: Blackwell, 1980.

354. Wolfson, Harry Austryn, *The Philosophy of the Church Fathers: Faith, Trinity, Incarnation*, London: Oxford University Press, 1937.

355. Woodbridge, Frederick J. E. , *An Essay on Nature*, New York: Columbia University Press, 1940.

356. Wu, John C. H. , *The Golden Age of Zen: The Classic Work on the Foundation of Zen Philosophy*, New York: Image, 1995.

357. Yao, R., *An Introduction to Fundamentalists Anonymous*, New York: Fundamentalists Anonymous, 1987.

358. Yaran, Cafer S. , *Understanding Islam*, Edinburgh: Dunedin Academic Press Ltd., 2007.

359. Zadeh, Travis, *The Vernacular Qur'an: Translation And The Rise Of Persian Exegesis*, Oxford: Oxford University Press & London: the Institute of Ismaili Studies, 2012.

360. Ziolkowski, Eric J. (ed.) , *A Museum of Faiths: Histories and Legacies of the 1893 World's Parliament of Religions*, Atlanta: Scholars Pr, 1993.

361. Žižek, Slavoj & Gunjević, Boris, *God in Pain: Inversions of Apocalypse*, New York: Seven Stories Press, 2012.

362. Žižek, Slavoj, *Less Than Nothing: Hegel and the Shadow of Dialectical Materialism*, New York: Verso, 2012.

363. Žižek, Slavoj, *On Belief*, London & New York: Routledge, 2001.

364. Žižek, Slavoj, *The Fragile Absolute*, New York: Verso, 2000.

365. Žižek, Slavoj, *The Parallax View*, Cambridge: MIT Press, 2006.

366. Žižek, Slavoj, *The Puppet and the Dwarf: The Perverse Core of Christianity*, Cambridge: MIT Press, 2003.

三、中文期刊、文章

1. 奥特:《祈祷是独白和对话》,载刘小枫主编:《二十世纪宗教哲学文选》,杨德友等译,上海三联书店1991年版。

2. 毕聪聪、黄威:《耶稣基督复活与道教神仙尸解比较研究》,《中国基督教研究》2018年第1期,第99-112页。

3. 陈垣校录：《摩尼教残经》（一、二），《国学季刊》1923 年第 1 卷，第 531-546 页。

4. 恩格斯：《路德维希·费尔巴哈和德国古典哲学的终结》，载中共中央编译局编：《马克思恩格斯文集（第 4 卷）》，人民出版社 2009 年版。

5. 弗兰克：《后现代的含混——超世俗还是宗教的回归》，《基督教文化学刊》2020 年第 1 期，第 2-35 页。

6. 海子：《栽枣树》，载西川编：《海子诗全集》，作家出版社 2009 年版。

7. 何光沪：《关于宗教对话的理论思考》，《浙江学刊》2006 年第 4 期，第 47-55 页。

8. 何光沪：《宗教对话问题及其解决设想》，《国外社会科学》2002 年第 6 期，第 2-9 页。

9. 黄保罗：《"信"为什么在汉语语境里常被误解？》，《世界宗教研究》2021 年第 4 期，第 43-57 页。

10. 卡斯培：《解说今日信仰》，载刘小枫主编：《二十世纪宗教哲学文选》，杨德友等译，上海三联书店 1991 年版。

11. 赖品超：《比较神学与汉语神学》，《道风：基督教文化评论》2006 年第 1 期，第 17-22 页。

12. 李向平：《神人关系及其信仰类型的建构》，《宗教社会学》2014 年第 2 辑，第 247-266 页。

13. 林美容：《由信仰圈到祭祀圈：台湾民间社会的地域构成与发展》，载《中国海洋发展史文集》第 3 卷，中央研究院三民主义研究所 1998 年版，第 95-125 页。

14. 林庆华：《论当代天主教新自然法学派的行为观》，《宗教学研究》2016 年第 3 期，第 196-201 页）。

15. 萝丝：《图像，蒙太奇》，载让-菲利普·德兰蒂编：《朗西埃：关键概念》，李三达译，重庆大学出版社 2018 年版。

16. 枚：《错误、歧异、主体化》，载让-菲利普·德兰蒂编：《朗西埃：关键概念》，李三达译，重庆大学出版社 2018 年版。

17. 莫里逊：《一个历史学家的信仰》，载张文杰等编译：《现代西方历史哲学译文集》，上海译文出版社 1984 年版。

18. 诺齐克：《上帝的本质，上帝的信仰》，载王晓朝、杨熙楠主编：《传统与后现代》，广西师范大学出版社 2006 年版。

19. 思竹：《从比较哲学到对话哲学：寻求跨宗教对话的内在平台》，《浙江学刊》2006 年第 1 期，第 31-36 页。

20. 斯温伯恩：《试论当代宗教哲学的历史背景和主要论域》，段德智译，《世界哲学》2005 年第 3 期，第 42-56 页。

21. 王希：《井筒俊彦的东方哲学及其〈苏菲主义与道家〉》，《宗教与哲学》2017 年第 6 辑，第 115-131 页。

22. 肖清和：《后现代主义语境中的宗教学研究》，《宗教哲学》2009 年第 4 期，第 1-16 页。

23. 许志伟：《宗教对话的需要与形式》，载《对话：儒释道与基督教》，何光沪、许志伟主编，社会科学文献出版社 1998 年版，第 15-20 页。

24. 杨慧林：《"经文辩读"的价值命意与"公共领域"的神学研究》，《长江学术》2009 年第 1 期，第 51-55 页。

25. 杨慧林：《"经文辩读"中的思想对话》，《社会科学战线》2019 年第 8 期，第 195-199 页。

26. 杨慧林：《中西"经文辩读"的可能性及其价值——以理雅各的中国经典翻译为中心》，《中国社会科学》2011 年第 1 期，第 192-205+224 页。

27. 游斌：《经学、现代性与宗教对话：经文辩读与当代宗教研究专栏引介》，《民族论坛》2012 年第 6 期，第 5-7 页。

28. 游斌：《以"经文辩读"推动宗教对话》，《中国宗教》2012 年第 5 期，第 32-36 页。

29. 原实：《"bhakti"研究》，《日本佛教学会年报》1962 年第 1 期，第 1-24 页。

30. 云格尔：《隐喻真理》，载王晓朝、杨熙楠主编：《传统与后现代》，广西师范大学出版社 2006 年版，第 24 页。

四、外文期刊、文章

1. Alston, William P. , "Belief Acceptance, and Religious Faith", in *Faith, Freedom, and Rationality: Philosophy of Religion Today*, Jordan, Jeff & Howard-Snyder, Daniel (eds.) , MD: Rowman & Littlefield, 1996.

2. Asad, Talal, "Anthropological Conceptions of Religion: Reflections on Geert", *Man*, vol. 18, 1983, pp. 237-259.

3. Audi, Robert, "Faith, Faithfulness and Virtue", *Faith and Philosophy*, vol. 28, 2011, pp. 294-309.

4. Bal, Mieke, "Postmodern Theology as Cultural Analysis", in *The Blackwell companion to postmodern theology*, Ward, Graham (ed.) , Malden, MA: Blackwell Publishing Ltd, 2001.

5. Bambrough, Renford, "Reason and Faith", in *Religion and Philosophy: Royal Institute of Philosophy Supplement: 31*, Warner Martin (ed.) , 1992.

6. Bauman, Chad M. , "Miraculous Health and Medical Itineration Among Satnamis and Christians in Late Colonial Chhattisgarh", in *Miracle as Modern Conundrum in South Asian Religious Traditions*, Dempsey, Corinne G. & Raj, Selva J. (eds.) , Albany: State University of New York Press, 2008.

7. Bazin, Jean, "Les Fantômes de Mme du Deffand", in *Critique*, 1991, pp. 492-511+529-30.

8. Becker, Howard, "A Sacred-Secular Evaluation Continuum of Social Change", in *Transactions of the Third World Congress of Sociology*, International Sociological Association (ed.), London: International Sociological Association, 1956.

9. Bell, Catherine, "Belief: A Classificatory Lacuna and Disciplinary 'Problem'", in *Introducing Religion: Essays in Honor of Jonathan Z. Smith*, Braun, Willi & McCutcheon, Russell T. (eds.) , London & New York: Routledge, 2008.

10. Benson, Peter L. , Donahue, Michael & Erickson, loseph A. , "The Faith Maturity Scale: Conceptualization, Measurement and Empirical Validation", in *Research in the Social Scientific Study of Religion*, vol. 5, Lynn, Monty L. & Moberg, David O. (eds.) , 1993.

11. Bhatia, Varuni , "The Afterlife of an Avatara in Modern Times", in *The Legacy of Vaiṣṇavism in Colonial Bengal*, Sardella, Ferdinando & Wong, Lucian (eds.) , London & New York: Routledge, 2019.

12. Bishop, John & Daniel McKaughan, J. , "Faith", in *Stanford Encyclopedia of Philosophy*, Edward N. Zalta & Uri Nodelman (eds.) , Metaphysics Research

Lab, Stanford University, 2022. https://plato.stanford.edu/archives/fall2022/entries/faith/

13. Blacketer, Raymond A. , "William Perkins", in *The Pietist Theologians: An Introduction to Theology in the Seventeenth and Eighteenth Centuries*, Lindberg, Carter (ed.) , Malden: Wiley-Blackwell, 2005.

14. Bodiford, William M. , "Kokan Shiren's Zen Precept Procedures", in *Religions of Japan in Practice*, Tanabe, George J. Jr. (ed.) , Princeton: Princeton University Press, 1999.

15. Bougarel, Xavier, "Bosnian Islam as 'European Islam': Limits and Shifts of a Concept", in *Islam in Europe: Diversity, Identity and Influence*, Al-Azmeh, Aziz & Fokas, Effie (eds.) , New York: Cambridge University Press, 2007.

16. Bourdieu, P. , "Belief and the Body", in *The Logic of Practice*, Nice, Richard (trans.) , Stanford: Stanford University Press, 1990.

17. Bourdieu, Pierre, "Genèse et Structure du Champ Religieux", *Revue francaise de Sociologie*, vol. 12, 1971, pp. 295-334.

18. Bowman, Marion, "Phenomenology, Fieldwork and Folk Religion", in *Religion: Empirical Studies,* Sutcliffe, Steven (ed.) , Hants & Burlington: Ashgate Publishing, 2004.

19. Braithwaite, R. B. , "An Empiricist's View of the Nature of Religious Belief", in *Theory of Games as a Tool for the Modern Philosopher*, Braithwaite, R. B. (ed.) , Chicago: Thoemmes Pr, 1998.

20. Brockway, Alan R. , "Religious Values after the Holocaust: A Protestant View", in *Jews and Christians After the Holocaust*, Pec, Abraham J. (ed.) , Philadelphia: Fortress Press, 1982.

21. Bruce, Steve, "Secularization", in *The New Blackwell Companion to the Sociology of Religion*, Turner, Bryan S. (ed.) , Oxford: Wiley-Blackwell, 2010.

22. Buchak, Lara, "Can It Be Rational to Have Faith?", in *Probability in the Philosophy of Religion*, Chandler, Jake & Harrison, Victoria S. (eds.) , Oxford: Oxford University Press, 2012.

23. Burgh, W.G. de, "Review of E. Gilson, God and Philosophy", *Mind*, vol. 51, 1942, pp. 275-280.

24. Caputo, John D. , "The Experience of God and the Axiology of the Impossible", in *Religion After Metaphysics*, Wrathall, Mark A. (ed.) , Cambridge: Cambridge University Press, 2004.

25. Certeau, Michel de, "La Faiblesse de Croire", *Esprit*, vol. 5, 1977, pp. 231-245.

26. Chaniotis, Agelos, "Staging and Feeling the Presence of God: Emotion and Theatricality in Religious Celebrations in the Roman East", in *Panthée: Religious Transformations in the Graeco-Roman Empire*, Bricault, Laurent & Bonnet, Corinne (eds.) , Leiden & Boston: BRILL 2013.

27. Chappell, Tim, "Why is Faith a Virtue?", *Religious Studies*, vol. 32, 1996, pp. 27-36.

28. Clegg, J. S. , "Faith", *American Philosophical Quarterly*, vol. 16 , 1979, pp. 225-232;

29. Clifford, "The Ethics of Belief", in *Lectures and Essays*, Pollock, S. (ed.) , London: Palgrave Macmillan, 1879.

30. Costa, Gavin D. , "Postmodernity and Religious Plurality: Is a Common Global Ethic Possible or Desirable?", in *The Blackwell Companion to Postmodern Theology*, Ward, Graham (ed.) , Malden, MA: Blackwell Publishing Ltd, 2001.

31. Crombie, I. M. , "The Possibility of Theological Statements", in *Faith and Logic: Oxford Essays in Philosophical Theology*, Mitchel, B. (ed.) , London: George Allen & Unwin, 1957.

32. Davie, Grace, "Resacralization", in *The New Blackwell Companion to the Sociology of Religion*, Turner. Bryan S. (ed.) , Oxford: Wiley-Blackwell, 2010.

33. Demos, Raphael, "Are Religious Dogmas Cognitive and Meaningful?", in *Academic Freedom, Logic, and Religion*, White, Morton (ed.), Philadelphia: University of Pennsylvania Press, 1953.

34. Dennett, D. , "Condition of Personhood", in *The Identities of Persons*, Rorty A. (ed.) , Berkeley: University of California Press, 1976.

35. Derrida, Jacques, "La 'différance' ", *Société Française de Philosophie*, vol. 62, 1968, pp. 73-101.

36. Dobbins, James C. , "Shinran's Faith as Immediate Fulfillment in Pure Land

Buddhism", in *Religions of Japan in Practice*, Tanabe, George J. Jr. (ed.) , Princeton: Princeton University Press, 1999.

37. Edwards, Paul, "Kierkegaard and the 'Truth' of Christianity", *Philosophy*, vol. 46, 1971, pp. 89-108.

38. Firth, R. , "Religious Belief and Personal Adjustment", *The Journal of the Royal Anthropological Institute of Great Britain and Ireland*, vol. 78, 1948, pp. 25-43.

39. Fisher, Andrew, "The Word of Faith Movement: Are We All Little Gods?", in *Philosophical Explorations of New and Alternative Religious Movements*, Morgan Luck (ed.) , London & New York: Routledge, 2012.

40. Frank, Daniel H. , "Jewish Philosophical Theology", in *Philosophical Theology*, Thomas P. Flint & Michael C. Rea (eds.) , New York: Oxford University Press, 2009.

41. Freddoso, Alfred J. , "Christian Faith as a Way of Life", in *The Blackwell Guide to the Philosophy of Religion*, Mann, William E. (ed.) , Oxford: Wiley-Blackwell, 2004.

42. Freeman, Susan Tax, "Faith and Fashion in Spanish Religion: Notes on the Observance of Observance", *Peasant Studies*, vol. 7, 1978, pp. 101-123.

43. Friedlander, Albert H. , "Judaism" , in *Judaism and Christianity*, Houlden, Leslie (ed.) , London: Taylor & Francis Books Ltd, 1991.

44. Gadamer, Hans-Georg, "On the Problem of Self-Understanding", in *Philosophical Hermeneutics*, Linge, David E. (trans.) & (ed.) , Berkeley & Los Angeles, California: University of California Press, 1977.

45. Gellner, D. , "What is the Anthropology of Buddhism about?", *Journal of the Anthropological Society of Oxford*, vol. 21, 1990, pp. 95-112.

46. Giordano-Zecharya, M. , "As Socrates Shows, the Athenians Did Not Believe in Gods", *Numen*, vol. 52, 2005, pp. 325-355.

47. Gonda, J. , "The Indian Mantra", in *J. Gonda Selected Studies*, vol. 4, Leiden: E. J. Brill, 1975, pp. 248- 301.

48. Goodchild, Philip, "Politics, Pluralism and the Philosophy of Religion", in *Difference in Philosophy of Religion*, Goodchild, Philip (ed.) , Burlington: Ashgate Publishing Limited, 2003.

49. Grant, Colin, "Smith's Discovery and the Ethics of Belief", *Studies in Religion*, vol. 13, 1984, pp. 461-477.

50. Greenberg, Irving, "Cloud of Smoke, Pillar of Fire: Judaism, Christianity and Modernity After the Holocaust", in *Auschwitz: Beginning of a New Era?* Fleischner, Eva (ed.) , New York: KTAV, 1977.

51. Habermas, Jürgen, "Faith and Knowledge", in *The Future of Human Nature*, Rehg,William, Pensky, Max & Beister, Hella (trans.) , Cambridge: Polity, 2003.

52. Harrison, Thomas, "Belief vs. Practice", in *The Oxford Handbook of Ancient Greek Religion*, Eidinow, Esther & Kindt, Julia (eds.) , New York: Oxford University Press, 2015.

53. Hauerwas, Stanley, "The Christian Difference, or Surviving Postmodernism", in *The Blackwell Companion to Postmodern Theology*, Ward, Graham (ed.) , Malden, MA: Blackwell Publishing Ltd, 2001.

54. Heidegger, Martin, "Phenomenology and Theology", in *The Piety of Thinking*, Hart, James G. & Maraldo, John C. (trans.) , Bloomington: Indiana University Press, 1976.

55. Hervieu-Léger, Danièle, "Religion as Memory: Reference to Tradition and the Constitution of a Heritage of Belief in Modern Societies", in *Religion: Beyond a Concept*, Vries, Hent de (ed.), New York: Fordham University Press, 2008.

56. Heschel, Abraham Joshua, "No Religion Is an Island", *Union Seminary Quarterly Review*, Vol. 21, 1966, p. 123.

57. Hoffmann, George, "Atheism as a Devotional Category", *Republic of Letters*, vol. 1, 2010, pp. 44-55.

58. Holland, R. F. , "The Miraculous", *American Philosophical Quarterly*, Vol. 2, 1965, pp. 43-51.

59. Horton, R. , "African Traditional Thought and Western Science", in *Rationolity*, Wilson, B. (ed.) , London: Blackwell, 1973.

60. Howard-Snyder, Daniel, "Propositional Faith: What It Is and What It Is not", *American Philosophical Quarterly*, vol. 50, 2013, pp. 357-372.

61. Iannaccone, Laurence R. , "Rational Choice: Framework for the Science Study of Religion", in *Rational Choice Theory and Religion*, Young, Lawrence A. (ed.) , New York & London: Routlegde, 1997.

62. James, W. , "The Will to Believe", in *The Will to Believe and Other Essays in Popular Philosophy*, New York: Longmans, Green & Co, 1907.

63. Jüngel, E. , "The Dogmatic Significance of the Question of the Historical Jesus", in *Theological Essays II*, Webster, J. B. (ed.) , Nerfeldt-Fast, Arnold & Webster, J. B. (trans.) , Edinburgh: T & T Clark, 1995.

64. Justice, Steven, "Did the Middle Ages Believe in Their Miracles?", *Representations*, vol. 103, 2008, pp. 1-29.

65. Karlsoon, Jerker, "Syncretism as the Theoretical Foundation of Religious Studies", in *Philosophical and Theological Responses to Syncretism: Beyond the Mirage of Pure Religion*, Gellman, Jerome (ed.), Boston: Brill, 2017.

66. Keane, Webb, "The Evidence of the Senses and the Materiality of Religion", *Journal of the Royal Anthropological Institute*, vol. 14, 2008, pp. 110-127.

67. Kellenberger, James, "Three Models of Faith", in *Contemporary Perspectives on Religious Epistemology*, Geivett, R. Douglas & Sweetman, Brendan (eds.) , New York: Oxford University Press, 1992.

68. King, Ch. , "The Organization of Roman Religious Beliefs", *ClAnt*, vol. 22, 2003, pp. 275-312.

69. Küng, Hans, "Basic Trust as the Foundation of a Global Ethic", *Internet Review of Psychiatry*, vol. 13, 2001, pp. 94-100.

70. Kvanvig, Jonathan L. , "Affective Theism and People of Faith", *Midwest Studies in Philosophy*, vol. 37, 2013, pp. 109-28.

71. Kvanvig, Jonathan L. , "The Idea of Faith as Trust: Lessons in Noncognitivist Approaches to Faith", in *Reason and Faith: Themes From Richard Swinburne*, Bergmann, Michael & Brower, Jeffrey E. (eds.) , Oxford: Oxford University Press, 2016.

72. Lonergan, Bernard, "Faith and Beliefs", in *Philosophical and Theological Papers 1965-1980*, Croken, Robert C. & Doran, Robert M. (eds.) , Toronto: University of Toronto Press, 2004.

73. Lovat, Terence, "Islam: A Very Twenty-First Century Faith", in *Islam in the 21st Century*, Franco, Gregory H. & Cervantes, Scott L. (eds.) , New York: Nova Science Pub Inc., 2010.

74. Lovin, Robin, "Response to Linell Cady", in *The Legacy of H. Richard Niebuhr*, Thieman, Ronald F. (ed.), Minneapolis, Minn: Fortress, 1991.

75. Lowe, Walter, "Is There a Postmodern Gospel?", in *The Blackwell Companion to Postmodern Theology*, Ward, Graham (ed.) , Malden, MA: Blackwell Publishing Ltd, 2001.

76. Mahmood, Saba, "Agency, Performativity, and the Feminist Subject", in *Bodily Ciatation: Religion and Judith Butler*, Armour, Ellen T. & Ville, Susan M. St. (eds.) , New York: Columbia University Press, 2006.

77. Mandair, Arvind-Pal S. , "What if 'Religio' Remained Untranslatable?", in *Difference in Philosophy of Religion*, Goodchild Philip (ed.) , Burlington: Ashgate Publishing Limited, 2003.

78. Martin, Dean M. , "Learning to Become a Christian", in *Critical Perspectives on Christian Education: A Reader on the Aims, Principles and Philosophy of Christian Education*, Astley, Jeff & Francis, Leslie J. (eds.) , Leominster: Gracewing, 1994.

79. McConeghy, David, "Facing the Monsters: Otherness in H. P. Lovecraft's Cthulhu Mythos and Guillermo del Toro's Pacific Rim and Hellboy", *Religions*, vol. 11, 2020, 58; https://doi.org/10.3390/rel11020058

80. McKaughan, Daniel J. , "Authentic Faith and Acknowledged Risk: Dissolving the Problem of Faith and Reason", *Religious Studies*, vol. 49, 2013, pp.101-124.

81. Mendelssohn, Moses, "Jerusalem, or On Religious Power and Judaism", Arkush, A. (trans.) , in *The Jewish Philosophy Reader*, Frank, D. & Leaman, O. & Manekin, C. (eds.), London: Routledge, 2000.

82. Myers, D. G. , "Teaching, Texts and Values", *Journal of Psychology and Theology*, vol. 23, 1995, pp. 244-247.

83. Nobutaka, Inoue, "Perspectives Toward Understanding the Concept of Kami", in *Kami (Contemporary Papers On Japanese Religion)*, vol. 4, Havens, Norman (trans.) , Tokyo: Kokugakuin University, 1998, pp. 1-19.）

84. Norman, Malcolm, "Is It a Religious Belief That 'God Exists'?", in *Faith and the Philosophers*, Hick (ed.), London: Macmillan,1964.

85. Norman, Malcolm, "The Groundlessness of Belief", in *Reason and Religion*, Brown, Stuart C. (ed.) , Ithaca, NY: Cornell University Press, 1977.

86. O' Leary, Joseph S. , "Religions as Conventions", in *The Blackwell Companion to Postmodern Theology*, Ward, Graham (ed.) , Malden, MA: Blackwell Publishing Ltd, 2001.

87. Ochs, Peter, "The Renewal of Jewish Theology Today: Under the Sign of Three", in *The Blackwell Companion to Postmodern Theology*, Ward, Graham (ed.) , Malden, MA: Blackwell Publishing Ltd, 2001.

88. Openshaw, Jeanne, "Love of Woman: Love of Humankind? Interconnections Between Baul Esoteric Practice and Social Radicalism", in *Colonial Bengal*, Sardella, Ferdinando & Wong, Lucian (eds.) , London & New York: Routledge, 2019.

89. Osborne, R. , "Archaeology, the Salaminioi and the Politics of Sacred Space in Archaic Attica", in *Placing the Gods*, Alcock, S. & Osborne, R. (eds.) , Oxford: Clarendon Press, 1994.

90. Penelhum, T. , "Sceptics, Believers, and Historical Mistakes", *Synthese*, vol. 67, 1986, pp. 131-146.

91. Pojman, Louis, "Faith Without Belief?", *Faith and Philosophy*, vol. 3, 1986, pp. 157-176.

92. Price, H. H. , "Faith and Belief", in *Faith and the Philosophers*, John Hick (ed.) , London: Macmillan, 1964, pp. 3-25.

93. Quinn, Philip, "On Religious Diversity and Tolerance", in *Religious Tolerance Through Humility: Thinking With Philip Quinn*, Kraft, James & Basinger, David (eds.) , New York: Routledge, 2008.

94. Rahman, Fazlur, "Some Key Ethical Concepts of the Qur'an", *Journal of Religious Ethics*, vol. 2, 1983, pp. 170-85.

95. Rahner, K. S. J. , "Concerning the Relationship Between Nature and Grace", in *Theological Investigations Volume I: God, Christ, Mary and Grace*, Baltimore: Helicon, 1965.

96. Raschke, Carl, "Indian Territory: Postmodernism Under the Sign of the Body", in *The Blackwell companion to Postmodern Theology*, Ward, Graham (ed.) , Malden, MA: Blackwell Publishing Ltd, 2001.

97. Raunio, Antti, "Das liberum arbitrium als gottliche Eigenschaft in Luthers De servo arbitrio", in *Widerspruch: Luthers Auseinandersetzung mit Erasmus von Rotterdam*, Kopperi, Kari (ed.) , Helsinki: Luther-Agricola-Gesellschaft, 1977.

98. Reader, Ian, "Contemporary Zen Buddhist Tracts for the Laity: Grassroots Buddhism in Japan", in *Religions of Japan in Practice*, Tanabe, George J. Jr. (ed.) , Princeton: Princeton University Press, 1999.

99. Reder, Michael & Schmidt, Josef S. J. , "Habermas and Religion", in *An Awareness of What is Missing: Faith and Reason in a Post-secular Age*, Habermas, Jürgen et al. (eds.) , Ciaran Cronin (trans.) , Malden, MA: Polity Press, 2010.

100. Ricoeur, Paul, "La Problématique de la Croyance: Opinion, Assentiment, Foi", in *De la Croyance: Approches Epistemologiques et Semiotiques*, Parret, Herman (ed.) , Berlin: Walter de Gruyter, 1983.

101. Ruel, M. , "Christians as Believers", in *Religious Organization and Religious Experience*, Davis, J. (ed.) , London & New York: Academic Press, 1982.

102. Schellenberg, J. L. , "Divine Hiddenness and Human Philosophy", in *Hidden Divinity And Religious Belief: New Perspectives*, Green, Adam & Stump, Eleonore (eds.) , Cambridge: Cambridge University Press, 2015.

103. Schmitt, Jean-Claude, " 'Religion Populaire' et culture Folklorique", *Annales E.S.C.* vol. 5, 1976, pp. 941-953.

104. Schneide, Rebecca, " 'Judith Bulter' in My Hand", in *Bodily Ciatation: Religion and Judith Butler*, Armour, Ellen T. & Ville, Susan M. St. (eds.) , New York: Columbia University Press, 2006.

105. Schwartz, Regina M. , "Communion and Conversation", in *The Blackwell Companion to Postmodern Theology*, Ward, Graham (ed.) , Malden, MA: Blackwell Publishing Ltd, 2001.

106. Sherman, Jacob H. , "A Genealogy of Participation", in *The Participatory Turn: Spirituality, Mysticism, Religious Studies*, Ferrer, Jorge N. & Sherman, Jacob H. (eds.) , Albany: State University of New York Press, 2008.

107. Shim, Jae-ryong, "Faith and Practice in Hua-yen Buddhism: A Critique of Fatsang(643-712) by Li T'ung-hsüan(646-740)", in *Buddhist and Taoist Practice in Medieval Chinese Society: Buddhist and Taoist Studies II*, Chappell, David W. (ed.) , Honolulu: University of Hawaii Press, 1987.

108. Siegert, Folker, "Philo and the New Testament", in *The Cambridge Companion to Philo*, Kamesar, Adam (ed.) , New York: Cambridge University Press, 2009.

109. Simmel, Georg, "A Contribution to the Sociology of Religion", *American Journal of Sociology*, vol. 11, 1905, pp. 359-376.

110. Smith, Jane I. , "At the Heart of the Matter: Faith and Belief in the Poeti Imagery of Bediuzzaman Said Nursi", in *Spiritual Dimensions of Bediuzzaman Said Nursi's Risale-I Nur*, Abu-Rabi, Ibrahim M. (ed.) , New York: State University of New York Press, 2008.

111. Smith, Jonathan Z. , "Religion, Religions, Religious", in *Critical Terms for Religious Studies*, Taylor Mark C. , (ed.) , Chicago & London: The University of Chicago Press, 1998.

112. Sørensen, J. , "Religion in Mind: A Review Article of the Cognitive Science of Religion", *Numen*, vol. 52, 2005, pp. 465-494.

113. Spranger, E. , "Zur Psychologie des Glaubens", *Gesammelte Schriften*, Vol. 9, 1974, pp. 251-270.

114. Swidler, L. , "Interreligious and Interideological Dialogue: The Matrix for All Systematic Reflection Today", in *Toward a Universal Theology of Religion*, Maryknoll NY: Orbis Books, 1988.

115. Talbi, M. , "Unavoidable Dialogue in a Pluralist World: Personalaccount", *Encounters: Journal of Inter-cultural Perspectives*, vol. 1, 1995, pp. 56-69.

116. Taylor, Charles, "The Politics of Recognition", in *Multiculturalism and "The Politics of Recognition"*, Princeton: Princeton University Press, 1992.

117. Taylor, Mark C. , "Terminal Faith", in *Religion, Modernity and Postmodernity*, Heelas, Paul (ed.) , Malden: Wiley-Blackwell, 1998.

118. Vahdat, Farzin, "Post-revolutionary Islamic Modernity in Iran: the Inter-subjective Hermeneutics of Mohammad Mojtahed Shabestari", in *Modern Muslim Intellectuals and the Qur'an*, Taji-Farouki, Suha (ed.), Oxford: Oxford University Press & London: the Institute of Ismaili Studies, 2006.

119. Warner, R. Stephen, "Convergence Toward the New Paradigm", in *Rational Choice Theory and Religion*, Young, Lawrence A. (ed.), New York & London: Routlegde, 1997.

120. Westphal, Merold, "Whose Philosophy? Which Religion? Reflections on Reason as Faith", in *Transcendence in Philosophy and Religion*, Faulconer James E., (ed.), Bloomington: Indiana University Press, 2003.

121. Wiebe, Donald, "On the Transformation of 'Belief' and the Domestication of 'Faith' in the Academic Study of Religion", *Method & Theory in the Study of Religion*, Vol. 4, 1992, pp. 47-67.

122. Wiebe, Donald, "The Role of Belief in the Study of Religion: A Response to Wilfred Cantwell Smith", *Numen*, vol. 26, 1979, pp. 234-249.

123. Williams, B., "Tertullian's Paradox", in *New Essays in Philosophical Theology*, Flew, A. G. H. & Macintyre, A. C. (eds.), London: SCM Press, 1955.

124. Wirth, Jean, "La Naissance du Concept de Croyance (XIIe-XVIIe siècles)", *Bibliotheque d'Humanisme et Renaissance*, vol. 45,1983, pp. 7-58.

125. Wolfson, Elliot R., "Secrecy, Apophasis, and Atheistic Faith in the Teachings of Rav Kook", in *Negative Theology as Jewish Modernity*, Fagenblat, Michael (ed.), Bloomington: Indiana University Press, 2017.

126. Wulff, D., "Beyond Belief and Unbelief', *Research in the Social Scientific Study of Religion*, vol. 10, 1999, pp. 1-15.

127. Zygmunt Bauman, "Postmodern Religion?", in *Religion, Modernity and Postmodernity*, Heelas, Paul (ed.), Malden: Wiley-Blackwell, 1998.

五、宗教经典（圣典、经文和道书）

《圣经》（2010 年中文和合本修订版）：

《创世记》1: 27；《创世记》15: 4-6；《创世记》32: 25；《创世记》32: 26-29；《出埃及记》4: 30-31；《出埃及记》17: 5-6；《出埃及记》20: 3；《利

末记》26：1；《列王纪下》17：14-15；《约伯记》30：20；《约伯记》42：2-4；《约伯记》42：17；《箴言》1：7；《雅歌》2：2；《雅歌》8：5；《雅歌》8：9；《马太福音》4：10；《马太福音》5：43-48；《马太福音》8：10；《马太福音》8：13；《马太福音》9：2；《马太福音》15：28；《马太福音》15：35-37；《马太福音》17：20；《马太福音》21：21；《路加福音》17：5；《路加福音》17：6；《路加福音》22：32；《约翰福音》1：1；《约翰福音》1：3；《使徒行传》3：16；《使徒行传》6：5；《使徒行传》11：24；《使徒行传》16：5；《罗马书》3：24；《罗马书》4：19；《罗马书》7：12；《罗马书》9：32；《罗马书》10：20；《罗马书》11：6；《罗马书》12：6；《罗马书》14：1；《罗马书》14：23；《哥林多前书》3：16；《哥林多前书》12：9；《哥林多前书》13：4；《哥林多前书》14：2-3；《哥林多前书》14：4；《哥林多前书》14：9-10；《哥林多前书》14：14-15；《哥林多前书》14：22-25；《哥林多后书》5：7；《哥林多后书》8：7；《加拉太书》5：5；《加拉太书》5：6；《以弗所书》2：8；《腓立比书》2：17；《歌罗西书》2：2；《歌罗西书》2：6-7；《帖撒罗尼迦前书》1：3；《帖撒罗尼迦前书》3：6；《希伯来书》11：1；《雅各书》2：26。

《圣经》（思高本）：

《格林多前书》13：4。

《中文译解古兰经》，马坚译，法赫德国王《古兰经》印刷局 2002 年版：

第 1 章 2 节；第 1 章 5 节；第 2 章 186 节；第 2 章 190-193 节；第 2 章 248 节；第 2 章 251 节；第 3 章 64 节；第 4 章 105 节；第 6 章 19-21 节；第 6 章 103 节；第 10 章 7-8 节；第 10 章 84 节；第 10 章 99 节；第 11 章 28 节；第 13 章 15 节；第 16 章 125 节；第 22 章 87-88 节；第 27 章 65-66 节；第 28 章 15-19 节；第 29 章 45 节；第 29 章 69 节；第 30 章 58 节；第 33 章 40 节；第 48 章 29 节；第 50 章 45 节；第 57 章 22-23 节；第 75 章 2 节；第 72 章 26 节；第 75 章 31 节；第 98 章 5 节。

CBETA 汉文大藏经（按原书目序列出）：

《瑜伽师地论》《宝光明陀罗尼》《数论颂》《杂阿含经》《大般若经》《华严经》《大方广佛华严经》《佛说无量寿经》《达摩多罗禅经》《大方等如来藏经》《三法度论》《大智度论》《阿毗达磨品类足论》《阿毗达磨大毗婆沙论》

《成唯识论》《大乘庄严经论》《大乘阿毗达磨杂集论》《华严经探玄记》《华严经疏》《大日经疏》《往生论注》《俱舍论疏》《成唯识论掌中枢要》《法苑珠林》《金七十论》《摩尼教下部赞》《佛说十往生阿弥陀佛国经》《成佛之道》《谛义证得经》《优婆塞戒经》《摩尼光佛教法仪略》

《道藏》（文物出版社、上海书店、天津古籍出版社 1988 年版，按原书目序列出）：

《灵宝无量度人上品妙经》《上清大洞真经》《高上太霄琅书琼文帝章经》《元始无量度人上品妙经四注》《元始无量度人上品妙经内义》《太上洞玄灵宝无量度人上品经法》《太霄琅书琼文帝章诀》《学仙辨真诀》《三极至命筌蹄》《历世真仙体道通鉴》《太上灵宝元阳妙经》《太上洞玄灵宝十号功德因缘妙经》《太上洞玄灵宝赤书玉诀妙经》《太上洞玄灵宝八威召龙妙经》《太上灵宝洪福灭罪像名经》《洞玄灵宝自然九天生神章经注》《太上洞玄灵宝智慧罪根上品大戒经》《太极真人敷灵宝斋戒威仪诸经要诀》《太极祭炼内法》《玄珠心镜注》《洞玄灵宝升玄步虚章序疏》《太上老君内观经》《道德真经》《道德真经集注》《道德真经藏室纂微篇开题科文疏》《西升经集注》《文始真经注》《冲虚至德真经四解》《南华真经口义》《墉城集仙录》《先天玄妙玉女太上圣母资传仙道》《太清金液神丹经》《黄帝九鼎神丹经诀》《诸家神品丹法》《云笈七籤》《至言总》《坐忘论》《上清太玄集》《渔庄邂逅录》《太平经圣君秘旨》《道门经法相承次序》《太上妙法本相经》《无上秘要》《重阳真人金关玉锁诀》《法海遗珠》《太上老君中经》《抱朴子内篇》《道法会元》《太上助国救民总真秘要》《太上大道玉清经》《洞真太上素灵洞元大有妙经》《洞真上清开天三图七星移度经》《洞真太上八素真经登坛符札妙诀》《洞真太上八素真经占候入定妙诀》《洞真太上太霄琅书》《上清太上帝君九真中经》《上清金真玉光八景飞经》《上清元始变化宝真上经九灵太妙龟山玄箓》《洞玄灵宝长夜之府九幽玉匮明真科》《太上老君虚无自然本起经》

《中华道藏》（张继禹主编，华夏出版社 2004 年版，按原书目序列出）：

《陶公传授仪》《太上妙法本相经》《太玄真一本际经卷第七》《周易参同契分章注》

附录：信仰概念的历史意谓及其扩展

当宣称诸宗教具有一致的外在信仰时，对此命题的理解绝不是字面意义上的。如前文所述，一致与同一并不等同，外在信仰的一致性因此只能被理解为结构的、主体间的，其含义是诸宗教实体在存在范畴以宗教之道或神圣之道的方式展开。扩而言之，外在信仰确实一致地贯穿着诸宗教，任何脱离信仰基本范畴的宗教现象或实体都是非神圣的；而诸宗教实体及其在信仰表达方面的差异恰是规定自身的东西，它们将神圣的留存差别化，且这差别显现、解释并增益神圣本身。换言之，若宗教之道确有某种价值，那么这价值无疑在价值自身的退却之中。按照瓦蒂莫的说法，如果显现为始源的神学内容本身不排除始源的形而上学的所有优先性，即如果这种神学并非某种出自基要主义的独断（此处指三位一体神学），那事情就是如此。这样一种来源对于我们的宗教经验具有根本意义，这也是宗教回归的显著特征，并且构成了不再是形而上学的哲学的结果，同样也构成了被这样重新发现的宗教传统的"内容"：三位一体的上帝并不是我们要回归形而上学意义的根基，用《福音书》的语言说，上帝毋宁是要召唤我们去阅读时间的符号。[1]由此，诸宗教的现实成就了其解释。

第一节　摩尼教

当人们谈论摩尼教[2]时，总会有一种怪异的相似感浮现。这怪异感仿佛在

1　参见德里达、瓦蒂莫主编：《宗教》，杜小真译，商务印书馆2006年版，第102页。
2　在前文中已介绍了主要的亚伯拉罕宗教，此处以摩尼教和巴哈伊教（同属亚伯拉罕宗教体系）为范例解读外在信仰在诸宗教实体中的一致性。这两种宗教分别存在于不同的时代，它们都以独特的方式尝试建立统一的信仰。

提醒人们，千万不能忽视其相似特征，它蕴含某种真理性的东西。其结果是，摩尼教并不以独立宗教的形式展现自身——至少不如其他宗教一般有个性，它的出现总与其他宗教相关联。换言之，摩尼教无论是因为在历史中的消逝失去了现世的影响力，还是因为其宗教信念和宗旨本就不把自身看作绝对独立的个别在者，对摩尼教的谈论和言说总是非个体性的。有关摩尼教的当代研究很大程度上依靠与其他宗教的比较——无论是宗教观点还是历史文本、材料——正说明了这一点。

所以，摩尼教的确需与其他诸教区分开来，它更倾向于信仰之道（或神圣之道）[3]这种综合呈现的宗教—神圣抽象物，而其他宗教要么倾向于诸神圣的道，要么倾向于人的道。典型的表达是，与其他宗教的先知或圣人不同，摩尼教的创始人摩尼用亲自书写的方式见证并促使了这一宗教的建立，这意味着摩尼教最初就将信念置于外在信仰的核心，它不只是心或身体的作为。换言之，信仰作为语言事件发生，直接决定了摩尼教的存在方式与其他宗教相异：摩尼教以信仰之道为自身的根基，而其他诸教选择拥抱启示之神道或觉悟之人道。在摩尼教的信仰之道中，诸神圣暂时隐退了，因而诸神圣的关系呈现总带有些许杂糅和差别的特质。而这一点所说明的，恰恰不是一些人所宣称的摩尼教的"作伪性"，反而是因对诸神圣和神圣本身的不确定而导致的人的表达的有限和无力。因此，摩尼教希望以融合诸宗教信念、传扬共同的信仰之道（外在信仰行动）的方式建立一个统一的世界性宗教，这个世界性宗教以"诸神圣"和诸先知为核心，它承载多元、复杂、全部人的信仰。

具体而言，无论是摩尼亲自用古叙利亚语书写的七部大经[4]，还是蕴含在这些经书中的宗教信念和神学思想——如犹太—基督教中的弥赛亚思想、琐罗亚斯德教创世论[5]、印度教的"业力"、佛教的"解脱"，都是摩尼教遵从信

---

3 在本真领会的意义上，信仰之道表达为神圣之道，本章中不再累述。

4 即《彻尽万法根源智经》（《生之福音》或《大福音书》）、《净命宝藏经》（《生命之宝藏》）、《律藏经》或称《药藏经》（《书信》）、《秘密法藏经》（《秘密书》）、《证明过去经》（《专题论文》）、《大力士经》（《巨人书》）、《赞愿经》（《诗篇和祈祷书》）以及《大二宗图》（《图集》）。这些经典如今已大部分失传，极少数还能找到一些断简残篇。（详见马小鹤：《光明的使者：摩尼与摩尼教》，兰州大学出版社 2013 年版，第 169-175 页。）

5 摩尼教具有与琐罗亚斯德相似的创世神话。摩尼教认为：未有天地之时，只有善恶二宗。善宗即光明王国，最高神被称为伟大之父（汉文摩尼经称大慈父、明尊），他有感觉、推理、思维、想象和意志等五大荣耀（相、心、念、思、意等五种国土），

仰之道的表现，它们意在清空人对诸神圣的限制以及对自我的标榜。信仰之道是人在面对诸神圣时更加可靠的入口，摩尼在论述自己宗教的十大优点时写道："其一，古代宗教限于一个国家和一种语言。而我的宗教是这样的：它将展现在所有的国家和所有的语言中，它将传遍天涯海角。其二，以往的宗教只有当其神圣的领袖健在时才（秩序井然）……，而一旦领袖们升天（去世）了，他们的宗教就陷于混乱，（信徒们）就会忽视戒律和实践……但是，我的宗教却由于有活的经典（nbyg'n zyndg'n），有慕（承法教道者）、萨波塞（侍法者）、选民（纯善人）和耨沙嗲（净信听者），由于有智慧和实践，将永存到底。"[6]语言、事件、形象、仪礼、义理和代言者等事物取得一致，统一的信仰之道因此完成，摩尼教立在其上。在摩尼教的教义思想和宗教实践中，信心、信念、信从作为外在信仰的核心，将普遍的神圣性纳入其中。

一方面，摩尼教强调作为神圣体验的信心，此处"信心"与原始佛教强调的"清净且纯粹"的内在体验类似，它是信仰之行动的起始，也是灵魂对肉身超越的起始。《下部赞·□□□览赞夷数文》载："心王清净恒警觉，与信悟者增记念。……我今恳切求哀请，愿离肉身毒火海。腾波沸涌无暂停，魔竭出入舌船舫。元是魔宫罗刹国，复是稠林芦笋泽。诸恶禽兽交横走，蕴集毒虫及蚖蝮。亦是恶业今魔体，复是多形卑欣斯；亦是暗界五重坑，复是无明五毒院；亦是无慈三毒苗，复是无惠五毒泉。上下寒热二毒轮，二七两般十二殿。一切魔男及魔女，皆从肉身生缘现。又是三界五趣门，复是十方诸魔口。一切魔王之暗母，一切恶业之根源，又是猛毒夜叉心，复是贪魔意中念。一切魔王之甲仗，一切犯教之毒纲，能沉宝物及商人，能翳日月光明佛。一切地狱之门户，一切轮回之道路，徒摇常住涅盘王，竟被焚烧囚永狱。"[7]心王清净恒警觉，说的正是灵魂回应神圣后的平静的悸动。

另一方面，摩尼教强调作为态度的信心或信念，即信乃"相信……"。此

仁爱、信仰、忠实、慈善和智慧等五种精神品质（怜悯、诚信、具足、忍辱、智慧等五施）。他与光明、威力、智慧是四位一体（清净、光明、大力、智慧）。在他的四面住着十二个神，每面三个（十二常住宝光王）。恶宗被称为黑暗之王（魔王），住在黑暗王国里。这些都与琐罗亚斯德善恶相争二元教义类似。

6 马小鹤：《光明的使者：摩尼与摩尼教》，兰州大学出版社 2013 年版，第 156 页。由于摩尼教随文而化的特性，其教导、经义是在地的。有关摩尼教的华化，参见林悟殊：《中古夷教华化丛考》，兰州大学出版社 2011 年版；林悟殊：《摩尼教华化补说》，兰州大学出版社 2014 年版。

7 CBETA 2021.Q3, T54, no. 2140, pp. 1270c05-1271a11.

处信的对象既包括那些被宣称的教义和神学观点，也包括信众的心理感受和情状，所以信徒的一般信心和信念同时得到强调。《一者明尊》所载十二法中包含了作为实体信念或信心的"信心"[8]法，其中"一者明尊，二者智惠，三者常胜，四者欢喜，五者勤修，六者真实，七者信心，八者忍辱，九者直意，十者功德，十一者齐心和合，十二者内外俱明。庄严智惠，具足如日，各十二时，圆满功德"[9]。类似的记载也可在其他论述中看到，如《收食单偈·大明使释》载："一者无上光明王，二者智惠善母佛，三者常胜先意佛，四者欢喜光明佛，五者勤修乐明佛，六者真实造相佛，七者信心净风拂，八者忍辱日光佛，九者直意卢舍那，十者知恩夷数佛，十一者齐心电光佛，十二者惠明庄严佛。身是三世法中王，开杨一切秘密事；二宗三际性相义，悉能显现死疑滞。"[10]此外，《摩尼教残经一》中的有关记录更加详细："又惠明使，於无明身，种种自在降伏诸魔，如王在殿，赏罚无畏。'惠明相者，第一大王，二者智惠，三者常胜，四者欢喜，五者勤修，六者平等，七者信心，八者忍辱，九者直意，十者功德，十一者齐心一等，十二者内外俱明。如是十二光明大时，若人相、心、念、思、意等五种国土，一一挐茂，无量光明；各各现果，亦复无量；其果即於清净徒众而具显现。'"[11]此处信心可被具体阐释为摩尼教的基本信念，即"七信心者。若有清净电那勿等内怀信心性者，当知是师有五记验：一者信二宗义，心净无疑，弃暗从明，如圣所说。二者於诸戒律，其心决定。三者於圣经典，不敢增减一句一字。四者於正法中所有利益，心助欢喜；若见为魔之所损恼，当起慈悲，同心忧虑。五者不妄宣说他人过恶，亦不嫌谤传言两舌，性常柔濡，质直无二"[12]。概言之，摩尼教把"信心"列为信仰之道的方便之一，"信心"因而是摩尼教的基本教义、戒律和修行法门。

除此之外，摩尼教也强调信众的"信从"。其直接表现是，"信心"作为十二基本教义之一，本身就包含了对诸神圣的认信、对教义的确信、对经典的相信，且正是这"信心"造就了慈悲之心与正直的言行。如《收食单偈·第二叠》中所言："无上光明王智惠，常用五明元欢喜，勤心造相恒真实，信心忍辱镇光明，宜意知恩成功德，和合齐心益惠明：究竟究竟常宽泰！称赞称杨四处

8　如中国古代翻译佛经一样，这里的信心更多体现的是信念的含义。
9　CBETA 2021.Q3, T54, no. 2140, p. 1274a20-25.
10　CBETA 2021.Q3, T54, no. 2140, p. 1274a27-b5.
11　陈垣校录：《摩尼教残经》（一、二），《国学季刊》1923年第一卷，第531-546页。
12　陈垣校录：《摩尼教残经》（一、二），《国学季刊》1923年第一卷，第531-546页。

佛！"[13]有如此作为的信徒，自然成为了有信心者、得法者，他们在信、戒相合中，成就解脱道。

事实上，在信的修法中，信众的身、魂真正结合为信的甘果。《摩尼教残经一》载：

是时惠明使於其清净五重宝地，栽莳五种光明胜誉无上宝树；复於五种光明宝台，然五常住光明宝灯。时惠明使施五施已，先以驱逐无明暗相，伐却五种毒恶死树。树根者自是怨憎，其茎刚强，其枝是嗔，其叶是恨；果是分拆，味是泊淡，色是讥嫌。其次驱逐无明暗心，伐却死树。其树根者自是无信，其茎是忘，枝是谄堕，叶是刚强，果是烦恼，味是贪欲，色是拒讳。其次驱逐无明暗念，伐去死树。其树根者自是淫欲，茎是怠堕，枝是刚强，叶是增上，果是讥诮，味是贪嗜，色是爱欲；诸不净业，先为后悔。次逐暗思，伐去死树。其树根者自是忿怒，茎是愚痴，枝是无信，叶是拙钝，果是轻蔑，味是贡高，色是轻他。次逐暗意，伐去死树。其树根者自是愚痴，茎是无记，枝是慢钝，叶是顾影，自谓无比；果是越众，庄严服饰；味是爱乐，璎珞、真珠、环钏诸杂珍宝，串佩其身；色是贪嗜，百味饮食，资益肉身。如是树者，名为死树。贪魔於此无明暗窟，勤加种莳。时宪明使，当用智惠快利钁斧，次第诛伐，以己五种无上清净光明宝树，於本性地而栽种之；於其宝树溉甘露水，生成仙果。先栽相树。其相树者，根是怜愍，茎是快乐，枝是欢喜，叶是美众，果是安泰，味是敬慎，色是坚固。次栽清净妙宝心树。其树根者自是诚信，茎是见信，枝是怕惧，叶是警觉，果是勤学，味是读诵，色是安乐。次栽念树。其树根者自是具足，茎是好意，枝是威仪，叶是真实庄严诸行，果是实言无虚妄语，味是说清净正法，色是爱乐相见。次栽思树。其树根者自是忍屏，茎是安泰，枝是忍受，叶是戒律，果是斋赞，味是勤修，色是精进。次栽意树。其树根者自是智惠，茎是了二宗义，枝是明法辩才；叶是权变知机，能摧异学，崇建正法；叶是能巧问答，随机善说；味是善能譬喻，令人晓悟；色是柔濡美辞，所陈悦众。如是树者，名为活树。[14]

---

13 CBETA 2021.Q3, T54, no. 2140, p. 1274b7-10.
14 陈垣校录：《摩尼教残经》（一、二），《国学季刊》1923 年第一卷，第 531-546 页。

由此，在不同层次的信众中，不同样态的信仰之果得摘。[15]

需要注意的是，摩尼教中的宗教实践不止于内修，信法与戒法的结合确证了信仰之道的"内缚性"。《摩尼教残经一》有言："右阿罗缓已上，并素冠服；唯穆沙嗲一位，听仍旧服。如是五位，禀受相依，咸遵教命，坚持禁戒，名解脱路。若慕阇犯戒，即不得承其教命；假使精通七部，才辩卓然，为有僭违，五位不摄。如树滋茂，皆因其根；根若惫者，树必干枯。阿罗缓犯戒，视之如死，表白众知，逐令出法。海虽至广，不宿死尸。若有覆藏，还同破戒。"[16]由此，人的作为与诸神圣的公义相关。

第二节　巴哈伊教

根据巴哈伊教的教义人们能够断定，此教的目的是建立一个以上帝[17]为中心的统一宗教。这一宗教因真正聆听上帝的圣言而超越既往诸宗教实体，它完满且具有世界性。这意味着，传统上被称作"上帝之道"的圣言在巴哈伊教中更具普遍性，在信仰之道层面，它指那由神圣发起的、恩典性的本真信仰或内在信仰的行动。"上帝何其荣耀！整个受造界是借着上帝的意志而创生的，赞颂归于祂的荣耀。无与伦比的亚当是通过上帝统御一切的圣言而造生的。圣言是智力的源头、源泉、宝库和启端。一切创造都源自圣言，圣言是上帝元初恩惠的渠道。关于创造起源的真相，只有上帝知晓，上帝何其荣耀！不论在万物生成之前还是之后，上帝的知识都包罗万象。创造无始亦无终，创造的奥秘永远不曾为人知晓。有关创造的知识，一直隐而未显，并将永远珍藏于那些神圣知识之宝库中。"[18]在巴哈伊教中，圣言是存在性的，它是被造万物的起源；围绕这圣言的则是众先知和智者领会了的道，它们构成了一种知识的统一体。诸

15　《摩尼光佛教法仪略》区分了五种不同的人，信徒因其信从之行动各归其位。"第一，十二慕阇，译云承法教道者；第二，七十二萨波塞，译云侍法者，亦云拂多诞；第三，三百六十默奚悉德，译云法堂主；第四，阿罗缓，译云一切纯善人；第五，穆沙嗲，译云一切将信听者。"（CBETA 2022.Q4, T54, no. 2141A, p. 1280b28-c4）。

16　陈垣校录：《摩尼教残经》（一、二），《国学季刊》1923 年第一卷，第 531-546 页。

17　根据译者的不同选择，也可译为真主、天主、圣主，但都指称应允亚伯拉罕的那一位。

18　巴哈欧拉：《大同圣帐　巴哈欧拉复马尼克齐·萨希卜书及其他著作》，巴哈伊世界中心编，新纪元国际出版社 2016 年版，第 28 页。

先知"患时代之所需，虑时代之所急"，[19]他（她）们在各个时代领会此道，并将信仰之道适时显现于当世。在这个时代，由巴孛和巴哈欧拉建立起的巴哈伊教接续了传扬神圣的传统，且这一目的将在世界性的统一宗教中被实现。

按照巴哈伊教的说法，当代统一宗教的建立必须遵循以下几个原则：一，宗教传统的统一；二，宗教语言的统一；三，诸宗教及其信徒之间的团结、包容与和平（小和平和大和平）；四，世界秩序（宗教秩序和政治秩序）的正义；五，理性、科学和工艺的整体进步。在宗教的目的被设定为谋求人神之间及人之间的爱与倾听的基础上，这些原则和要求既是现代性与人文性的统一，也是宗教实体与世界的和谐。"第九伊什拉格上帝圣意之天启示了宗教的目的，这目的乃是在世界各民族中建立团结与和谐；不要使宗教成为争吵和冲突之源。上帝的宗教及其神圣律法是使人类团结之光破晓而出的最有效工具和最可靠手段。世界之进步、各国之发展、各民族之安宁及世间所有居民之和平，皆为上帝之原则与法令。宗教赐予人类最珍贵的礼物，提供繁荣兴旺之杯，赋予永恒生命，倾洒不朽的恩惠。尘世的首领和统治者，特别是上帝正义院的信托人，都要竭尽全力维护宗教的地位，促进其利益，提高其在世人眼中的地位。同样，他们应当调查臣民之状况，熟悉自己领域内各种社团的事务与活动。我呼吁上帝威权的显示者——那世上的君主和统治者——发奋努力，以期消除这世界的不和，以和谐之光照亮它。"[20]

而在更具体的层面，这些原则与此世的神显相关，它们是经历了历史之恐怖的人道主义在宗教中的反映。[21]《亚格达斯经 至圣经书》中说："宗教领袖们啊！论远见和洞察，你们谁能与我匹敌？论话语和智慧，你们谁能同我比肩？没有！我的主，那最怜悯者对此作证！"[22]这是在告诫诸宗教领袖，莫要因肆意曲解圣言而导致宗教传统之间发生争端和分歧。《马克苏德书简》中的记载就旨在消除这一分裂，"至尊之圣笔记录于先知圣书里有关统一与和谐的劝

19 参见巴哈欧拉：《大同圣帐 巴哈欧拉复马尼克齐·萨希卜书及其他著作》，巴哈伊世界中心编，新纪元国际出版社 2016 年版，第 11-13 页。

20 世界正义院研究部编：《巴哈欧拉书简集 启示于〈亚格达斯经〉之后》，新纪元国际出版社 2016 年版，第 107 页。

21 巴哈伊的教义宣称，不忠不信者心系四件事：第一，流血；第二，焚书；第三，回避其他宗教的信徒；第四，消灭别的社团和群体。参见世界正义院研究部编：《巴哈欧拉书简集 启示于〈亚格达斯经〉之后》，新纪元国际出版社 2016 年版，第 75 页。

22 巴哈欧拉：《亚格达斯经 至圣经书》，新纪元国际出版社 2017 年版，第 27 页。

谕，都与具体事项息息相关；这种统一不会导致分裂，这种和谐不会造成不和。在这种境界，每种事物都被规定了法度，每个值得佑助的灵魂都应给予其应得的。领会这些话语之意义并理解其要旨之人，有福了，疏失者，则有难了。一切自然迹象在其本质上都对此有充分见证"[23]。《大同圣帐 巴哈欧拉复马尼克齐·萨希卜书及其他著作》中有关上帝与自然神学的问题、宗教原则和次要律令的问题、人的本性与智性和律法的问题、戒律以及与其他信仰者交往的问题、诸宗教之间的传教、地位、信念、语言等问题的讨论也都为统一这传统而书写。[24]在类似的诠释中，以《笃信经》中对"末日启示"的解读为最。[25]

因此，在传扬上帝的恩典圣言时，人们最好能够使用同一种语言，它更容易在言说的形式上达到统一。"第三佳音涉及各种语言的学习。这道谕令此前已从至高圣笔流出：世界的君王——愿上帝扶助他们——或者世上的阁僚共同磋商，采用现存的一种或新的语言，教授给全世界的学童；同样，还需要一种共同的文字。这样一来，全球就会被视为一个国家。倾听祂的呼唤，遵守上帝——那大能圣座之主——的圣谕之人，有福了。"[26]当然，语言的多样同样被允许，因为"主已恩准：谁若愿意，便可以学习世界上多种语言，以便将圣道的信息传遍东方和西方，在世界列族列民间称道祂，从而重振人心，复活朽骨。"[27]任何不减损圣言之神圣的，都可以接受，人不需要远离。

这样，语言分享了的圣言的统一性同样在其他方面表现出来，因为整个世界、各个国家、民族和宗教都崇拜同一位上帝（或真主等）。《亚格达斯经 至圣经书》规定："要与所有宗教友好往来，和睦相处，使之从你们身上吸取上帝的芳香。要当心，莫让人间愚蠢无知之火焰吞噬你们。万物出自上帝，亦将回归上帝。祂是万物的起源，亦是万物的终点。"[28]这种和睦归属人类全体，它在上帝的遍在中具象化为人的理智的交往。如《塔拉扎特书简》中所说，"第二塔拉兹是以友爱和交谊精神与所有宗教的信徒交往，宣扬那位晓谕者在西

23 世界正义院研究部编：《巴哈欧拉书简集 启示于〈亚格达斯经〉之后》，新纪元国际出版社 2016 年版，第 138 页。

24 参见巴哈欧拉：《大同圣帐 巴哈欧拉复马尼克齐·萨希卜书及其他著作》，巴哈伊世界中心编，新纪元国际出版社 2016 年版，第 13-32 页。

25 参见巴哈欧拉：《笃信经》，絮升译，新纪元国际出版社 2011 年版，第 17-25 页。

26 世界正义院研究部编：《巴哈欧拉书简集 启示于〈亚格达斯经〉之后》，新纪元国际出版社 2016 年版，第 18 页。

27 巴哈欧拉：《亚格达斯经 至圣经书》，新纪元国际出版社 2017 年版，第 30 页。

28 巴哈欧拉：《亚格达斯经 至圣经书》，新纪元国际出版社 2017 年版，第 37 页。

奈山发出的教谕，在一切事务上秉持公正。真挚与忠诚之士，应当愉快、欣然地与世上各民各族交往，因为与人和睦曾经且必将继续促进团结与和谐，而这反过来又有助于维护世界秩序和各民族的复兴。紧执仁慈与温情怜悯之索、摆脱憎恶与仇恨之人，必蒙福佑。本蒙冤者忠告世界各国人民秉持宽容与公义，此乃照亮世界黑暗的两盏明灯，教诲人类的两大导师。达此境界者，有福了；疏失者，灾祸临头了"[29]。此外，巴哈欧拉所受的有关启示在《亚格达斯经 至圣经书》中表达为"人不可征战"[30]，在《比沙拉特书简》（《佳音书简》）表达为战争的废弃："第一佳音在这至大天启里，经书之母赐予世界各族的首要佳音，就是圣战的法则已从圣书中被完全清除出去。荣耀归于最怜悯者——那丰沛恩典之主，借由祂，天恩之门在天地万物面前砰然敞开。"[31]由此，人间的秩序被初步建立在和睦而非争战之中。

然而，正如人所见，人间的秩序并不持久，因此巴哈伊教要求一种正义的机构维持正义的秩序。巴哈欧拉构建了管理人类事务的基本原则：第一，世界正义院的管理者应促进小和平，这样，世人就可能摆脱过高的支出负担。这件事非常重要，势在必行，因为敌对与冲突乃苦难与灾祸之根因。第二，语言应减少为一种共同语言，以便在世界各地的学校中教授。第三，凡促进交谊、亲善与团结之事，人类皆须奉行不移。第四，无论男女，每个人皆须向一位信托者缴纳其通过贸易、农业或其他职业所获取的部分收入，用于培养和教育儿童，这笔钱会在世界正义院受托人知情的情况下为此目的去花费。第五，必须给予农业特别关注。尽管农业在第五项原则中被提及，但它无疑优先于其他原则。农业在外国高度发达，但在波斯迄今一直遭到如此严重忽视。[32]这样，组织性、实务性的管理机构就依照前一原则被建立。

除此之外，时下诸宗教与诸政府之间的关系同样要被关注，二者的关系基本决定了世界的格局和形式，《凯利马特-斐尔道西耶》（《天堂圣言》）意在劝诫诸政府领袖维护好宗教和政府之间的关系。"至高圣笔在至尊乐园之第二圣

29 世界正义院研究部编：《巴哈欧拉书简集 启示于〈亚格达斯经〉之后》，新纪元国际出版社 2016 年版，第 29 页。

30 需要注意的是，巴孛在《巴扬经》中规定，人完全不可征战；而巴哈欧拉的《亚格达斯经 至圣经书》则规定，除非在极端下，人才可拿起武器。

31 世界正义院研究部编：《巴哈欧拉书简集 启示于〈亚格达斯经〉之后》，新纪元国际出版社 2016 年版，第 17 页。

32 参见世界正义院研究部编：《巴哈欧拉书简集 启示于〈亚格达斯经〉之后》，新纪元国际出版社 2016 年版，第 73-74 页。

叶上记录的上帝圣言如下：此刻，至高圣笔忠告权威之显示者和权力之源头，亦即国王们、君主们、总统们、统治者、神职人员和智者，命令他们维护宗教之道，并予以坚守。确然，宗教是建立世间秩序与万民安宁的首要工具。宗教柱石的削弱，让愚蠢之人愈发得势，使得他们肆意妄为，更加傲慢。我确然说过：宗教愈衰退，不信者的任性就愈严重。这最终只会导致混乱与迷茫。明察之人啊，请听我言；觉悟之士啊，切要警惕！"[33]而若把这一责任扩大到所有参与政治的人身上，那么"今日，人人都有责任去做一切能促进所有国家和公义政府的利益，提高其地位的事。借由至尊圣笔所启示的每一句经文，博爱与团结的大门已经敞开，展现于人类面前。不久前我已宣告——吾言乃真理：'以友爱与团结精神与所有宗教的信徒交往。'借这些话语的启示消除与化解了导致人类之子相互隔绝并制造争执和分裂的一切。为了使存在界变得高贵，让人类的思想和灵魂得到提高，从上帝圣意之天已经降赐了教育全人类的最有效工具"[34]。

由此，正义秩序开始谋求一种存在意义上的神圣秩序，即人要尽其可能在存在范畴之中追求最接近神圣的存在样态和秩序，即最符合时代发展、最有利于神圣留存的秩序。在这个时代，毫无疑问是理性、工艺和科学。《塔贾利亚特书简》（《辉煌书简》）载："第三道塔贾利关乎工艺和科学。知识犹如人生双翼和进步阶梯。求知乃是人人皆有之责任。然而，我们需要的是能造福于世人的这类科学知识，而非自始至终的空谈。的确，尘世列族之科学家及手艺人对世人的贡献是很大的，经书之母在祂复临时对此作证。拥有倾听之耳的人，有福了。事实上，知识是人类的真正财富，是其荣耀、恩惠、快乐、提升、欢呼和愉悦的源泉。"[35]因此，若知识、工艺和科学在这个时代能够增益神圣性，那么它们就是可取的，正如巫术在古代社会中起到同样的作用。人因增益神圣而荣耀，这荣耀不从神圣承载物的占有而来。所以，全世界的智者应共同建立一种地上的、理智的神圣秩序，智性的荣耀为人类共享。"各国的智者啊！闭目不视疏离，一心关注团结。坚守通往全人类福祉与安宁之路。整个地球都是一

33 世界正义院研究部编：《巴哈欧拉书简集 启示于〈亚格达斯经〉之后》，新纪元国际出版社 2016 年版，52 第页。

34 世界正义院研究部编：《巴哈欧拉书简集 启示于〈亚格达斯经〉之后》，新纪元国际出版社 2016 年版，第 72 页。

35 世界正义院研究部编：《巴哈欧拉书简集 启示于〈亚格达斯经〉之后》，新纪元国际出版社 2016 年版，第 42-43 页。

个家园，一个居所。你们要抛弃导致疏离的虚荣，一心致力于确保世界的和谐。在巴哈之民看来，人的荣耀在于其知识、正直操守、可嘉品格和智慧，而非其国籍或地位。世人啊！要领悟这神圣话语的价值。的确，它就像驶往知识汪洋的航船和照耀认知领域的光源。"[36]

当然，巴哈伊教并不只是执着于这种伟大的事业，在宗教实践中，它同样具有传统的信仰的方面。例如，巴哈伊教强调信心的灵性感受，作为多重体验的集合，信心构成妙体之域。[37]行者由凡尘居所达至天上家园的旅程可分为"七阶段"，这七个阶段又被称为"七谷"或"七城"（探寻之谷、爱之谷、知识之谷、合一之谷、满足之谷、惊奇之谷、真贫绝无之谷），它们皆是由信心而起的神圣体验和内在感受。"若非弃绝自我，历经这些阶段，行者便绝无可能抵达那亲近和团聚之洋，亦无法畅饮那绝世佳酿。"[38]七谷分别对应信心演变的各个阶段，它们与各层次的信念、信从相符合。

具体而言，在探寻之谷，真寻者唯其探寻目标是求，别无他顾；爱者只渴求与所爱戴者团聚，别无他意。若非舍弃一切，寻者无可如愿。亦即，他须无视自己所见、所闻、所悟之一切，方能进入灵界，即上帝之城。我们若欲寻求祂，便需劳力；我们若欲畅饮与祂重聚之蜜，便需热情；我们若尝过此杯，便会抛弃尘世[39]；在爱之谷，极乐之天冉冉升起，普照世界的渴望之阳熠熠生辉，爱的火焰熊熊燃烧；而爱火一旦燃烧起来，必将理智之果焚为灰烬。此时此刻，行者已无察自身及周遭之一切。他不分无知和有知、怀疑和确信；他不辨引导之晨与谬误之夜。他回避不信和忠信，鸩毒于他不啻药膏。对此，阿塔尔写道：为不信者准备的，乃是谬误——为忠信者准备的，乃是信仰；为阿塔尔之心准备的，乃是你的一丝痛苦。本谷所需之坐骑乃是痛苦；若无痛苦，本段旅程便永无终止[40]；在知识之谷，怀疑变为确信，由幻觉之黑暗转向敬畏上帝的引导

---

36 世界正义院研究部编：《巴哈欧拉书简集 启示于〈亚格达斯经〉之后》，新纪元国际出版社 2016 年版，第 55-56 页。

37 参见巴哈欧拉：《大同圣帐 巴哈欧拉复马尼克齐·萨希卜书及其他著作》，巴哈伊世界中心编，新纪元国际出版社 2016 年版，第 29 页。

38 巴哈欧拉：《七谷经与四谷经》，李绍白译，新纪元国际出版社 2013 年版，第 6-7 页。

39 参见巴哈欧拉：《七谷经与四谷经》，李绍白译，新纪元国际出版社 2013 年版，第 11 页。

40 参见巴哈欧拉：《七谷经与四谷经》，李绍白译，新纪元国际出版社 2013 年版，第 13-14 页。《阿毗达磨大毗婆沙论》亦载："于染胜者。如说于苦受瞋随增。于净胜者。如说苦为信依。不苦不乐受。"(CBETA 2022.Q3, T27, no. 1545, p. 731c9-10)

之光明。他将睁开内在之眼，与所爱戴者私下交谈；他将半开真理与虔诚之门，关闭空想之户[41]；在合一之谷，他戳穿多重性之面纱，逃离肉身之诸界，晋升独一性之天国。藉上帝之耳及上帝之眼，他注视神圣创造之奥秘。他步入圣友之神殿，与所爱者如密友般共处一室。他自那绝对者衣袖伸出真理之手；他展露权能之隐秘。他无视自己的名号、名望和地位，却在赞美上帝之中发现对自己的赞美[42]；在满足之谷，他感受灵性境界吹来的神圣满足之风。他将烧毁需求之面纱，凭内在与外在之眼，于万物内外观察"真主以其丰裕补偿每一个人"之日。他由悲伤变成极乐，从痛苦转为欢愉。他的忧伤与悲痛让位于欢乐与狂喜[43]；在惊奇之谷，此时，他当有形财富为真贫实穷，视真正自由为彻底无能。他时而对万荣者的圣美呆怔，时而对自己的生命厌倦。多少奥秘之树被这股惊奇旋风连根拔起，多少灵魂被其消耗殆尽。因为在本谷，行者陷入困惑之中，纵然如此神奇景象为已抵达者之眼所敬仰和挚爱。每一时，他都目睹一奇妙世界，每一刻，他都见证一崭新创造，一惊未平，一惊又起；他对一体之主的杰作如此敬畏，以至迷失了自己[44]；在真贫绝无之谷，人亡于自我，活于上帝；贫于自我，富于所渴慕者。所谓贫，乃指匮乏于受造界之物，所谓富，乃指充裕于上帝界之物。因为，一旦真爱之士与忠诚之友抵达所爱戴者的尊前，那被爱者的光耀之美与爱者的心灵之火必将燃起烈焰，焚毁一切面纱与裹布。诚然，他所拥有之一切，由心至肤，俱将燃烧，除圣友外，荡然无存。[45]最终，人的信心在圣火中永立。

此外，巴哈伊教的信心亦是一种人格品质，这品质既属人，也属于信仰之道。《塔拉扎特书简》记载了巴哈欧拉受启示时见到的光景，诚于信仰的心呈现出仙女的形象。"然后，我转向左边，目光停留在至高乐园的一位仙女身上，她站在光柱上面，大声呼喊：'天上与人间的居民啊！你们须看到我的美质、我的

41　参见巴哈欧拉：《七谷经与四谷经》，李绍白译，新纪元国际出版社 2013 年版，第 18 页。

42　参见巴哈欧拉：《七谷经与四谷经》，李绍白译，新纪元国际出版社 2013 年版，第 26 页。

43　参见巴哈欧拉：《七谷经与四谷经》，李绍白译，新纪元国际出版社 2013 年版，第 41 页。

44　参见巴哈欧拉：《七谷经与四谷经》，李绍白译，新纪元国际出版社 2013 年版，第 44 页。

45　参见巴哈欧拉：《七谷经与四谷经》，李绍白译，新纪元国际出版社 2013 年版，第 50 页。

容光、我的启示和我的光辉。以那真正的唯一者上帝为誓！我就是其诚信、其启示及其美质。无论何人，只要矢志忠于我，承认我的地位和身份，紧紧抓住我的衣袍，我都将给予酬报。我是巴哈之民的至伟美饰，是受造物王国中所有人的荣耀服装。我是世界繁荣的至高手段，也是芸芸众生的信心所在。'"[46]此处的仙女，即信仰之道于人心中的美好展现，它与诸神圣人格化的光景迥然不同。

在信念及态度层面，巴哈伊教同样强调信仰的真理性。巴哈欧拉说："信仰上帝及其表征，且认同'不可质问祂的作为'，这样的人得福佑了"[47]，这要求信众确信上帝存在的证据，认信有关上帝的言说。《四谷经》中说，倘若行者寻觅其所慕求者之目标，本站便关乎自我，然而，此自我乃是"存系其律法之中的真主的自我"[48]。换言之，自我要认信实有神迹和无数证据的存在，而这一切的基础正是作为信念凭靠的理智。行者之目标若为那该受赞美者之居所，那它便是以先知和至大支柱知名的原初之理一站。所谓"理"，乃指统摄智慧之神，其至高威权教化万事万物。[49]这样，依圣言而来的宗教信念就有了具体的内容，在巴哈伊教中，就是巴孛和巴哈欧拉对圣言的领会和诠释，就是巴哈伊教的圣典和律法。

最后，巴哈伊教的信仰当然包括最为关键的信从。巴哈欧拉领受的启示说："人之子啊！除非服从我的诫命，在我面前谦恭，不然，哪怕你驰骋无垠太空，飞越浩瀚苍穹，也永远找不到安宁。"[50]事实上，作为最高圣典的《亚格达斯经 至圣经书》本质上是一部律法集，它规定了信徒所需的种种宗教实践及行为。《希克迈特书简》（《智慧书简》）教导："主所钟爱的你们啊！勿行玷污仁爱清泉及败坏友谊芳香之举。以上帝的公义为证！你们被造生的目的是互相示以友爱，而非邪恶与敌意。不要以爱己为荣，而应以爱同类为荣。不要以爱国为骄傲，而应以爱全人类而自豪。你的眼要贞洁，你的手要安分，你的舌要诚实，你的心要觉悟。"[51]在唯一上帝方面，如同其他亚伯拉罕宗教，巴哈伊

---

46 世界正义院研究部编：《巴哈欧拉书简集 启示于〈亚格达斯经〉之后》，新纪元国际出版社 2016 年版，第 31 页。

47 巴哈欧拉：《亚格达斯经 至圣经书》，新纪元国际出版社 2017 年版，第 40 页。

48 巴哈欧拉：《七谷经与四谷经》，李绍白译，新纪元国际出版社 2013 年版，第 68 页。

49 参见巴哈欧拉：《七谷经与四谷经》，李绍白译，新纪元国际出版社 2013 年版，第 73 页。

50 巴哈欧拉：《隐言经》，新纪元国际出版社 2017 年版，第 24 页。

51 世界正义院研究部编：《巴哈欧拉书简集 启示于〈亚格达斯经〉之后》，新纪元国际出版社 2016 年版，第 114 页。

教也强调"不信唯一真神，除祂之外而去仰赖别人，而且规避祂的谕令。此乃谬误之源"[52]。而在信从的内容和形式方面，巴哈伊教与其他宗教没有什么相同，它断然要求言语之外的行动。"人们啊！言词须由行为支撑，因为行为是言词的真正检验。缺乏行为，言词永远不能满足灵魂的渴望，永远不能在盲人眼前开启视觉之门。天国智慧之主言道：恶言一声利如剑刺，和言一句柔似乳汁。和言引导人子获取知识，赋予人子真正卓越。"[53]所以，身体的行动要作语言事件的补充。更进一步，在巴哈伊教中，信从也在某种程度上要求行动对信念的优先，"假如上帝宣布忠信者中最为卑微的造物为巴扬的首位信从者，你对此不应有任何疑虑，并且必须成为真信者。在此境界，不要注目于人的局限和名号，而要关注何以维护首位信从者之身份，那就是相信上帝，承认其存在，并确信其不可抗拒和具有凝聚力之谕令必能应验"[54]。在圣言的指引下，信从完整而超越。

第三节　佛教

在佛教的日常语言中，信可分为两种：信解与深信。信解[55]，又作解信，即明见是理，心无疑虑之意。深信[56]，又作仰信，依人而信其言之意。《大日经疏》言："有大信解者，此信解，梵音阿毗目底，谓明见是理，心无疑虑。如凿井，已渐至泥，虽未见水，必知在近，故名信解也。下云深信者，此信，梵音舍罗驮，是依事依人之信。如闻长者之言，或出常情之表。但以是人未尝欺诳故，即便谛受依行，亦名为信。"[57]所以事实上，佛教日常所说的信与其他诸教类似，它们首先都起到指称的作用。后来，Adhimukti 与言说对象的真理性相关，而 śraddhā 专门用于指代心所（心之作用），为"不信"之对称，是七十

52　世界正义院研究部编：《巴哈欧拉书简集　启示于〈亚格达斯经〉之后》，新纪元国际出版社 2016 年版，第 130 页。

53　巴哈欧拉：《大同圣帐　巴哈欧拉复马尼克齐·萨希卜书及其他著作》，巴哈伊世界中心编，新纪元国际出版社 2016 年版，第 6 页。

54　世界正义院研究部编：《巴哈欧拉书简集　启示于〈亚格达斯经〉之后》，新纪元国际出版社 2016 年版，第 151 页。

55　Adhi-mukti，音译阿毗目底，又译了达等，英文 resolute faith。有关信解的论述参见本书余论部份。

56　Śraddhā（saddhā），译为舍罗驮。

57　CBETA 2021.Q3, T39, no. 1796, p. 614b9-15.故《相续本母》云："信解为大乘种子，慧是能生佛法母。"（宗喀巴：《菩提道次第广论》，法尊译，青海人民出版社 2012 年版，第 98 页。）

五法之一，亦是百法之一。由此，"信"凭对象之用，令自心与心之作用产生清净之精神，成为信仰的前提，佛教所说的"唯信能入"即如此。俱舍宗因此立"信"为十大善地法之一，而唯识宗立"信"为善心所之一。对应地，"不信"在俱舍宗中为十大烦恼地法之一，在唯识宗则为八大随烦恼之一。故《成唯识论》载："云何为信？于实、德、能，深忍、乐、欲，心净为性，对治不信，乐善为业。"[58]且谓信有三种：（一）信实有，谓于诸法之实事理中深信忍故；（二）信有德，谓于三宝真净之德中深信乐故；（三）信有能，谓于一切世、出世之善中，深信有力能得能成，起希望故。[59]信步入道之第一部，故菩萨五十二阶位中即以十信位为首，五根或五力中亦分别以信根、信力为最初。《华严经》："信为道元功德母。"[60]《大智度论》："佛法大海，信为能入，智为能度。"[61]皆是此义。

当然，深信并不只是一种起始，它的含义极为丰富。按照阿僧伽的（无著，Asanga）说法，śraddhā 包含三个方面：一、对事物所是的充分、坚固的确信；二、在善属中的平静之乐；三、得观某事物的渴望或意念。[62]所以，依人而信其言只是 śraddhā 的生活化表达，它不占据其全部语用。进而言之，佛教所说 śraddhā 通常被译为信心或信念，但 śraddhā 不是基督教所说的信心（尤其是新教传统中的），而是由（般若）确证而来的自信。个人有能力凭借自己的努力和智慧将自己从一切束缚中解脱出来……如果说佛陀被称为"救主"，那只是在这个意义上，他发现并展示了通往解脱的道路——涅盘，然而我们必须自己走这条路。根据佛陀的说法，人的解脱取决于他自己对真理的认识，而不是依靠神明仁爱的恩典或任何作为对他顺服良行之奖赏的外在的权能……几乎所有的宗教都建立在这种信之上，这信确有些盲目了。所以佛教强调的是见、知、悟，而不是信心或信念。[63]这意味着，在佛教中，总是"由知、慧（ñāṇa-dassana）得见，而非由信心得信"[64]。或说此信乃无信之

---

58 CBETA 2021.Q3, T31, no. 1585, p. 29b22-23.

59 参见 CBETA 2021.Q3, T31, no. 1585, p. 29b24-27.

60 CBETA 2021.Q3, T09, no. 278, p. 433a26.

61 CBETA 2021.Q3, T25, no. 1509, p. 63a1-2.

62 参见 Walpola Rahula, *What the Buddha Taught: Revised and Expanded Edition with Texts from Suttas and Dhammapada*, New York: Grove Press, 1974, p. 8.

63 参见 Walpola Rahula, *What the Buddha Taught: Revised and Expanded Edition with Texts from Suttas and Dhammapada*, New York: Grove Press, 1974, pp. 6-8.

64 Walpola Rahula, *What the Buddha Taught: Revised and Expanded Edition with Texts from Suttas and Dhammapada*, New York: Grove Press, 1974, p. 9.

信，是修行所得不退转之金刚种子。[65]

事实上，不同学者对"信"在佛教中所扮演的角色有不同的看法，如普桑（Louis de La Vallée Poussin）、凯特（Yandell Keith）和戴维兹（Rhys Davids）等人更强调佛教与其他宗教信仰的一致性，而哲姆罗伊-卢多维克（Gyomroi-Ludowyk）、贾亚蒂拉克（K. N. Jayatilleke）等人侧重佛教与其他宗教信仰的差异性。[66]其中，一致性以信心的发生和行为的相应为特征，而差异性则表现为信念内容的不一致以及佛教对慧和解脱的关注之上。因此，将佛教视为信条、教义并且认为信仰是正见的知识来源显然是看到了信仰开启神圣关系的特质，佛语由此具有了超越性、正解以及救赎的属性；而佛教对智慧、觉悟的决然追求显示出的神圣智慧对先验信仰的优胜也表明佛教的信仰之道与其他宗教大有不同——它更注重人的自我澄明。所以总体上，佛教的信仰是理智的、批判性的，即使人们可能会从不同的角度诠释心、念、行的作用。但无论如何，正是这一点使得佛教成为佛教而非亚伯拉罕宗教中另一名成员。

需要承认的是，在民间佛教[67]以及某些佛典的一般用法中，śraddhā 确实包含着敬拜（bhakti）佛、法、僧的含义，但这应该在智的范畴中理解。大乘佛教中的净土信仰在根本上是对清净圆满的信仰之境的追求，五浊不生，信仰行动便能更加明晰、全面地呈现神圣的内涵。因此，净土代表的不仅是死后（转生的）世界，更是信仰关系被澄明之处，故净土可以被视为心的世界。禅宗所

---

65 《梵网经》所载信心属（四十）菩萨心地法门品中十金刚心之一，卢舍那佛言："若佛子，信者，一切行以信为首，众德根本。不起外道邪见心，诸见名著，结有造业，必不受。入空无为法中，三相无无，无生无生，无住住，无灭灭，无有一切法空。世谛，第一义谛智，尽灭异空，色空，细心心空。细心心心空故，信信寂灭，无体性，和合亦无依。然主者，我、人名用，三界假我，我无得集相，故名无相信。"（鸠摩罗什等：《佛教十三经》，中华书局 2010 年版，第 70 页。）

66 这些研究的考察对象多是早期佛教，参见 Kashi Nath Upadhaya, *Early Buddhism and the Bhagavadgita*, Delhi: Motilal Banarsidass, 2008, pp. 252-272, 423-425.

67 民间的佛教信仰朴素而真诚，它更加注重实效而非经义。"阿弥陀佛只要人念他的名号即可往生西方'极乐世界'。观世音菩萨能闻声救苦，念他的名号就能水火不伤，超脱苦难。维摩诘居士不必出家当和尚即可'现身说法'，无论上中下人等都可以作为维摩诘的形象。《金刚经》只要传诵'一偈'就有'无量功德'。这些自然是最简单的宗教利益。由此产生信仰。既信了，道理不懂也算懂了。而且越不懂越好。更加深奥也就是更加神秘和神圣。因此，大量的术语和不寻常的说法与内容有关，可以不必细究。当时人听得熟了，现在人若不是为研究，大体可照字面读过，习惯了就行。"（金克木：《怎么读汉译佛典》，生活·读书·新知三联书店 2017 年版，第 225-226 页。）

修的入定之境，也在存粹信仰之境的意义上与之相通。这意味着，净土信仰离不开慧与悟。而在更强调义理的宗派中，华严宗将信分为十个层次，并认为这十个层次的信共同构成走向觉悟的第一步。觉对信的胜过表现为：未被理解的信是颠倒的，而颠倒意味着这信无法转换为行动。所以事实上，在华严宗的观念体系中，信不仅是前提，更是一种持续的力量，它促使奉献者达到最终的结果：成佛。而影响世界的、先于行动的思想和观念都不是靠论证来确立的，他们必须在行动中被生活所揭示，被信念所激励和驱使。信仰或信念的特殊性在于它的循环性：信仰意味着行动。除非信念变成行动，"我相信"的呐喊才不是空洞的。[68]由此可见，理智或知、慧使外在信仰整全。

有趣的是，亲鸾上人和路德用几乎相同的词语阐述了"信"的首要地位，而他们所属的两个体系在所有其他方面几乎都不一致。[69]所以，尽管差异的信仰在佛教中起着重要的作用——佛教因其独特而从印度教的废墟中升起，并因这差异被淡化而在印度本土衰败，但毕竟是信仰的一致使得佛教成为众多宗教中的一种，只不过它追寻的神圣智慧由佛陀（及诸佛）宣示。佛教自始没有放弃仪式和敬拜，外在信仰在其中保有一致的特性。[70]而在内在信仰层面，佛教神学（Buddhist Theology）[71]这一概念的产生，是诸信仰事件直接交通的结果。佛教传统的"义学"在基督宗教神学框架下被理解，一种以神圣智慧为核心的思辨与争锋，成为理智言说神圣的形式。[72]在这个意义上，信仰必须是主体间的。

68 更多有关华严宗信仰的看法可参见 Jae-ryong Shim, "Faith and Practice in Hua-yen Buddhism: A Critique of Fa-tsang(643-712) by Li T'ung-hsüan(646-740)", in *Buddhist and Taoist Practice in Medieval Chinese Society: Buddhist and Taoist Studies II*, David W. Chappell (ed.), Honolulu: University of Hawaii Press, pp. 110-122.

69 参见 H. Butschkus, *Luther's Religion und ihre Entsprechung im japanischen Amida-buddhismus*, Elmsdetten: Verlags-anstalt Heinr & L. Lechte, 1950.需注意的是，尽管有关亲鸾上人宗教改革与马丁路德宗教改革的比较研究很多——尤其是在信仰研究方面，但二者毕竟处于不同的体系，所以日本净土宗的"信仰"概念与基督教传统中的"信仰"概念可以深度对话的基础需要首先得到说明。（参见 Galen Amstutz, *Interpreting Amida: History and Orientalism in the Study of Pure Land Buddhism*, Albany: State University of New York Press, 1997, pp. 86-87, pp. 179-180n.）

70 有关敬拜传统起源于佛教还是印度教的争论，可参见 F. Harold Smith, *The Buddhist Way of Life: Its Philosophy and History*, London & New York: Routledge, 2008, pp. 103-104.

71 有关这一概念是否成立的争论及其议题的具体内容，参见 Roger R. Jaskson & John J. Makransky (eds.), *Buddhist Theology: Critical Reflections by Contemporary Buddhist Scholars*, London & New York: Routledge, 2016.同样地，将道教神学定义为道教"义学"还是比较神学仍有待商榷。

72 佛教义学和基督教神学的对话亦可参见 Masao Abe (ed.), *Buddhism and Interfaith*

　　具体而言，佛教之信首先由信心生起。信心为三，称三信或三信心。三信指淳心、一心、相续心。往生净土，须具足此三种信心。其中，淳心为信心坚固之心；一心为只信不疑之心；相续心为常续不断之心。反之，信心不淳，信心不一，与信心不相续，称为三不信。这意味着，信心是信受所闻所解之法而无疑心，亦即远离怀疑之清净心。《杂阿含经》载："何等为信力？于如来所起信心，深入坚固。"[73]此处"如来"就是作为"法眼、法根、法依"的释迦，就是释迦所言的梵行、四圣道、八圣谛；信心则是由释迦之神圣而来的信徒的心的颤动，由言而起的梵、等正觉、解脱道，亦即信仰之道或神圣之道于人心的临在。亲鸾（Shinran）认为，即使是真正的信心（Shinjin）也是阿弥陀佛的恩典，而不是人类意志的结果。没有什么可做，无仪式，无实践，无造作。信心熄灭了造作，并成为转生到净土的时刻。[74]

　　所以，信心乃为入道之初步，故原始佛教将"信"置于"信、进、念、定、慧"等五根之首；而《华严经》《大智度论》均喻信心为手，称已能知解佛法而无信心者，如无手之人入宝山而无一物可取。与此同时，《仁王般若经》等亦以信心为菩萨行之始源，而将其置于菩萨位之首。又《大般涅槃经》《大乘起信论》等所论之信心，主旨概为信仰佛法僧三宝及因果之理。然净土法门则特为强调信仰弥陀愿力之心，如《往生论注》所载："称名忆念尚不满所愿者，乃因有三种不相应之故，即'一者信心不淳，若存若亡故。二者信心不一，无决定故。三者信心不相续，余念间故。'"[75]善导之《观无量寿佛经疏·散善义》中亦举出"机、法"二种信心，其中，法者有就人立信与就行立信之别。前者强调信仰弥陀之愿力、释迦之劝说、诸佛之证诚——若异学异见、别解别行之人，纵使化佛、报佛等来，亦不得往生；后者言称名为顺彼佛之愿行，故就之立决定往生之信，并举二河白道为喻，广说守护信心。[76]此外，汉传佛教、藏传佛教、日本佛教都遵循以戒学为基础的传统，信心是此道的开端，是所有德

Dialogue, Part One of a Two-Volume Sequel to Zen and Western Thought, Honolulu: University of Hawai'i Press, 1995.

73　CBETA 2021.Q3, T02, no. 99, p. 188a22.

74　参见 James C. Dobbins, "Shinran's Faith as Immediate Fulfillment in Pure Land Buddhism", in *Religions of Japan in Practice*, George J. Tanabe, Jr. (ed.), Princeton: Princeton University Press, 1999, pp. 280-288.

75　CBETA 2021.Q3, T40, no. 1819, p. 835b25-27.

76　参见《佛光大辞典》，佛光大藏经编修委员会主编，佛光文化 2014 年版，第 4691 页。

性的本源。[77]戒学奠定慧学的基础。[78]概言之，如威廉姆斯（Paul williams）所说，于佛教徒而言，信心在追求解脱的道路中起到的是预备的作用，它最终会在信仰者的觉醒中成为知识和智慧。[79]但需注意，这不表明信心在佛教中不重要，恰恰相反，信心的转换是一种整全、提升而非被知识取代。[80]

事实上，单就信仰的形态而言，信心与信念早有区分。如在早期佛教中，情感性信仰被称为 cetaso-pāsada 或 avecca-pasāda，而对应的认知性信仰是 ākāravatī saddhā。[81]佛教侧重后者，而此时的印度教倾向于前者，即使它也强调信仰的最高层次是神圣之智慧，这一点可以从《薄伽梵歌》中看到。[82]与此同时，《指导论》（Nettipakaraṇa）载"信有信任之义，亦与信念之状态相近"[83]，它揭示了生活化信仰的经验性。其中，理性之光（Tarkajvāla，Blaze of reasoning）说明佛法同样是暂时的、有限的，它并不是纯粹的教义或超绝的智慧。基于此，伯顿（David Burton）宣称，即使在佛教传统中，也存在未觉的（unconscious）或错谬的信念，这些信念使人们沉湎于渴求和执着，即处于被遮蔽的状态。[84]在根本上，未觉的（unconscious）或错谬的信念源自朴素的宗教情感，存在性于此具化为非理性的冲动，它导致一种朴素的或衰败的神明崇拜，这也是宗教之道的原初形式之一。因此，如杜克沃特（Douglas S. Duckworth）所说，"若从经验描述的角度出发，对总体的佛教哲学而言，信仰和理性扮演互补的角色"[85]。它们真正将神圣智慧融入人们的日常生活。

77　参见 William M. Bodiford, "Kokan Shiren's Zen Precept Procedures", in *Religions of Japan in Practice*, George J. Tanabe, Jr. (ed.), Princeton: Princeton University Press, 1999, pp. 98-108. 亦可参见 *flower garland sutra*（华严经，Kegonkyō）。

78　参见觉音：《清净道论》，叶均译，贵州大学出版社 2017 年版。

79　参见 P. Williams, *Mahayana Buddhism: The Doctrinal Foundations*, London: Routledge, 1989, pp. 215-216.

80　参见 R. M. L. Gethin, *The Buddhist Path to Awakening*, Oxford: One World, 2001, p. 111; David Burton, *Buddhism, Knowledge and Liberation: A Philosophical Study*, Aldershot: Ashgate Pub Ltd, 2004, pp. 168-169.

81　Kashi Nath Upadhaya, *Early Buddhism and the Bhagavadgita*, Delhi: Motilal Banarsidass, 2008, p. 259.

82　参见 Kashi Nath Upadhaya, *Early Buddhism and the Bhagavadgita*, Delhi: Motilal Banarsidass, 2008, pp. 265-271.

83　*Nettipakaraṇa*, E. Hardy (ed.), London: P. T. S., 1902, p. 28.

84　参见 David Burton, *Buddhism, Knowledge and Liberation: A Philosophical Study*, Aldershot: Ashgate Pub Ltd, 2004, pp. 40-54.

85　Douglas S. Duckworth, *Tibetan Buddhist Philosophy of Mind and Nature*, New York: Oxford University Press, 2019, p. 158.

当然，融入会带来一种人蔽的危险。因此佛教学者洛佩斯（Donald Lopez Jr.）等人试图通过讨论奥尔科特（Colonel Henry Steel Olcott）的《佛教义理问答》（*The Buddhist Catechism*）(1881) 在锡兰（斯里兰卡）的影响，将这种"宗教必须具有信念才能成为一种宗教"的思想引入了其他文化环境。[86]事实上，信念的辨明正是宗教发展在现代社会的标志，它将两可的观念精细化，理性在其中被凸显。在语义上，佛教中的 diṭṭhi（巴利语），可译为"见"（view）或"信念"（belief）。与之相关的 micchā-diṭṭhi、sammā-diṭṭhi 分别译为邪见、正见，micchā-saṅkappo、sammā-saṅkappo 分别译为邪思维、正思维，micchā-vācā、sammā-vācā 译为邪语、正语。八正道以正见为始，其义在使正见在其他七种正道中得印证和领悟。换言之，正见不只是一种认识，而是一种需得生命印证的神圣智慧。在所有佛教的传统中，信不过是通往慧的路径，教义不过是行为的指引，因此理性比经文更加权威。所以，毫不惊讶的是，诠释学——解释神圣教义（saddharma）的科学——应当处于觉悟的方法论的中心。[87]

在更为具体的方面，佛教的信念按照内容和区分标准的不同可被分为多种。即对所信之法诸经诸派各有其理，如《俱舍论》举出四谛、三宝、善恶业果等事理之法；《杂阿含经》则谓佛法僧及圣戒等四证净信；《摄大乘论》主张信有如下三处：信自性住佛性之实有，信其可得，信其有无穷之功德；大乘起信论则强调对真如及佛法僧之信心。与此同时，表达为信念的所信又可被称作四种信心[88]：信根本，谓真如之法为诸佛之师，众行之本源，常信受者，得出离空有、能所等一切对待之相；信佛，谓信佛具有无量功德，常念亲近、供养恭敬诸佛，得发起善根，求一切智；信法，谓佛法能灭除悭、贪等障，常念修行诸波罗蜜，则可得大利益；信僧，谓信僧能正修行，自利利他，故应常乐亲近，以求如实之行。[89]自原始佛教传承下来的信之"三宝"，在此得到了扩展。

---

86 参见 Donald S. Lopez Jr., *Prisoners of Shangri-La:Tibetan Buddhism and the West*, Chicago & London: University Of Chicago Press, 1998, pp. 29-32.

87 参见 Robert A. F. Thurman, *The Central Philosophy of Tibet: A Study and Translation of Jey Tsong Khapa's Essence of True Eloquence*, Priceton: Priceton University Press, 1984, p. 112.

88 此处的"信心"，表达的是信念的含义。佛教圣典在翻译的过程中，并未明确地做出"信心""信念""信从"的区分，很多时候这些概念都是混用的。但是，读者在阅读时，可明显感受到这些概念在不同情境中使用时的差异，因此，"信心""信念""信从"存在实际上的区别。

89 参见《佛光大辞典》，佛光大藏经编修委员会主编，佛光文化 2014 年版，第 2233 页。当然，《大乘起信论》本就能起摩诃衍信根，为法故。

尤为重要的是，《大乘庄严经论》⁹⁰详细论述了信相和信种的细微差别，它们将与信相关的心念在类型上区别开来。

> 信相差别有十三种。一者已生信，谓过去现在信。二者未生信，谓未来信。三者正受信，谓内信。四者似受信，谓外信。五者他力信，谓麁信，由善友力生故。六者自力信，谓细信，由自力生故。七者有迷信，谓恶信，由颠倒故。八者不迷信，谓好信，由无倒故。九者现前信，谓近信，由无障故。十者不现前信，谓远信，由有障故。十一者听法信，谓闻信，由闻生故。十二者求义信，谓思信，由思生故。十三者观察信，谓修信，由修生故。与此同时，信种差别亦有十三。一者可夺信，谓下品信。二者有间信，谓中品信。三者无间信，谓上品信。四者多信，谓大乘信。五者少信，谓小乘信。六者有覆信，谓有障信，由不能胜进故。七者无覆信，谓无障信，由能胜进故。八者相应信，谓熟修信，由恒行及恭敬行故。九者不相应信，谓不熟修信，由离前二行故。十者有聚信，谓有果信，由能得大菩提故。十一者无聚信，谓无果信，由不能得大菩提故。十二者极入信，谓功用信，从初地至七地故。十三者远入信，谓极净信，从八地至佛地故。⁹¹

至此，信相、信种构成了信念的整体。

而在宗教实践中，依人而信其言通常是信仰发生的起始，我们可以从尊者阿难对诸童子的教导中看到这一点：

> 虎种⁹²！云何名为见净断？谓圣弟子闻大师说法。如是如是说法，则如是如是入如实正观。如是如是得欢喜、得随喜、得从于佛。复次，圣弟子不闻大师说法，然从余明智尊重梵行者说，闻尊重梵行者如是如是说，则如是如是入如实观察，如是如是观察，于彼法得欢喜、随喜，信于正法。复次，圣弟子不闻大师说法，亦复不闻

---

90 亦参见 *Maitreyanātha / Āryāsaṅga, Universal Vehicle Discourse Literature: Mahāyānasutrālamkāra*, L. Jamspal etc. (trans.), New York: American Institute of Buddhist Studies, 2004, p. 105. 此版本综合了梵文本、藏文本和汉文本，其中包括了汉文本未记载的第一节总论："总论曰：缘起品、成宗品、皈依品、种性品、发心品、二利品、真实品、神通品、成熟品、菩提品。"（自译）

91 CBETA 2021.Q3, T31, no. 1604, pp. 608b12-609b26.

92 相传桥池城建立在一只老虎的足迹上，因此桥池城的人又称为"虎种"。相应的南传经文作"虎路们"。

明智尊重梵行者说，随先所闻受持者重诵习，随先所闻受持者如是
如是重诵已，如是如是得入彼法，乃至信于正法。复次，圣弟子不
闻大师说法，不闻明智尊重梵行者说，又复不能先所受持重诵习，
然先所闻法为人广说，先所闻法如是如是为人广说，如是如是得入
于法，正智观察，乃至信于正法。复次，圣弟子不闻大师说法，复
不闻明智尊重梵行者说，又复不能先所受持重诵习，亦复不以先所
闻法为人广说，然于先所闻法独一静处思惟观察，如是如是思惟观
察，如是如是得入正法，乃至信于正法。如是从他闻，内正思惟，
是名未起正见令起，已起正见令增广。是名未满戒身令满，已满者
随顺摄受，欲精进方便，乃至常摄受，是名见净断。[93]

此处，闻大师说法、闻尊重梵行者、随先所闻受持者重诵习、以先所闻法为人
广说、于先所闻法独一静处思惟观察正是信仰起始时的行为要求，凭借它们，
信众得入教门。

在这之后，信众要在恪守教义和戒律的前提下，逐步增进己身的修行，以
信从逐步完备信心和信念的现实性，即佛教所说的"信、戒、施、闻，修习满
足"。[94]佛告摩诃男："若优婆塞有信无戒，是则不具，当勤方便，具足净戒。
具足信、戒而不施者，是则不具；以不具故，精勤方便，修习布施，令其具足
满。信、戒、施满，不能随时往诣沙门，听受正法，是则不具；以不具故，精
勤方便，随时往诣塔寺，见诸沙门，不一心听受正法，是不具足。信、戒、施、
闻修习满足，闻已不持，是不具足；以不具足故，精勤方便，随时往诣沙门，
专心听法，闻则能持。不能观察诸法深义，是不具足；不具足故，精勤方便，
信、戒、施、闻，闻则能持，持已，观察甚深妙义，而不随顺知法次法向，是
则不具，以不具故，精勤方便，信、戒、施、闻，受持观察，了达深义，随顺
行法次法向。摩诃男，是名满足一切种优婆塞事。"[95]由此，信众的精进修行成
为信仰生活的常态。

与其他宗教不同的是，佛教对信从的完满状态——可视为神圣的完全临
在和人的整全——有充分的描述，此时人在世而非世，其行有大德。在原始佛
教中，这种状态被称为得阿罗汉果，在大乘佛教中，则是信满作佛、信满得位。

93 《杂阿含经》，求那跋陀罗译，华文出版社 2013 年版，第 799-800 页。
94 《宝积经》又云："住戒能得定，得定能修慧，由慧得净智，智净戒圆满。"（宗喀
   巴：《菩提道次第广论》，法尊译，青海人民出版社 2012 年版，第 162 页。）
95 《杂阿含经》，求那跋陀罗译，华文出版社 2013 年版，第 1188-1190 页。

根据原始佛教的说法，若人已得阿罗汉果，那么其行应是完全的梵行，即依八圣谛（又作不为患、厌离、解脱、向厌、离欲、灭尽、如来、应、等正觉、纯一、不二、不相在、不异、律仪、不退法、一一住、法数、善逝、稣息、正法、天乘、律乘等）而作一切行，其中喜乐不断增上。而华严宗特倡的信满作佛、信满得位将梵行的完整视作成佛的终点事件，它是占察经所说四种成佛之一。[96]《华严经·梵行品》载："初发心时，便成正觉，知一切法真实之性，具足慧身，不由他悟。"[97]又《华严经探玄记》载："义准上下经意，有三种成佛，一约位，以六相方便，即十信终心胜进分后，入十解初位即成佛。以此是三乘终教不退之位故，以一乘六相融摄，即具诸位至佛果也。"[98]这样，信从的完满转为神圣性的不退，而信仰的行动由此自存。

对应地，背弃信仰的三种表达为：染污信心、否定信念、有蔑视或欺骗的行动。《优婆塞戒经》载："智者当观戒有二种：一者、世戒，二、第一义戒。若不依于三宝受戒，是名世戒，是戒不坚，如彩色无胶；是故我先归依三宝，然后受戒。若终身受，若一日一夜，所谓优婆塞戒、八戒斋法。夫世戒者，不能破坏先诸恶业；受三归戒，则能坏之，虽作大罪，亦不失戒。何以故？戒力势故。俱有二人同共作罪，一者受戒，二不受戒，已受戒者犯则罪重，不受戒者犯则罪轻。何以故？毁佛语故。"[99]背弃信仰的过错更甚简单的怀疑或攻击，它扭曲已被建立的信仰空间，并将一种发展的可能从内部抹灭。

此外，《楞严经》把临终时决定死后去向的意念分为"想"与"情"两种。"想"，原意为知觉、观念、思考、想象，这里盖指精神层面的、向上的、善的想望、憧憬，"情"则指感官、感情层面的，向下的低层次动物性欲求。情、

96　华严宗由十信行满入十解之初位而成正觉。华严宗之行位有行布与圆融两门，行布门自十信至佛果，六位之次第不同，圆融门则得一位随得一切位。以华严宗在一行即一切行，一位即一切位，故说随得一位即得一切位，今特就十信满为成佛，以说三乘终教于十解之初位即得不退。又《华严经疏》："通说诸位相摄，总有三类。一以行摄位，如十信中具一切位，贤首品说。二以位摄位，如十住满即得成佛，如十住品及法界品海幢比丘处说。其十行、十向、十地皆尔，各如自品说。三初心摄终，如十住初心即摄诸位，如此品说，并就因位满说。如普贤作用大分同佛，犹未是佛，此中亦尔。"（CBETA 2021.Q3, T35, no. 1735, p. 647b6-13.）五教章纂释卷下之七解此文，以初者为行佛，次二为位佛。依此可知十信之行位未成，故称其成佛为行佛。十解初位以上位成故，即称其成佛为位佛。

97　CBETA 2021.Q3, T09, no. 278, p. 449c14-15.

98　CBETA 2021.Q3, T35, no. 1733, p. 166b7-11.

99　CBETA 2021.Q4, T24, no. 1488, p. 1063c19-28.

想二极，略有中国哲学阴阳二极的意味。按想与情的不同比例，可判断死后的去向：纯想即飞，必生天上；若飞心中，兼福兼慧，及与净愿，自然心开，见十方佛，一切净土，随愿往生。情少想多，轻举非远，即为飞仙、大力鬼王、飞行夜叉、地行罗刹，游于四天，所去无碍。情、想均等，不飞不堕，生于人间，想明斯聪，情由斯钝。情多想少，流入横生，重为毛群，轻为羽族。[100]这样，慧在信上贯穿众生之生死。

在类型上，佛教信仰还可以信仰主体的状态不同被区分为"自力信"与"他力信"。其中，自发之信为自力信，依佛之大悲心而发者为他力信。即凭自身而信的信是存在范畴的信，而凭诸神圣或信仰之道而有的信是源于他者的非存在的信，后者逾越唯独存在的界限。当然，这并意味着凭自身而信的信不可靠，恰恰相反，若无存在之信，人绝无法做出任何实在的行动。事实上，信仰行动的范畴化，即本真信仰行动在关系范畴、实在范畴的不断外化，可与佛教"三身"概念比较并相互理解，二者都以神圣者或神圣性的三重变化规定其结构。在佛教中，三身（trayaḥ kāyāḥ）又作三身佛、三佛身、三佛。身即聚集之义，聚集诸法而成身，故理法之聚集称为法身（dharma-kāya），智法之聚集称为报身（saṃbhoga-kāya），功德法之聚集称为应身（nirmāṇa-kāya）。[101]理法、智法、功德法，分别对应本真的、内在的、外在的神圣；法身、报身、应身则分别对应本真的、关系的、实在的信仰的行动。十地经论等诸经认为，法身为证显实相真如之理体，无二无别，常住湛然；报身是酬报因行功德而显现相好庄严之身；应身则是顺应所化众生之机性而显现之身。[102]正如神圣流溢造就的神圣之道，或自我显明的信仰之道，神圣性在不同范畴的现象化、关系化和具化，由此诞生了流转不息的、与超越相关的、非神圣的、万有或世俗有的信仰的种种行动。因此，真如的身之聚集和神圣的现象性呈现，以过程为结构的区分规定，可以呈现其"真实在—分别有"的本性。从信仰之道的类型化，即神圣之道和宗教之道的区分看，应身和报身便是佛教信仰实践（尤其是大乘）的追求。

---

100 参见陈兵：《佛教生死学》，中央编译出版社 2012 年版，第 152-153 页。

101 此乃《十地经论》等诸经的说法。又有《金光明经》所说法身（dharma-kāya）、应身（saṃbhoga-kāya）、化身（nirmāṇa-kāya）三身，与十地经论等诸经的说法一一对应。除此之外，《解深密经》说法身、解脱身、化身三身，《宗镜录》载自性身、受用身、变化身三身，亦如此，故不累述。

102 参见《佛光大辞典》，佛光大藏经编修委员会主编，佛光文化 2014 年版，第 758-760 页。

于是，对信仰个体和信众而言，三身亦可用来解释其在世信仰实践，即外在信仰的行动。依照禅宗六祖慧能的说法，三身本于自性：（1）清净法身佛，谓吾人之身即是如来法身，故吾人之自性本即清净，并能生出一切诸法；（2）圆满报身佛，谓自性所生之般若之光若能涤除一切情感欲望，则如一轮明日高悬于万里晴空之中，光芒万丈，圆满无缺；（3）自性化身佛，谓吾人若能坚信自性之力胜于一切化身佛，则此心向恶，便入地狱，若起毒害之心，便变为龙蛇；若此心向善，便生智慧，若起慈悲之心便变为菩萨。[103]这样，自性作为如来藏或藏识根于人中，人作为信仰之道的承动者，以己身的宗教实践，促使外在信仰行动的断裂或完成。在这个层面上，法身、化身、报身分别对应着信心、信念、信从。由心起念、由念生行，根本清净的神圣之信，终得完成。

而在佛教"三身概念"之外，道教亦有三身之说。但道教的三身概念更注重于个体的修炼，"身"更倾向于描述身体形态，而非指苦或业之"聚集"。[104]《三极至命筌蹄》载："身有三，一曰自在身，所谓养就婴儿我自做，非是父精娘血者也。二者离合身，谓坐在立亡，身外有身者也。三者妙无身，所谓具则成形，散则成气者。"[105]此三身是不同修炼境界对身体的体悟——非肉身的体身、意身和气身，亦是信仰之道中身体修行的法门之一。可见，道教之三身更体现宗教之道的一面。

当然，在佛教诸派中，净土信仰对行为的强调为最。[106]其中，有关净土的信念——救赎不靠修行的自力来保证，而只通过对阿弥陀佛的他力的信仰——导致了一种即刻的圆满，这与意识到自己已是佛陀的仪式（成阿罗汉）产

---

103 参见《佛光大辞典》，佛光大藏经编修委员会主编，佛光文化 2014 年版，第 758-760 页。

104 《重阳真人金关玉锁决》所载清净法身、圆满报身、三昧化身，与佛教三身同义，故不累述。参见王喆：《重阳真人金关玉锁决》，载《道藏》第 25 册，文物出版社、上海书店、天津古籍出版社 1988 年版，第 802 页。

105 王庆升：《三极至命筌蹄》，载《道藏》第 4 册，文物出版社、上海书店、天津古籍出版社 1988 年版，第 942 页。

106 粗略而言，（日本）佛教的净土思想和实践的不同途径大致可分为两个阵营：强调实践的重要性的阵营和重视信仰或宗教经验的阵营。人们在法然（Hōnen）的陈述中看到了这两种主张，在其门徒中，亲鸾（Shinran）和高赉（Kōsai）也许最清楚地表达了信仰的立场，而隆宽（Ryūkan）、长西（Chōsai）、辨长/圣光（Benchō/Shōkō）则确证了实践的角色（凝然（Gyōnen）大概也可以归在其中）。（参见 Mark L. Blum, *The Origins and Development of Pure Land Buddhism: A Study and Translation of Gyonen's Jodo Homon Genrusho*, New York: Oxford University Press, 2002, p. 371.）

生了共鸣。念住阿弥陀佛，心无杂念，便能得天上极乐。这是一种对佛陀（或菩萨）的具体描绘，他可以纯粹通过一种信仰行为来帮助其信仰者——没有扰人的清规戒律，也非在涅槃中灭度，信仰者在西方极乐世界中迎来喜乐之盼望。[107]此时，功德作为信的结果，确认的是人神关系之间的有效性。在净土信仰中，它尤其表现为对业力的干预和对净土的最终皈依。

进而言之，在净土信仰中，信念、信心、信从分别被称为信、愿、行，即信仰、发愿、修行。[108]净土宗于此三者最重视，称之为净土三资粮。资粮者，譬如远行途中的资财和食粮，若有所缺，则事难成。作为信仰之道的资粮，此三者共同为信众追求神圣或解脱提供精神补给，其中，由信生愿，由愿生行。概言之，于大众净土信仰者而言，信乃相信西方确有极乐世界；愿是愿离这个苦世界；行是念佛名号，心不离佛，佛不离心，毋令忘失。藕益云："得生与否，全凭信愿之有无；品位高下，全由持名之深浅。"[109]净土信仰的精要就在信极乐、发宏愿、念佛名。若深究其义，按照陈兵的说法，信是深信依佛言念佛求生西方必能遂愿，有信自（自心有佛性）、信他（信阿弥陀佛实有）、信因信果等义；愿谓发愿命终往生净土，至彼国得不退转回入此界度化众生；行则分正行与助行，正行指修念佛，助行指兼修礼诵供养、六度万行等。深信切愿，尤被强调为念佛往生的前提和关键。[110]此外，中国佛教尤其是净土信仰极为看

---

107 参见 F. Harold Smith, *The Buddhist Way of Life: Its Philosophy and History*, London & New York: Routledge, 2008, pp. 142-144.

108 信愿行，净土宗祖师所总结的净土法门之宗要。藕益大师云："念佛法门别无奇特，只是深信、切愿、力行为要耳。"彻悟云："真为生死，发菩提心，以深信愿，持佛名号，此十六字，为念佛法门一大纲宗。"印光云："净土法门，以信愿行三法为宗。"（参见陈兵编著：《新编佛教词典》，中国世界语出版社1994年版，第182页。）此外，与净土信仰类似的是密教的三轨，它们与也信心、信念、信从有对应关系。具言之，密教五佛各出现菩萨、金刚与忿怒。此三者次第为法身、般若、解脱等三德，亦为境（心之所游履攀缘者，谓之境）、智、行之三轨。在更广的层面，三轨对应三轮身。三轮身指自性、正法、教令三种轮身，又作三种轮身、三轮。即密教金刚界曼荼罗，分为从果向因、从因至果等二种次第；于从果向因之次第，自本地大日如来至垂迹之教化利济众生，可依其顺序而分为三种。亦即大日如来为救济众生，现出方便之菩萨、明王之相状，依序分为三类：（一）自性轮身，即大日如来以本地自性之佛体教化利益众生。（二）正法轮身，显现菩萨身说示正法，教化利益众生者。（三）教令轮身，为教化难度之众生，故显现大忿怒相（不动明王之相）。以上三轮身亦称三身，三身亦适用于五佛、五菩萨、五大明王等。（参见《佛光大辞典》，佛光大藏经编修委员会主编，佛光文化2014年版，第907页。）

109 陈兵编著：《新编佛教词典》，中国世界语出版社1994年版，第182页。

110 参见陈兵编著：《新编佛教词典》，中国世界语出版社1994年版，第182页。

重的忏法[111]为信极乐、发宏愿、念佛名做了收尾，世俗罪业在斋会中被自度或他度。换言之，广泛的宅忏与普遍的德行净化相关，在终极的意义上，这种神圣的拯救在他转中超脱。

同样，根据佛教"信在慧先，慧在信上"[112]的传统，净土宗也将信念作为信仰之道的基石，即信若不具，则愿、行皆不立。《无量寿经》载："法藏比丘说此偈已，而白佛言：'我今为菩萨道，已发无上正觉之心，取愿作佛，悉令如佛。愿佛为我广宣经法，我当奉持，如法修行，拔诸勤苦生死根本，速成无上正等正觉。欲令我作佛时，智慧光明，所居国土，教授名字，皆闻十方。诸天人民及蜎蠕类，来生我国，悉作菩萨。我立是愿，都胜无数诸佛国者，宁可得否？'"[113]此处，法藏比丘以正觉（samyak-saṃbodhi）为自身取愿作佛的可能性前提，即唯有具备证悟一切诸法之真正觉智，菩提萨埵之大誓愿才能立在神圣或解脱之上，才能称为信仰之道的表现。这样，发愿作为心的感动和顺从，在净土信仰中，同样以信念之觉、神圣之智（解脱之至）为内在动力，心之动在关系范畴具备慧觉之含义。

与净土信仰以信念之明且坚作为念佛、发大誓愿的神圣根基不同，禅宗宣称自性为根、顿悟为缘。禅宗所说解悟和证悟即分别为发自信心、得于信念和行动的觉悟。在禅宗里，禅的初级阶段是信、静虑和苦修，修者此时沉思并应用在经中发现的戒律和劝告，尽管这一阶段已经处在灵性生活的高级阶段，其名为如来禅。而在与这一"信仰阶段"（faith stage）相对的第二阶段是"人格阶段"（personality stage），修者直接内视到真实的自我，处于纯粹灵性感知的领域。[114]换言之，唯独借助于特定的信仰关系——这显然是信仰之道的显现形式——真实而独立的个体性才能被呈现出来。所以，在日本的曹洞宗（sōtō）看来，信仰几乎可以与实践、与祖先相关的行为表现，以及将人们与佛寺联系在一起的纽带等同起来。[115]信仰，就是在事奉中的生活。

---

111 有关忏法可参见圣凯：《中国佛教信仰与生活史》，江苏人民出版社2016年版，第19-38页。其他中国佛教的信仰生活传统也可参见本书其他章节。

112 （如龙树 Nāgārjuna）。有趣的是，信在慧先通常会导致"他转"即崇拜神圣的发生，但这并不意味着慧应当被放弃。恰恰相反，这种"他转"是一种未圆满或智未熟的表现，在根本上，它是一种存在者的妥协。

113 鸠摩罗什等：《佛教十三经》，中华书局2010年版，第21页。

114 参见 John C. H. Wu, *The Golden Age of Zen: The Classic Work on the Foundation of Zen Philosophy*, New York: Image, 1995, p. 122.

115 参见 Ian Reader, "Contemporary Zen Buddhist Tracts for the Laity: Grassroots

因而，密宗对信之功德成就的强调是合适的，它开启了敬奉信仰的道路。修信乃是根本者。

《宝炬陀罗尼》云："信为前行如母生，守护增长一切德，除疑度脱诸瀑流，信能表喻妙乐城。信无浊秽令心净，能令离慢是敬本，信是最胜财藏足，摄善之本犹如手。"《十法经》亦云："由何出导师，信为最胜乘，是故具慧人，应随依于信。诸不信心人，不生众白法，如种为火焦，岂生青苗芽。"由进退门，而说信为一切德本。敦巴请问大依怙云："藏地多有修行者，然无获得殊胜德者，何耶？"依怙答云："大乘功德，生多生少，皆依尊重，乃能生起。汝藏地人，于尊重所，仅凡庸想，由何能生。"又于依怙发大声白："阿底峡请教授。"如其答云："哈哈，我却具有好好耳根，言教授者，谓是信心信信。"信为极要，其信总之亦有多种，谓信三宝、业果、四谛。然此中者，谓信尊重，此复弟子于尊重所，应如何观。如《金刚手灌顶续》云："秘密主，弟子于阿阇黎所应如何观，如于佛薄伽梵即应如是。其心若如是，其善常生长，彼当速成佛，利一切世间。"诸大乘经亦说应起大师之想，《毗奈耶经》中亦有是说。此诸义者，谓若知是佛，则于佛不起寻求过心，起思德心。于尊重所，特应弃舍一切寻察过心，修观德心。此复应如彼续所说，依之而行："应取轨范德，终不应执过，取德得成就，执众过不成。"谓其尊重虽德增上，若仅就其少有过处，而观察者，则必障碍自己成就。虽过增上若不观过，由功德处而修信心，于自当为得成就因。是故凡是自之尊重，任其过失若大若小，应当思维，寻求师过所有过患，多起断心而灭除之。设由放须恼盛等之势力故，发起寻觅过失之时，亦应励力悔除防护若如是行，力微劣。复应于其具诸净戒，或具多闻，或信等德，令心执取，思维功德。如是修习，设见若有少许过失，由心执取功德品故，亦不能为信心障难。譬如自于所不乐品，虽见具有众多功德，然由见过心势猛故，而能映蔽见德之心又如于自虽见众过，若见自身一种功德，心势猛利，此亦能蔽见过之心。[116]

Buddhism in Japan", in *Religions of Japan in Practice*, George J. Tanabe, Jr. (ed.), Princeton: Princeton University Press, 1999, pp. 487-498. 亦可参见《信仰十条》（Shinkō jūkun）。

116 宗喀巴：《菩提道次第广论》，法尊译，青海人民出版社 2012 年版，第 15-16 页。

总而言之，佛教的信仰在对解脱智（神圣智慧）的追求中整全，它贯通戒定慧德。如《宝光明陀罗尼》所说偈云：

> 信顺诸佛及佛法，亦信佛子所行道，信于无上大菩提，菩萨以斯初发心。信为先导功德母，长养一切胜善法，断除疑网竭爱流。信能显示安忍行，信无浊染令心净，弃除我慢恭敬本。信如净手摄持因，七圣法财无上行。信能一切欢喜舍，由信喜故入佛法。是信出生智功德，随佛所说皆通达。信根光净极锋锐，如实永断烦恼本。信力坚固无能坏，唯一谛信佛功德。信于相应非相应，刹那远离诸染着。信能超出诸魔境，显示最上解脱道。信为不坏功德种，谓能增长菩提苗。信为出生胜智门，应现十方诸觉者。若常信重于佛宝，非戒非学皆远离，若能远离非戒学，是人深赞佛功德。若常信重于法宝，则闻佛法无厌足，若闻佛法无厌足，于法信解不思议。若常信重于僧宝，则于净众无惭退，若于净众无惭退，则于信力无能动。若于信力无能动，则得诸根净明利，若得诸根净明利，彼人远离诸恶友。若人远离诸恶友，为善法友之摄受，若善法友摄受已，则常脩习广大善。若常脩习广大善，则得成办大因力，若得成办大因力，彼人信解最殊胜。若得信解最殊胜，即为诸佛常护念，若为诸佛常护念，则能发起菩提心。若能发起菩提心，于佛功德勤脩习，若佛功德勤脩习，则得生在如来家。若得生在如来家，于着无着俱解脱，于着无着解脱已，则得深心信清净。若得深心信清净，则得最上最殊胜，若得最上殊胜已，常行深妙波罗蜜。若行深妙波罗蜜，则能悟入摩诃衍，若能悟入摩诃衍，则知如法供养佛。若知如法供养佛，则得念佛心无动，若得念佛心无动，则常观佛不思议。若常观佛不思议，于佛无生无所住，若佛无生无所住，则知是法永不灭。[117]

第四节　耆那教

与佛教类似，外在信仰在耆那教中不出其基本范畴，即它也表现为具体的信心、信念和信从。只不过在耆那教中，更被注重的是实修和苦行，且信心和

---

117 CBETA 2021.Q1, T32, no. 1636, pp. 75c05-76a10. 有关佛教信仰的其他心理解释，可参见陈兵：《佛教心理学》，陕西师范大学出版社 2015 年版，第 496-518 页。

信念的顺序有所变动。换言之，耆那教以七谛（即命、非命、漏、缚、遮、灭、解脱）为基本教义，而此七谛的顺序决定了存在范畴的信心唯有在遮、灭处才称得上是信仰的行动。

具体而言，按照耆那教的教义，为了得到最后的解脱，耆那教信徒必须首先具足正见、正智、正行[118]等三项条件，必须坚定对耆那教理论的信仰并采用它来指导自己的行动。耆那教所强调的信众对教义、戒律等宗教信念的坚守，即外在信仰中的信念。因此耆那教规定，"（在冥想时用身、语、业三种）行为作恶；不热心；对传统法规记忆不熟"以及"不挑选、不打扫场所而排泄；拿、放（东西）；使用卧具；不热心；对传统法规记忆不熟"等[119]都应当被弃绝。不熟法规、诫命，等同于对耆那信念的背离。

其次，耆那教强调信众作为的切身。按其教义，由"业"而生的"漏"只有通过切实的身体力行，才能被"遮""灭"，以致达到最终的梵行和解脱。换言之，在耆那教中不存在类似大乘佛教之类的顿悟解脱法门，可行的只有苦行、断戒等作为。"绝食、减食、（接受施舍食物时的）正确的行动、舍弃美味、闭居独坐、肉体方面的苦行（等）即为外在的苦行，"[120]唯独这些才是切实的身体信仰。耆那教宣称："作为是身、语、意的业，此（即）为漏。"[121]所以，无论是"（由）自己的、他人的、自己与他人共同的苦、忧、恼、泣、杀、悲叹（而产生）应使感受苦的（漏）"，还是"（由）众生与禁誓者的慈愍、施与、遵守包括（禁止）小贪在内的禁戒、瑜伽（即禅定）、忍耐、纯洁（的实践而产生）应使感受乐的（漏）"，[122]都要经由身体的修行逐步放弃，并最终得致无漏无持的境界。[123]这意味着，"见的清净；律的具足；戒与禁誓（§7.1所谓

---

118 "正见、智、行就是解脱道。"（samyagdarśana-jñāna-cāritrāṇī mokṣa-mārgaḥ.）（CBETA 2021.Q3, ZW02, no. 21, p. 358a10.）

119 CBETA 2021.Q3, ZW02, no. 21, pp. 431a18-432a1.

120 CBETA 2021.Q3, ZW02, no. 21, p. 446a13-17.

121 CBETA 2021.Q3, ZW02, no. 21, pp. 417a24-418a9. 作为，梵文原文为 yoga，即瑜伽。在印度哲学宗教中，它常指印度特有的一种修炼法。但在这里则是耆那教特有的术语，指命使身、语、意行动起来，使外部的物质作为业流入内部这么一种作用。故在此译为"作为"。后世的耆那教注释家把它解释为："命的振动"。

122 CBETA 2021.Q3, ZW02, no. 21, p. 421a13-21.

123 CBETA 2021.Q3, ZW02, no. 21, p. 422a11-19.（由）频繁地插手于（世间的活动）及（对事物的）执持（而产生决定）地狱的寿量之（漏）。（bahv-ārambha-parigrahatvaṃ ca nārakasya-āyuṣaḥ.）"执持"（parigrahatva），原意为抓住不放，指对外界事物的追求、迷恋、执着。耆那教与印度其他宗教一样，要求其信奉者抛弃世界的一

禁誓是禁止杀生、妄语、偷盗、淫行、执持。）的不犯；对智的不间断的意向性与对厌世求法的思念；尽可能地喜舍与苦行；对僧伽及上人的皈依和供奉；对阿罗汉、阿阇黎、多闻、（信）教义（者）的亲敬；励行日课；宣扬（解脱）道；忠爱教义，（使）救世者的个性的（漏得以产生）"等[124]信仰实践，最终都会被扬弃在与神圣的合一即彻底的解脱之中。

当然，耆那教也强调信仰的信心层面，只不过此处信心更多呈现为一种修行的状态，而非起始性的、使人开放的"命"的作为。按照耆那教的说法，信心应是一种净想，因为唯独净想称得上是心的言行。这四类净想分别是：各类寻求、单一寻求、抑制细作、停作不退。[125]其中，"各类寻求"指从各种样态、形式去禅观经典上所讲的种种对像；"单一寻求"指继续禅观其中的一种；"抑制细作"指努力抑制以细微状态存在着的作为；"停作不退"则指完全摆脱一切业，进行禅观静思。所以，四类净想实际上是心与念共同的行动。事实上，若人们从内在态度而非心理感受的角度考察信心，把信心理解为心的行动，那么耆那教得信心即"命"的行动。因为在耆那教中，（命的）特征是意向性，（此中有）两种，（且分别）有八种、四种之区别。[126]信心作为意向态度必然是心、智、见的行动，也是五根五觉的外在行动。这样，耆那教的信心同样被阐明身体与灵魂的修行中。

第五节　道教

与其他宗教殊为不同，[127]道教尤其强调非人主体于信仰中的活跃。这些

切，专心于宗教修炼。认为由于人不能做到这一点，故而降生地狱，并依照人致力于世俗活动的程度及对外物的执持程度而决定其在地狱中所呆时间的长短。

124 CBETA 2021.Q3, ZW02, no. 21, p. 424a2-12.

125 CBETA 2021.Q3, ZW02, no. 21, p. 453a17-19.

126 CBETA 2021.Q3, ZW02, no. 21, p. 374a17-27. 意向性（upayoga），是耆那教的专门术语，指在生命现象中存在着的广义的精神作用。它表现为针对某个目标而产生的精神活动，很难确切翻译。意向性可分成两种：一、关于"智"的意向性；二、关于"见"的意向性。关于"智"的意向性可分八种，即§1.9提到的五种正智及§1.32提到的三种颠倒智。关于"见"的意向性可分四种：眼见、非眼见、直观智见、完全智见。参见§2.5。

127 需要注意的是，道教对信仰的定义在一定程度上受到了佛教的影响。比如道教中亦有信根、信心、信光、五法、六度等，这些原本都是佛教之术语。"吾今为汝解说妙音，可得依用，拔赎罪魂，开出长夜，九幽八难，宿对披散，转入信根，生死欢乐，世世因缘。"（《洞玄灵宝长夜之府九幽玉匮明真科》，载《道藏》第34册，

分享了道之神圣的他者被统称为药、符、炁，它们在修炼方法和成仙方式上有所差别。其中，药之大者为金丹，符之大者为天信，炁之大者为阴阳二气。除此之外，药中又有其他辅佐修行所用的修生养性之药，符中有符箓一道，炁则包括除人之外的其他道之承载者（如动物仙）以及万千大小道法（金丹、守一、行气、房中、尸解、雷法，等等）。同其他具有圣物崇拜传统的宗教类似[128]，道教的外在信仰关注信仰的非人层面，有时"圣物"或分享神圣的"器物"（尤其是金丹大药）会替代人在人—神关系中的位置，信仰此时是物—神或非神—神的。这意味着，在极端的崇拜形式中人可能沦为"独立神圣实体"或"神圣实体附着物"的附庸，外在信仰由此成为追逐、获得或占有"独立神圣实体"或"神圣实体附着物"的事件。但无论如何，人的信心、信念、信从都不可或缺，它最起码是人—神信仰（即此刻被谈论的信仰）的基础。"关尹子曰……有诵咒者，有事神者，有墨字者，有变指者，皆可以役神御气，变化万物，惟不诚之人，难以自信，而易于信物。故假此以为之，苟知为诚，有不待彼而然者。关尹子之言，深中道理，良以世人。信符咒，信外物，信华饰，却不信自己之天理，宜乎千差万殊，忘本逐末，不肯回头，只一切不着于物，虚室自然生白，即与天上天下，通为一体，始合乎清净自然。[129]由此，道、物、人在信仰之道中合一。

在道教中，信首先表达为神圣之流溢。《道德经》云："道之为物，惟恍惟惚。惚兮恍，其中有象；恍兮惚，其中有物。窈兮冥，其中有精；其精甚

文物出版社、上海书店、天津古籍出版社 1988 年版，第 384 页。）"三界有形，皆有忧恼，唯有信心，克放逸意，精进勇猛，得道克为，血来苦永毕，常乐克畏。"（《太玄真一本际经卷第七》，载张继禹主编：《中华道藏》（第 5 册），华夏出版社 2004 年版，第 250 页。）"须臾之间，会中真师又放眉间四色光明，以应上方，所谓慈光、悲光、善光、信光。"（《太上大道玉清经》，载《道藏》第 33 册，文物出版社、上海书店、天津古籍出版社 1988 年版，第 349 页。）"云何为五法佐助？一者信，二者惭，三者愧，四者善知识，五者宗敬真法。"（《太上灵宝元阳妙经》，载《道藏》第 5 册，文物出版社、上海书店、天津古籍出版社 1988 年版，第 952 页。）"何为名六度行？一者勤，二者信，三者雌，四者终，五者诤谏，六者断酒色。"（潘师正：《道门经法相承次序》，载《道藏》第 24 册，文物出版社、上海书店、天津古籍出版社 1988 年版，第 784 页。）

128 佛教显然不同。"供养亦复不赖其物，是在自信。若有信心，用曼陀罗及诸净水，并无主摄诸供具等，皆可供养，无余财物，应如是行。"（宗喀巴：《菩提道次第广论》，法尊译，青海人民出版社 2012 年版，第 53 页。）

129 郑思肖：《太极祭炼内法》，载《道藏》第 10 册，文物出版社、上海书店、天津古籍出版社 1988 年版，第 469 页。

真，其中有信。"[130]此处"信"即分享道之神圣的"大信"。大信，"真实之理也"。[131]"明皇曰：窈冥之情，本无假杂，物感必应，应用不差，故云有信。河曰：道匿功藏名，其信在中也。粥曰：信，信验也。物反窈冥，则真精之极得，万物之性定，故曰其精甚真，其中有信也。旁曰：窈冥之精，万物作类，而物之生者，各正性命，度数法象，一有仪，则可以前知，无或差舛，此之谓信。"[132]可见，大信的含义极为丰富，它具有诸如符、药、炁等具体样态，以实在转换道神之幽渺。原始道教在发展人格神信仰时，将大信比作心印、道像、元神、婴儿[133]正出于此。

在大信的基础上，道教之信又可在实在层面分为实物之信和行动之信。其中实物之信指蕴含了神圣属性的信物，而行动之信专指以人为主体的信仰的作为。具言之，经书首先分享了神圣。《上清金真玉光八景飞经》载："故此文为九天之信，玉皇之章，无信而行，因致道真不得，轻以短见，诵咏求仙，积劳无感，反收祸殃，三官执考，灭兆之身。"[134]此处经书即道之显化的文本实相。与之类似，道教师承的信物亦是文本化的实物之信，区别在它只在仪式中具备神圣的功用。"弟子置信受经，向北九拜，弟子擎法信，师受信物，弟子左手指西北，右手受经，回东南上，倚向西立，以次南回取天门，埋灭迹符。"[135]其中，置"信"之信为引荐之信，它是道传于人的文本见证，而弟子所擎法信则指醮坛贡品。《太上助国救民总真秘要》载："其斋教法信，量贫富丰俭为之。如委实家贫不能办者，师为代备之；若富者蒙恩之后，鄙吝财务，不修报谢，有昧兵将之功，即反招殃咎，难以禳解。"[136]由此，师所受信物包含引荐之信、法信二者。

130 老子：《道德真经》，载《道藏》第 11 册，文物出版社、上海书店、天津古籍出版社 1988 年版，第 476 页。

131 林希逸：《南华真经口义》，载《道藏》第 15 册，文物出版社、上海书店、天津古籍出版社 1988 年版，第 844 页。

132 梁迥：《道德真经集注（一）》，载《道藏》第 13 册，文物出版社、上海书店、天津古籍出版社 1988 年版，第 31 页。

133 "信者，即是太上大道玉晨君之心印也，信者，心印之隐名也。印者，守一之元也，元神也，婴儿也，道像也。"（王损之：《玄珠心镜注》，载《道藏》第 10 册，文物出版社、上海书店、天津古籍出版社 1988 年版，第 685 页。）

134 《上清金真玉光八景飞经》，载《道藏》第 34 册，文物出版社、上海书店、天津古籍出版社 1988 年版，第 55 页。

135 《洞真太上八素真经登坛符札妙诀》，载《道藏》第 33 册，文物出版社、上海书店、天津古籍出版社 1988 年版，第 488 页。

136 《太上助国救民总真秘要》，载《道藏》第 32 册，文物出版社、上海书店、天津古籍出版社 1988 年版，第 54 页。

　　与法信类似，道教中有镇信一说。所谓镇信，是道教斋教建坛镇信之物的统称。镇，安也。信，诚敬也。中国古代的以物示信之礼与此相关。《周礼·春官·大宗伯》载："以玉作六瑞，以等邦国"，其中"王执镇圭"，郑玄注称："镇，安也，所以安四方。镇圭者，盖以四镇之山为瑑饰，圭长尺有二寸。"[137]南北朝时，道教经典中已有以物示信之说。《无上秘要·法信品》引《洞真太上飞行羽经》称："凡受九真玄经者，皆先歃血累坛，剪发立盟，为不宣不洩之信誓。后圣以歃血犯生炁之伤，剪发违肤毁之犯，谨以黄金代刺血之信，青柔之帛三十二尺当割发之约。"[138]示信之物有紫金、上金、金龙、金珠、金线、金鱼、玉龙、丹文锦、丹帛、紫纹、青缯、白绢、赤丝、沉香、真珠、书刀等。《洞玄明真经》云："受经法信，当十分折二，以送祖师；又二散乞贫人，山栖道士；余信营已法用，烧香燃灯，为弟子立功。"明代《灵宝无量度人上经大法》卷七一"镇信威仪品"释"镇信"云："古人淳朴，怀道报德，不贪不欲，各足自身。但用志诚，自可通感，不须财宝，玄合天真。末代时浇，人民矫诈，惟悗财货，不识因缘，贱命重财，轻生徇利，内怀万恶，外结凶狂，相继灭亡，未尝觉悟。念是之故，令遣散之，一则内贼不生，二则外贼不起，内外安静，众苦消除，所以质信效心，必以财为首。财既可舍，心亦随之，圣善冥通，随夫心意。高天厚地，玄圣上真，非信不通，非心不感。感通之致，在乎信焉。故云学道之士斋金宝效心盟天也。"[139]可见，镇信乃是大见证。

　　此外，如信灵香之类可通神秘的器物亦属信之物类。其中，信灵香乃道教斋教用香，仅次于降真。《天皇至道太清玉册》载"信灵香可以达天帝之灵所"，此香由降真、郁金、沉香、速香、藿香、甘松、白白芷、大黄、香附、玄参等按定量合成，制香之所当为静室，于甲子前一日，在洁净之静室置五子牌位，以香灯供养。在甲子日攒齐香品，丙子日碾料，戊子日和香品于一处，庚子日做成香丸供于天坛之上，壬子日装入葫芦挂起，再至甲子日焚一丸祀天。且此香制成之后不许常用，"凡遇有急祷之事，焚之可以通神明之德。如出行在路，或遇恶人之难，或在江湖遭风险之浪，危急之中，无火所焚，将香于口内嚼碎，向上喷之，以免其厄"。[140]信灵香的效用是急在的，这一点与神迹类似，它只

137 李学勤主编：《十三经注疏·周礼注疏》，北京大学出版社1999年版，第474页。
138 《无上秘要》，载《道藏》第25册，文物出版社、上海书店、天津古籍出版社1988年版，第117页。
139 胡孚琛主编：《中华道教大辞典》，中国社会科学出版社1995年版，第548-549页。
140 胡孚琛主编：《中华道教大辞典》，中国社会科学出版社1995年版，第558页。

在特定的宗教境况中发生效用。且这一境况可空间化为斋教科仪中所用的实在场地及符号场域[141]：具依科格，别院建坛，法天象地，内圆外方，装严妙丽，乃至法物、信物、镇练、命绘等物都需依大信而行。

有趣的是，在道教中不仅护守性的器物如香、符与"信"相关，诸如砒霜等猛烈之物亦是如此。且其中砒霜为最，它将生命、死亡与信关联在一起。由丹家在升炼雄黄、雌黄等含砷药物时制得的砒霜有信石、信、人言、明信、卧炉霜、太一雄黄、天母乳等诸多隐名，[142]其中信石、信、人言、明信都将誓言与死亡结合以表明人的言约之坚定。人的誓言若以生命为代价，并告之以天，信就成为不可违背的天之约。此时，毒誓见证了人对信仰之道的忠诚。可见，在由物承载并传达人之信仰方面，道教之神圣确是广泛的。

需注意的是，在实物之信与行动之信之间有人与道或天地订立的盟信。此盟信乃道之神圣与人之承负的约定，它由前两者结合而成。《洞真上清阔天三图七星移度》载："传授之法，弟子若告斋七日，赍青纹三十一尺，亦青缯七十尺，凤纹之罗九十尺，金钮七双，金鱼、玉龙各一双，以为告誓之信。无信而受经，谓之轻泄天宝，违信而授经，名曰漏天道。圣人贵道而轻财，故有信而传之焉。"[143]又《上清太上帝君九真中经》载："其受《八景丹经》，盟用金环三双，此元常童子圆变之誓也。合用四盟，引九晨以为约，指日月以为信，必无宣泄，心齐天地。若不崇信誓，身为下鬼，七世、父母，受考水火，捷蒙山之石，以投积夜之河。"[144]"无信而受经，谓之越天道，无盟而传经，谓之泄天宝。"[145]盟信之缺乏，实则神圣之远离。所以，"若无信盟，天不启灵，真不降格，万不成仙"[146]。物之信实升格为天人之盟誓。

而在信仰的基本范畴（即行动之信），道教中的"信向"[147]具有"信仰"

---

141 有关佛教寺庙神圣空间的解释，可参见段玉明：《相国寺：在唐宋帝国的神圣与凡俗之间》，巴蜀书社2004年版。

142 胡孚琛主编：《中华道教大辞典》，中国社会科学出版社1995年版，第1379页。

143 《洞真上清开天三图七星移度经》，载《道藏》第33册，文物出版社、上海书店、天津古籍出版社1988年版，第452页。

144 《上清太上帝君九真中经》，载《道藏》第34册，文物出版社、上海书店、天津古籍出版社1988年版，第43页。

145 《洞真太上太霄琅书》，载《道藏》第33册，文物出版社、上海书店、天津古籍出版社1988年版，第657页。

146 《高上太霄琅书琼文帝章经》，载《道藏》第1册，文物出版社、上海书店、天津古籍出版社1988年版，第896页。

147 即信仰和归向。

的一般意义。即信向既是修道之士的心灵指向，也是修炼的必要法门，同时可作道教修炼的总称。所谓"信向玄妙，尊奉经诀，晨夕念诵，无有怠倦"[148]；又有"以法训喻，渐入法门，专心信向，无为罪根，命皆长远，不有夭伤"[149]，信向乃道修的总目。而据《洞真太上八素真经占候入定妙诀》所载，"因善不绝，皆由信向，信向虽不能至到，但令不疑惑迷退，则善缘日增，增长不止，必亦成真。真人四百年，四千年，四万年，爰至万劫"[150]。此处信向作为修炼法门极为重要。当然，若修士做到了信向道之神圣，那么结果就是喜乐的。"信向之士，心口相应，拾香感愿，已彻诸天，生死罪对，靡不散释。"[151]"是时惠泽普流，恩被十方，信向不死，皆得长年。老者还少，病者即康，枯骨生气，死魂还人，五苦咸解，地狱宁闲。预以有心，皆得神仙。"[152]相对而言，若"师不依年限而授，则身受风刀之考。弟子无信而求真，谓轻天宝，则身没河源，终不得仙"[153]。毕竟"信是恰神涤志之法场，解形隳心之妙处也"[154]，"故上士学道，处于三运者也。若遇而不受，亦其运也，受而不信，将其命也，信而不宝，真其罪也。"[155]信绝非那易得易舍之物。

因此，信心在道教中备受重视，它既是信念的发端，又意味着心、念的坚守。有《陶公传授仪》云："信心专到，愿乐受持，依如科法，许听传授。"[156]又有《云笈七籤》载："信不足，有不信。谓信道之心不足者，乃有不信之祸

148 《太上洞玄灵宝赤书玉诀妙经》，载《道藏》第6册，文物出版社、上海书店、天津古籍出版社1988年版，第0184页。

149 《太上洞玄灵宝智慧罪根上品大戒经》，载《道藏》第6册，文物出版社、上海书店、天津古籍出版社1988年版，第886页。

150 《洞真太上八素真经占候入定妙诀》，载《道藏》第33册，文物出版社、上海书店、天津古籍出版社1988年版，第491页。

151 《洞玄灵宝长夜之府九幽玉匮明真科》，载《道藏》第34册，文物出版社、上海书店、天津古籍出版社1988年版，第387页。

152 《无上秘要》，载《道藏》第25册，文物出版社、上海书店、天津古籍出版社1988年版，第67页。

153 《上清元始变化宝真上经九灵太妙龟山玄箓》，载《道藏》第34册，文物出版社、上海书店、天津古籍出版社1988年版，第229页。

154 《洞玄灵宝升玄步虚章序疏》，载《道藏》第11册，文物出版社、上海书店、天津古籍出版社1988年版，第168页。

155 《洞真太上太霄琅书》，载《道藏》第33册，文物出版社、上海书店、天津古籍出版社1988年版，第656页。

156 《陶公传授仪》，张继禹主编：《中华道藏》（第4册），华夏出版社2004年版，第524页。

及之，何道之可望乎？"[157]信心启发、护持信仰整体。因此，"心非亢心，随前而心，故以心为信，以念为本。崇高者以下为基，倚道者以心为信，涉远者举足为始，学道者念信为本。故崇本以息末，存母以守子。既得其母，子将可获，但守信不移，圣莫不应，故真人善能说信守一，故能真也。"[158]除此之外，信心和信念的密切关系还表现为信念对信心的关照。《太霄琅书琼文帝章诀》载："信素证心，炳发妙义，必令精好，以理得之"[159]，信念反过来支撑、守护信心。而若单独谈论前者，人们会发现，道教之信心也可理解为强烈的情感和态度。《传授立成诀》云："昔受神经，人有试吾者，无故以杖槌吾手血出，吾犹倾心信向之，情不它念，是试之过也。经法有试投之约，未受之前，无故举火烧其衣，衣尽而犹不言，方为不退转。"[160]此处信心乃情感、态度在意志层面的综合。当然，若修道之人信心足备、信念坚定且信从合道，那么此人无疑将领会终极的信心。"于是紫房秀霄，丹田曜焕，五老降其室，玉华憩其寝，将必神登太霞，信济空洞，体合妙灵，白日升天。[161]

在信念层面，道教之信不能是无确信的观念之知：仅凭两可的俗见，人无法与道相合。《太上大道玉清经》载："呜呼，行尸不能正信，沉沦生死，心不猒厌恶，不乐一生而得解脱。五逆十恶掩其耳目，虫蛆三毒入其藏府。或过真经，心终不信。"[162]无正信之凡俗的命运确是可悲的。与此类似，不信者的传道亦不足取。"道士论至经幽赜，妙义弘远之旨，心不信用，而诬毁圣文，谓之虚诞，经教妄作耳，不足学也。"[163]唯独善修念、具正信者能至另一处所，盖因"精专外积，纯粹内充，信可以自晦而明，无幽不烛，类虚室之生白，同

---

157 张君房：《云笈七籖》，载《道藏》第 22 册，文物出版社、上海书店、天津古籍出版社 1988 年版，第 643 页。

158 《太上妙法本相经》，张继禹主编：《中华道藏》（第 5 册），华夏出版社 2004 年版，第 46 页。

159 《太霄琅书琼文帝章诀》，载《道藏》第 2 册，文物出版社、上海书店、天津古籍出版社 1988 年版，第 867 页。

160 华阳复：《洞玄灵宝自然九天生神章经注》，载《道藏》第 6 册，文物出版社、上海书店、天津古籍出版社 1988 年版，第 475 页。

161 《洞真太上素灵洞元大有妙经》，载《道藏》第 33 册，文物出版社、上海书店、天津古籍出版社 1988 年版，第 412 页。

162 《太上大道玉清经》，载《道藏》第 33 册，文物出版社、上海书店、天津古籍出版社 1988 年版，第 362 页。

163 《太极真人敷灵宝斋戒威仪诸经要诀》，载《道藏》第 9 册，文物出版社、上海书店、天津古籍出版社 1988 年版，第 871 页。

温泉之荡邪"[164]。所以"至道之言，夫行至信之信本也"[165]。由此，坚守信念乃不可断之修道。

更进一步，在具体的内容上，道教之信一方面强调对诸神圣、分享神圣的宗教经典以及传道者的认信。《灵宝无量度人上品妙经》所载"信道信经，信师信法，信位信证，信常信生，信化信本"[166]就是极为精要的概括。另一方面，道教之信偏爱无为清净。《西升经集注》载："善者，善无情也，喜者，喜无事也，乐者，乐无味也，为者，为无为，信者，信无心也，行者，行道德也。"[167]又《冲虚至德真经四解》云："信命者，亡寿夭；有寿夭，则非命。信理者，亡是非；有固定非，则非理。信心者，亡逆顺；有逆顺，则非心。信性者，亡安危；有安危，则非性。"[168]道教之信的无为品质以非信之信即取消信之意向附属的方式被表明，它取消了穷思苦意的念之作为。

事实上，信仰的整全总在作为之中完成。《洞真太上素灵洞元大有妙经》载："依科修行，精思天真，长斋苦念，日中乃餐，诵咏宝章，演究灵篇，九年不怠，得造真，炼魂魄于九府，理混合于三关，拔七祖于幽涂，度苦魂于南宫，告形坛以要感，誓信心以求仙。"[169]信心在长久的修道生活中完整。与此同时，信从使信念的实在性得确证，唯其如此，信念作为事件才是完备的。"盖倚炼之道，必本于养夭存神，逐物去虑，然后夭凝神化，物绝虑融，无毫发之间碍，而后复乎溟滓混沌之始。故不饥渴、不生灭，与云行空摄者游，于或往或来，而莫知其极也……其几何人能信于己而力修？能信而修之，何患其不得乎经也。"[170]可见，信从的确证不仅是终极的，它同时需外力相助。因此在

---

164 陈景元：《元始无量度人上品妙经四注》，载《道藏》第 2 册，文物出版社、上海书店、天津古籍出版社 1988 年版，187 页。

165 《太上洞玄灵宝八威召龙妙经》，载《道藏》第 6 册，文物出版社、上海书店、天津古籍出版社 1988 年版，第 242 页。

166 《灵宝无量度人上品妙经》，载《道藏》第 1 册，文物出版社、上海书店、天津古籍出版社 1988 年版，第 85 页。

167 陈景元：《西升经集注》，载《道藏》第 14 册，文物出版社、上海书店、天津古籍出版社 1988 年版，第 599 页。

168 高守元：《冲虚至德真经四解》，载《道藏》第 15 册，文物出版社、上海书店、天津古籍出版社 1988 年版，第 125 页。

169 《洞真太上素灵洞元大有妙经》，载《道藏》第 33 册，文物出版社、上海书店、天津古籍出版社 1988 年版，第 401 页。

170 朱自英：《上清大洞真经》，载《道藏》第 1 册，文物出版社、上海书店、天津古籍出版社 1988 年版，第 555 页。

道教的宗教实践中信礼各路天尊[171]十分必要，且信众要依信威仪、戒律。《内观经》云："知道易，信道难。信道易，行道难。行道易，得道难。得道易，守道难。"[172]信从之艰不过如此。"人虽好道，信而不笃者多矣。徒慕虚名，不为实行，魔王安得不试之？试之心固者，保举成真，其败乱者，亦秉持不坚之过，于魔王亦何怪焉。"[173]换言之，修道之人要行无上道法、为清虚志尚。[174]

这样，道教之信在一般意义上是结构完整的，但它不止于此。事实上，由于道教所信之物贯通自然事物、人伦、天地，其信更加通达、融贯，即它既是言之道，亦是路之道。《上清太玄集》载："纳流而不溢者，乃道之渊也。凝虚而不满者，乃道之邃也。混气而不盈者，乃道之弘也。在朝而不明者，乃道之常也。在昏而不昧者，乃道之理也。应物而不绝者，乃道之化也。通神而不失者，乃道之信也。授命而不择者，乃道之德也。"[175]从道至大信，在范畴层面"德"即神圣之流溢。大信为神圣衍生并具化为世间种种，人凭信仰与大信相通，此道即修行之道，亦是道家所谓符、药、炁之道。"术者，变化之玄伎也。道之无形，用术以济人。人之有灵，因修而契道。人能学之，则变化自然矣。道之要者，在深简而易矣。功术之秘者，唯符药与炁也。符者，三光之灵文，天之真信也。药者，五行之华英，地之精液也。炁者，阴阳之和粹，万物之灵爽也。此三者，致道之要机，求仙之所宝也。人能兼之，可以常存，度人无量矣。元君曰：道以何达，弘之在人。夫药能炼形，符能致神，神归则心通，形坚则炁固神全，炁固形复坚者，命可全也。命全然后化炁变精，洞入元形，飞行虚空，存亡自然，乃能长久长存也。人之得道，虽大劫之交天地崩沦而灾不能及，符药之功以致斯矣。"[176]由此，人凭信仰分享道之神圣。

而在主体性方面，众法之妙以神通而自治。

---

171 《太上灵宝洪福灭罪像名经》，载《道藏》第 6 册，文物出版社、上海书店、天津古籍出版社 1988 年版，第 300 页。

172 《太上老君内观经》，载《道藏》第 11 册，文物出版社、上海书店、天津古籍出版社 1988 年版，第 397 页。

173 陈春荣：《太上洞玄灵宝无量度人上品经法》，载《道藏》第 2 册，文物出版社、上海书店、天津古籍出版社 1988 年版，第 494 页。

174 《太上大道玉清经》，载《道藏》第 33 册，文物出版社、上海书店、天津古籍出版社 1988 年版，第 306 页。

175 侯善渊：《上清太玄集》，载《道藏》第 23 册，文物出版社、上海书店、天津古籍出版社 1988 年版，第 763 页。

176 杜光庭：《墉城集仙录》，载《道藏》第 18 册，文物出版社、上海书店、天津古籍出版社 1988 年版，第 167 页。

　　《易系》云：神也者，妙万物而为言者也。又曰：阴阳不测之谓神。是知神者，倏有忽无，推移变化，幽隐而不可测度者也。故我太上老君为万道之宗，众教之祖，自有通神达变之妙，以为大道之主，固非常人所能及也。遂感天地神祇，无不赞仰，千真万圣，无不归依者，不亦宜乎。故曰：具神通力，应为道主者，良以此欤。其二垂世立教，以救於人者，题曰是以所出度世之法，若九丹八石。九丹者：一曰丹华，二曰神符，三曰神丹，四曰还丹，五曰饵丹，六曰炼丹，七曰柔丹，八曰伏丹，九曰寒丹。八石者：一曰玄精石，二曰云母石，三曰花蕊石，四曰炉泔石，五曰寒水石，六曰阳起石，七曰赤石脂，八曰白石脂。又按《抱朴子》：八石者，丹砂、雄黄、雌黄、石留黄、曾青、礜石、磁石、戎盐。此九丹八石者，各有锻炼之法。玉醴金液，《藏典》有消玉为醴、镕金作液之法。存真守元，思神历藏，行气炼形，《藏典》有存三守一，行气思神，内以炼藏，外以炼形，皆修行之法。消灾辟恶，《科典》有祈祷之法。治鬼，符箓有驱治考召之法。养性，经教有守静澄心调习之法。绝谷《经论》有服气、服丹、服水、服符休粮之法。变化，《洞经》有分形散影，升腾变化之法。厌固，洞神教中有禳祀之法。教戒，正一部中有屏绝世务禁忌之法。役使鬼魅，《法箓》有役使鬼神之诀。如上诸法，皆我碧虚真人略言之，有此数种，至於千方万法，不可徧举，是皆太上常所经历救世之术，非至至者也。[177]

由此，道教的符、药、法具备了一定的神通力，它们成为独立的神圣之物或神圣之法，并分享神圣之整体。

　　具体而言，在道教中，符可与大信等同，即它可作区别于符法的天符。《太上老君中经》载："符者，天地之信也。药者，人之丹也，益其气力，身轻坚强，即邪气官鬼不能中人也，即成神仙矣。鬼者，神之使也。鬼见天信，即去矣。"[178]此处，天符乃天地之信，亦是前文强调的广泛意义上的大信。天符为神圣之大者，具有大神通，而鬼之类物小神通者为天符所制。天符之神圣、鬼

177 薛致玄：《道德真经藏室纂微篇开题科文疏》，载《道藏》第13册，文物出版社、上海书店、天津古籍出版社1988年版，第745页。
178 《太上老君中经》，载《道藏》第27册，文物出版社、上海书店、天津古籍出版社1988年版，第155页。

之神圣都外在于人。又有《学仙辨真决》云："自乾坤交媾，受气而生，故经云：圣人不空生，上观显天符。天符者，信也，天气降，地气应，是阴阳交媾，流珠下也。流珠亦谓之汞矣!"[179] 这里天符作为天地气机的大信化成气之精物，即流珠。流珠为物，亦具有人之外的神圣性。除此之外，作为大信之符，又可以符号化的神物、神言呈现，所以它在信仰之道的层面表达为神圣的言说。《太上洞玄灵宝十号功德姻缘妙经》所载十二事部，即信仰之道在人之先的言说。

> 第一本文者,天书八会凤象龙章,是为天地万物之本,开化人神,成立诸法,主召九天神仙上帝,较定图箓,调政璇玑,摄制酆都,降魔伏鬼,勋命水帝,召龙止云,天地劫期,圣真名讳,所治台城,众圣境界,广宣分别,种种皆差,服御元精化形之法,皆演玄妙,明了具足。第二神符者,云篆之文,神真之信,召摄众魔,威制神鬼,总气御运,保命留年。第三宝诀者,天真上圣,述释天书八会之字,以为正音,开视大道。第四灵图者,众圣化迹,应现无方,图写变通,令物悟解。第五谱录者,众圣记述仙真名讳,宗本胄胤,神官位绪。第六戒律者,条制敕御,防非检过,诠量罪福,分别轻重。第七威仪者,具视斋戒进退楷模,俯仰节度,轨式容止。第八方法者,众圣著述丹药秘要,神草灵芝,柔金水玉,修养之道。第九术数者,明辨思神,存真念道,心斋虚忘,游空飞步,餐吸六气,导引三光,炼质化形,仙度之法。第十传记者,是众圣载述学业,得道成真,通玄入妙,修因方所,证果时节。第十一赞颂者,众真大圣巧饰法言,称扬正道,令物信乐,发起回向,生尊重心。第十二章表者,师资授受,妙宝奇文,三元八节,登坛告盟,启誓传度,悔谢请福,关告之辞。此十二事部,总彰正道,一切意趣,无不周备。化引三乘,证无上道。[180]

而就药来说，作为地之精液，它是道之具象的凝合，自然具备原初神圣意味。"老君曰：身者，得道之器也。炁者，致命之根也。根拔则命终，器败则

---

179 《学仙辨真诀》，载《道藏》第 2 册，文物出版社、上海书店、天津古籍出版社 1988 年版，第 894 页。

180 《太上洞玄灵宝十号功德因缘妙经》，载《道藏》第 6 册，文物出版社、上海书店、天津古籍出版社 1988 年版，第 131-132 页。

道去。今欲修之，令命固道隆，可得闻乎……元君曰：长生之功，由于丹；丹之成，由于神。故将合丹，必先正其心，不履罪过，神明佑之，作丹必成。神丹入口，寿命无穷也矣。天地明察，道归仁人，万兆蠢蠢，名曰行尸。不信长生之可学，谓为虚诞，从朝至暮，但作求死之事，天岂能强生之乎？恣心尽欲，奄忽辄死，千金送葬，何所益哉？神丹道成，不惟长生而矣，亦可作世之实也。知此道者，亦安用天下。"[181]此处君所说神丹即道教推崇的金丹，它具有超凡的神圣品质，自成金丹之道。"老子曰：杳杳冥冥，其中有精，其精甚真，其中有信是也。戊己一合成圭，二五之精，妙合而凝者，金丹凝结也。"[182]金丹本质上是大信之化，因此《太上隐书》曰："欲行此道，不必愚贤，但地上无此文耳。真官玄法，启誓乃传。金丹之信，道乃备焉。"[183]然而，成就金丹大道最为艰难，先有丹药之毒阻人，又因其繁复而几无人可成。"《抱扑子》及诸经皆云：此时当祭炉，祭太乙诸神，并来监临助作药，道人斯时，不得辄生邪见，并一切秽触，要生障碍，故曰有悔。修炼之士不可不信，前后若此者多，或为而不能成，或成而不能服，或服而不能灵，遂以为魔。"[184]葛洪又言："九丹金液，最是仙主，然事大费重，不可卒办也。"[185]遂自唐时起，修者由侧重外丹逐渐转为内外丹合修。根据内丹修者的说法，"修金丹者，体循造化，以虚无自然、先天纯精真一之炁，名曰空炁金胎，生金母而作丹基。夫纯精真一之炁，父母未交之前，与混沌同体"[186]。而一旦内丹修成，人即可得道升仙，分享道之神圣。"紫虚郁秀，辅翼万仙，乃阳神隐焕，万炁簇拥，居于神室之中。是谓金丹之体。故文始先生《赞紫虚阳光錄》曰……虚元元上紫虚秘录，乃三洞之玄根，天地之真祖，至高至极，至妙至灵，修之长年，神仙行之，还

181 《先天玄妙玉女太上圣母资传仙道》，载《道藏》第 18 册，文物出版社、上海书店、天津古籍出版社 1988 年版，第 690 页。

182 魏伯阳撰，上阳子注：《周易参同契分章注》，载张继禹主编：《中华道藏》（第 16 册），华夏出版社 2004 年版，第 243 页。

183 张君房：《云笈七籤》，载《道藏》第 22 册，文物出版社、上海书店、天津古籍出版社 1988 年版，第 717 页。

184 吴悞：《渔庄邂逅录》，载《道藏》第 24 册，文物出版社、上海书店、天津古籍出版社 1988 年版，第 186 页。

185 葛洪：《抱朴子内篇》，载《道藏》第 28 册，文物出版社、上海书店、天津古籍出版社 1988 年版，192 页。

186 萧应叟：《元始无量度人上品妙经内义》，载《道藏》第 2 册，文物出版社、上海书店、天津古籍出版社 1988 年版，第 354 页。

淳返朴。谛观此言，紫虚之道，金丹无殊矣。"[187]由此，于人而言，金丹之道具备内外之神圣。此处需注意的是，道教所谓药道专指金丹大药，即金丹之道。《黄帝九鼎神丹经决》有言："俗人惜财，不合丹药，及信草木之药。且草木药埋之即朽，煮之即烂，烧之即焦，不能自生，焉能生人。可以疗病益气，又不免死也。还丹至道之要，非凡所闻。"[188]《诸家神品丹法》又载："世人不信神丹，反信草木之药。且草木埋之即朽，人服之岂能长久。丹砂者，是长生之物，煅炼之人服之，岂不延命乎。"[189]可见，金丹大药远超一般意义上的药物，后者的目的在延续生命，而金丹大药旨在长生登仙，它尤其在精神或逻辑方面成立。

在大的层面，道教之法也称炁、神。道法外在于人的原因是其神圣性来源于大信的流动而非人这一有限主体。换言之，法是万物之法，人对法的把握是滞后的。唯法由仙传，人才能有所进益。具体而言，修者所行丹法（即金丹之法）、守一法、行气法、房中术、尸解法、雷法、符法等都将道纳入人的行动，但行动本身只在符合法的神圣表现，它并没有取代法这一主体。因此，法本身独立且神圣。"有圣君曰：三气共一，一为精，一为神，一为气。此三者共一位，本天地人之气根。神者受之於天，精者受之于地，气者受之中和，相与共为一。故神者乘气而行，精者居其中，三者相助为理。欲寿者当爱气、尊神、重精。夫人本生混沌之气，气生精，精生神，神生明。本於阴阳之气，气转为精，精转为神，神转为明。欲寿者当守气而合神，精不去其形，念此三合以为一，久即彬彬自见，身中形渐轻，精益明，光益精，心中大安，欣然若喜，太平气应矣。修其内，反应於外，内以致寿，外以致理，非用筋力，自然而致太平矣。"[190]又有"老君云：从朝至暮，常习不息，即长生也。凡行气法者，内气有一，吐气有六也。云，内气一者，谓吸也。吐气者，谓吹呵嘻呴嘘呬，皆出气也。凡人之息，一呼一吸。夫欲为长，息宜长也。息气之法，时寒可吹，时温可呼，吹以去寒，呵以去热，嘻以去病，又以去风，呴以去烦，又以下气，

---

187 萧应叟：《元始无量度人上品妙经内义》，载《道藏》第 2 册，文物出版社、上海书店、天津古籍出版社 1988 年版，第 371 页。

188 《黄帝九鼎神丹经诀》，载《道藏》第 18 册，文物出版社、上海书店、天津古籍出版社 1988 年版，第 795 页。

189 孟要甫：《诸家神品丹法》，载《道藏》第 19 册，文物出版社、上海书店、天津古籍出版社 1988 年版，第 229 页。

190 《太平经圣君秘旨》，载《道藏》第 24 册，文物出版社、上海书店、天津古籍出版社 1988 年版，第 599 页。

嘘以散滞，呬以解极。凡人极者，则多嘘呬。道家行气不欲嘘呬，嘘呬者长息之志。能适六气，位为天仙。"[191]可见，行气、守一之法之精要乃使人之气与天地之气合一。

与之相较，雷法最重要之处在人以身沟通天地之力。"夫灵宝、神霞、璇玑、清微、洞玄、太极、斩勘诸阶雷法，至于诸阶考召正法，各有家数，宗派不同，而玄关一窍，先天一炁之妙，左右逢其原，贯通诸法之说，古今之所不易也。以此，或行功打坐，或召集万神，必先澄其心神，使一身莹净光洁，如琉璃瓶，如水晶珠，如大明镜，内外虚彻。运先天一点明灵，随念而升，绕至妙门，便从两目交视眉心布出，散于太空之中，圆陀陀，光烁烁。天门金光降集地户，金光交接，中间雷光电耀，混一成真。吾身或坐于其中，行功入静，持诵经咒，或立于其中，为造化之主，召集万神，驱役雷电，从天门降，自地户出，莫不威光赫奕，头戴天而足踏地，如此大威德之神，听吾号令，一念所至，妙合自然也。"[192]

此外，符箓之法与雷法类似，施法者都凭自身法力、信力及身外圣物之力施展非凡之神通。《法海遗珠》记载了宋元道教符钱派中的神霄派、太乙派、北帝派、正一派、混沌派、西河派及金丹派南宗等符咒、雷法共五十余种，包括符袋、云袋、显咒、秘咒、雷法、存炼、内运、上章、奏传、文书等。这些符法有召神役鬼、祈禳祷告，兴云起雷，催风役电，止雨祈晴，呼风唤雨，移度妖星，灭殃镇魔，炼度亡魂，治病除疾，斩鬼捉出一用等。[193]需注意的是，符箓效用的发挥必须以信为前提，即施用者先要有诚心，虔敬神明，它并非精巧的机关器物。佛教中有类似记载，若护身符在制作时没有深信、崇高的意愿和真诚的心灵，那么护身符不仅没有效用，反而会使人堕入饿鬼道。[194]信仰关

---

191 张道陵：《太清金液神丹经》，载《道藏》第 18 册，文物出版社、上海书店、天津古籍出版社 1988 年版，第 748 页。

192 《道法会元》，载《道藏》第 29 册，文物出版社、上海书店、天津古籍出版社 1988 年版，第 211 页。

193 参见《法海遗珠》，载《道藏》第 26 册，文物出版社、上海书店、天津古籍出版社 1988 年版，第 728-734 页。"夫有道则有法，有法则道必先之。若有道，法必随之。道与法未尝相离也。故行雷法者，人能常清静，天地悉皆归。人能遣其欲而心自静，澄其心而神白清。若人勤而行之，何患不登仙道矣。"（《道法会元》，载《道藏》第 29 册，文物出版社、上海书店、天津古籍出版社 1988 年版，第 275 页。）

194 小男孩（Osaka 城富人的学徒）因大量制作护身符而在死亡中与地藏王相会并最终复生的故事说明了这一点。（参见 Williams Duncan Ryūken, *The Other Side of Zen:*

系的存续，实在与器物的神圣性息息相关。

当然，人与人之间也可行道法，其中亲密至极之术即所谓房中。《抱朴子》曰：或问所谓伤之者，色欲之间乎？答曰：亦何独斯哉？然长生之要，其在房中之道。上士知之，可以延年除病；其次不以自伐。若年尚少壮，而知还阴丹以补脑，采七液于长谷者，不能服药物，不失三百岁，但不得仙耳。不知其术者，古人方之于冰坏之拒盛汤，羽苞之中蓄火者也。且又才所以不逮而困思之，伤也；力所以不胜而强举之，伤也；深忧重恚，伤也；悲哀憔悴，伤也；喜乐过差，伤也；汲汲所欲，伤也；戚戚所忧，伤也；久谈言笑，伤也；寝息失时，伤也；挽弓引弩，伤也；沉醉呕吐，伤也；饱食即卧，伤也；跳走喘乏，伤也；欢呼哭泣，伤也；阴阳不交，伤也。积阳至尽，至尽则亡，非道也。"[195]

直至人之死亡，亦有道法可行，即尸解法。道教的尸解法虽在成仙品级上不比诸如金丹、守一、行气和房中等传统修炼方法，但却最容易实现。故而，尸解成仙是当时人们最期待并实践最多的成仙法术。《云笈七籤》云："夫尸解者，尸形之化也。本真之炼蜕，躯质遁变也，五属之隐适也。虽是仙品之下第，而其禀受所承未必轻也。或未欲升天，而高栖名山；或崇明世教，令生死道绝。欲断子孙之近恋，盖神仙为难矣！或欲长观世化，惮仙官之勤劳。妙道一备，高下任适，……夫解化之道，其有万途。或隐遁林泉，或周游异域，或亲逢圣匠，或会过真灵，或授箓而记他生，或交带而传诀，或坐死空谷，或立化幽严，或髻发但存，或衣结不解，乃至水火荡炼，经千载而复生，兵杖伤残，断四肢而犹活，一足不化，五脏生华。"[196]由此。人生于道、死归法。

A Social History of Sōtō Zen Buddhism in Tokugawa Japan, Princeton: Princeton University Press, 2005, pp. 106-107.）

195 范儦然：《至言总》，载《道藏》第 22 册，文物出版社、上海书店、天津古籍出版社 1988 年版，第 859 页。

196 张君房编：《云笈七籤（四）》，李永晟点校，中华书局 2003 年版，第 1901 页。尸解作为秦汉时期出现的一种神仙方术，其根本特征是本真炼蜕、躯质遁变，即肉身经历死亡转化成仙躯。虽尸解成仙之人，列为仙品之下第，却也是对肉身凡胎的超越。尸解按照不同的标准有多种分法：依照死亡途径划分，可分为水解、兵解等；依照五行划分，分作土解、火解、水解、木解、金解五种；依照肉身替代物的不同划分，可分神杖解、刀剑解等。依照尸解时间不同，又可分为上尸解、下尸解、地下主者，"白日去谓之上尸解，夜半去谓之下尸解，向晓暮之际而去者谓之地下主者"。（张君房编：《云笈七籤（四）》，李永晟点校，中华书局 2003 年版，第 1893 页。）有关道教神仙尸解与耶稣基督复活的比较研究可参见毕聪聪、黄威：《耶稣基督复活与道教神仙尸解比较研究》，《中国基督教研究》2018 年第 1 期，第 99-112 页。

而在符、药、法之外，道之神圣亦可由非人生命分享。其中动物之灵性虽弱于人，却也在道之中、为道所生。《太上老君虚无自然本起经》载："何谓五道？一道者，神上天为天神；二道者，神入骨肉形为人神；三道者，神入禽兽为禽兽神；四道者，神入薜荔者，饿鬼名也；五道者，神入泥黎者，地狱名也。神有罪过，入泥黎中考。如此五道，各有劫寿岁月，是以贤者学道，当晓知虚无自然。"[197]禽兽有神，故禽兽亦可修行。《太上妙法本相经》云："道匠天地，德崇万物，含养无穷，功充合气。百兽神虫，知道所生，犹尚依亲，悉无害想，而矧神仙之念乎！"[198]动物亲近道德，乃生命之根基。所以，魏伯阳之白犬[199]与仙界诸神兽、灵兽都是修道有成之生命，萨满教中的出马仙和志怪小说中的山精兽灵也都是品德未证的灵性生命。这样，道教之信向万物打开，有命、无命者皆可为承载道之信义。

第六节　印度教

当一种宗教的某些部分以流行文化的形态被大众追捧时，人们可以轻易识别出这种文化现象的独特魅力。即使流行文化本身是表象的，但它确实暗示了某些深刻且难以抹除之物。比如去宗教化的瑜伽（yug / yuj）的兴盛不仅意

197 《太上老君虚无自然本起经》，载《道藏》第 34 册，文物出版社、上海书店、天津古籍出版社 1988 年版，第 620 页。

198 《太上妙法本相经》，载《道藏》第 24 册，文物出版社、上海书店、天津古籍出版社 1988 年版，第 863 页。

199 "魏伯阳者，吴人也。高门之子，而性好道术，不肯仕宦。闲居养性，时人莫知其所从来，谓之治民养身而已。入山作神丹，将三弟子，知两弟子心不尽诚，丹成而诚之曰：金丹虽成，当先试之。饲于白犬，犬能飞者，人可服之。若犬死者，即不可服也。伯阳入山时，将一白犬自随。又丹转数未足，和合未至，自有毒丹，毒丹服之皆暂死。伯阳故便以毒丹与白犬食之，犬即死。伯阳乃复问诸弟子曰：作丹恐不成，今成而与犬食，犬又死，恐是未得神明之意，服之恐复如犬，为之奈何？弟子曰：先生当服之否？伯阳曰：吾背违世路，委家入山，不得仙道，吾亦耻归。死之与生，吾当服之耳。伯阳便服丹，丹入口即死。弟子相顾谓曰：所以作丹者，欲求长生耳，而服之即死，当奈此何？惟一弟子曰：师非凡人也，服丹而死，得无有意邪？又服之入口，复死，余二弟子乃相谓曰：作丹求长生耳，今服丹即死，当用此何为？若不服此，自可得数十年在世间活也。遂不服，乃共出山，欲为伯阳及死弟子求棺木殡具。二人去后，伯阳即起，将所服丹内弟子及白犬口中，须臾皆起。将服丹弟子姓虞及白犬而去，逢入山伐薪人，作手书与乡里人寄谢二弟子。弟子见书，始大懊恼。"（《历世真仙体道通鉴》，载《道藏》第 5 册，文物出版社、上海书店、天津古籍出版社 1988 年版，第 179 页。）

味着身体在后现代社会获得了角色、地位的反转，它同时将印度教传统的独特品质呈现出来：瑜伽作为一种修炼法门，在方式上区别于服从式的侍奉、敬拜，它更注重主体的能动。因此，瑜伽在印度教中可以指称信仰行动总体，其中以静坐、冥想、苦行[200]为甚。[201]

　　然而，在印度教中，瑜伽不只是一种具体修行方法，它具有抽象的意味。"瑜伽"的本意是"一致""结合""和谐"，其目的在"使梵我合一"，而"梵我合一"无论被视作本真的、内在的抑或外在的信仰，都不只是某种状态的描述，它意指人与诸神圣交通。按照现代学者的分类，瑜伽因其历史特征被分为前古典时期、古典时期、后古典时期。其中，前古典时期指公元前 5000 年至《梨俱吠陀》出现的阶段，瑜伽在这 3000 多年中诞生并有了最初的发展，个体或小团体此时专注于静坐、冥想及苦行。而在古典时期，即自公元前 1500 年《吠陀经》对瑜伽有了初步记载开始，至《奥义书》的明确记载，再到《薄伽梵歌》出现这一阶段，瑜伽行法完成了与吠檀多哲学的合一，从私人的、小团体的民间的信仰实践转为修行正统，其内容也从强调行法扩展到行为、信仰、知识三者。换言之，此时的瑜伽在信仰之道层面已是完整的，其显著标志是，公元前 300 年左右印度大圣哲帕坦伽利（Patanjali）[202]创作了《瑜伽经》，印度瑜伽在此基础上真正成形，它成为严格的宗教教义。至于后古典时期——《瑜伽经》以后，瑜伽有了更多新的发展。在文本上有"瑜伽奥义书"、密教和诃陀瑜伽等扩充；在内容上如二十一部"瑜伽奥义书"所称：单纯的认知、推理甚至冥想无法达至解脱，它们需借助苦行的修炼技艺带来生理转化和精神体会，如此梵我真正合一。[203]概言之，抽象意义的道、理逐渐被事件化、感受化的身体的行动取代，瑜伽也就越来越是一种修炼法门而非信从。

---

200 此处的苦行指字面意义上的肉体苦行，如少食、裸身、不遮不避等。在后来的发展中，苦行的含义得到了极大程度的丰富。如《薄伽梵歌》载"尊敬天神，婆罗门，本师，智人，清净，直方，贞洁，不害身，——是皆谓之身苦行！不作激恼之辞令，可亲，有益，而诚信居常讽习于赞咏，——是皆谓之语苦行！温柔，沉默，意安静，善自克制，心纯正，——是皆谓之意苦行！"（阿罗频多：《薄伽梵歌论》，徐梵澄译，商务印书馆 2009 年版，第 685 页。

201 参见《五十奥义书》，徐梵澄译，中国社会科学出版社 2007 年版，第 634-654 页。

202 传说中帕坦伽利是蛇神 Adisesa 为了撰写大法和献身神圣之舞，在主湿婆（Shiva）的祝福下转世人间成为瑜伽之祖。

203 正统的印度"古典瑜伽"包括智瑜伽、业瑜伽、哈他瑜伽、王瑜伽、昆达利尼瑜伽五大体系。

　　然而，瑜伽的丰富内容不能由于流行而流俗，其不同层次的含义不能被还原为某种历史的观念。比如胜王瑜伽强调冥想的修行，爱的瑜伽强调在虔信中达到圣爱，行动瑜伽强调业的功效，智慧瑜伽关注智慧于灵魂中的觉醒，它们不是某种历史书上的解释，而是切实的宗教实践。在具体层面，胜王瑜伽将总体的修行法称为总制，禁制、劝制、坐法、调息、专注、冥想、三摩地，身体的修行由外而内[204]；爱的瑜伽认为，虔信之道是臻于神之最为简易之道[205]，甚至"爱的瑜伽胜过行动瑜伽、智慧瑜伽和圣王瑜伽"[206]；行动瑜伽宣称，行动产生善，而善揭示神我[207]；智慧瑜伽载，"正如火是烹饪的直接原因一样，（唯有）知识而非其他任何形式的戒行才是解脱的直接原因。因为没有知识就不能获得解脱"[208]。持续的冥想（可以比作钻木取火）点燃了知识之火，知识之火彻底烧掉无名这一燃料，[209]阿特曼于智慧中显明自身。作为外在信仰的瑜伽仍保有多样的神圣表现和意味，而这些是非宗教化的瑜伽难以企及的。

　　当然，在大的层面，印度教中的一切信仰皆由梵而来。《摩诃那罗衍那奥义书》记载了凭大梵而有的世界的创生，在众多生成事件中，信是其一。"而彼光华，太阳以之辉赫，由彼而雨云降澍，由雨云而草木生焉，由草木而粮食生焉，（人）以粮食而有生气，以生气而有力，以力而有内热（即苦行），以内热而有信，以信而有见，以见而有智慧，以智慧而有理解，以理解而有定，以定而有虑，以虑而有记忆，以记忆而有念持，以念持而有毗若那，以毗若那而识'自我'。一故施食者，则此一切皆施。由食而有众生之生气，由生气而有末那，以末那而有毗若那，由毗若那而有阿难陀，大梵之胎藏也。"[210]世界的生成造就了世界的序列，人藉着信置己身于这序列前端。"在万物中，有气息者最优秀；在有气息者中，有理智者最优秀；在有理智者中，人最优秀；在人

204 参见斯瓦米·辨喜：《胜王瑜伽》，曹政译，商务印书馆 2019 年版，第 191 页。

205 参见斯瓦米·帕拉伯瓦南达：《爱的瑜伽：〈拿拉达虔信经〉及其权威解释》，王志成、富瑜译，四川人民出版社 2018 年版，第 203 页。

206 斯瓦米·帕拉伯瓦南达：《爱的瑜伽：〈拿拉达虔信经〉及其权威解释》，王志成、富瑜译，四川人民出版社 2018 年版，第 105 页。

207 斯瓦米·辨喜：《行动瑜伽》，闻中译，商务印书馆 2017 年版，第 10 页。

208 商羯罗：《智慧瑜伽：商羯罗的〈自我知识〉》，瓦斯米·尼哈拉南达英译；王志成汉译并释论，四川人民出版社 2018 年版，第 8 页。

209 参见商羯罗：《智慧瑜伽：商羯罗的〈自我知识〉》，瓦斯米·尼哈拉南达英译；王志成汉译并释论，四川人民出版社 2018 年版，第 153 页。

210 《五十奥义书》，徐梵澄译，中国社会科学出版社 2007 年版，第 231 页。

中，婆罗门最优秀；在婆罗门中，知吠陀者最优秀；在知吠陀者中，信心贞固者最优秀；在信心贞固者中，遵行者最优秀；在遵行者中，知梵者最优秀。"[211] 由此，人之信的终极乃知梵之现。

事实上，信仰之道不仅在世界生成序列中处于中间位置，它在人梵合一的修行中也是中介性的。《唱赞奥义书》中那罗陀（Narada）与萨那特鸠摩罗（Sanatkumara）的对话说明了这一点。

> "倘其人以'真理'超上而论之，则为超上之论矣。""先生！我欲以'真理'超上而论焉！""固唯当求知'真理'也。""先生！我愿知真理也。""若人知，则说'真理'，若人不知，则不说'真理'也。唯知者乃说'真理'。——固唯当求知此'知识夕也'。""先生！我愿知'知识'。""若人思，则知；若人不思，则不知也。唯以思而后能知，固唯当求知此思（慧）也。""先生！我愿知此思（慧）也。""若人信，则思，若人不信，则不思也。——固唯当求知此信。""先生！我愿知此信。""若人有'与立'，则信；若人无所与立，则不信也，唯有与立而后能信。——固唯当求知此'与立'者。""先生！我愿知此'与立'者。""若人有所为，则有与立，若无所为则无与立也，唯'有为'而后有'与立'——固唯当求知此'有为'也。""先生！我愿知此'有为'""若人得'乐'，则'有为'；若不得乐，则弗有为也，唯以得乐而人有为。——固唯当求知此'乐'。""先生！我愿知此'乐'。""唯'至大'者为（至）'乐'，非'小'者（有限者）中而有乐也，唯'至大'（无限）为（至）'乐'。——固当求知此'至大'者。""先生！我愿知此'至大'者。"[212]

可见，信乃从"至大"这一神秘体验[213]通往真理的途径。其中，神圣感受（信心）经行动转为绝对的信念（真理）。

这样，印度教的外在信仰也具备一般的结构，阿罗频多（Sri Aurobindo）将之总结为"信忱"（śraddhā）。"人类有其理念，必需臻于至善之一种秩序，法律，标准，异乎其情欲之向导，异乎其原始冲动之朴率驱使。此较伟大之律

---

211 《摩奴法论》，蒋忠新译，中国社会科学出版社 2007 年版，第 13 页。

212 《五十奥义书》，徐梵澄译，中国社会科学出版社 2007 年版，第 151-153 页。

213 神秘体验历程中的三种生活——行动的生活、内在的生活和沉思的生活——分别与绝对的信从、涌动的信心、超绝的信念相对应，它们是一般信仰的深度体验。（参见吕斯布鲁克：《精神的婚恋》，张祥龙译，商务印书馆 2012 年版。）

则，个人常得之于身外，得于民族经验与智术之所产生，多少已经固定者；于是接受之，其心思及有体之主要部分皆认可之，由实践之于其心思，意志，行业中，将化之为己有也。其有体之此种认可，其明觉之接受，其愿加接受而且体验，可以《薄伽梵歌》一名词称之曰，此其'信忱'（śraddhā）也。"[214]这里，人于其心思、意志、行业中对至善秩序（或神圣秩序，因梵即至善）的接受、认可和实践，分别对应外在信仰中的信心、信念和信从。"如我在此中有诚，信心具足，如我愿依此信仰而生活之意志之深密度，如理如量，我可化为其所咐嘱于我者，我可自加形成为彼正道之体像，或彼完善之模型。"[215]外在信仰由此完整。

因而，印度教的信心开启了一种"新运动"，阿罗频多称此新运动具有一种勇猛冒险性质，探测未知者或略知者，为大胆发展，为新举征服，[216]它在根本上是人超越自身有限性的运动。这意味着，信心本就非人所生，它分享了部分神性，乃诸神圣所造就。"我（指室利薄伽梵）为灵明兮，于众生内心安宅"[217]，信心称得上外在信仰的开端，它具有本体的特质。按照阿罗频多的说法，"其信心，信仰之志，生活于所见所思为其自我与存在之真理中也，是已。换言之，此运动为己之所诉于己者，诉于其自我或宇宙存在中强有力而驱迫之者，促使其发现彼之真理，彼之生活律则，彼趋于圆满完善之道者也。一切皆依乎彼之信仰之性质，在其内中或宇宙心灵——彼为其显示或一分者——中某事物，彼以信心趋赴之者，且依乎彼由此而接近彼之真自我，以及宇宙真本体或'自我'之程度而定"[218]。神圣之流溢行至人心处，人心对神圣的留存和言说就是信心；且不同人的信心在印度教中可分为三种：具"萨埵性"信心者、具"刺阇性"信心者和具"答摩性"信心者，三种信心分别对应三种人[219]所有的三种本性。换言之，"自性"和"神我"相互渗透在人的本性中，信心因而是一种生命的冲创或意志。"凡人之信心，得其形式，色彩、性质于彼本体之

---

214 阿罗频多：《薄伽梵歌论》，徐梵澄译，商务印书馆2009年版，第400页。

215 阿罗频多：《薄伽梵歌论》，徐梵澄译，商务印书馆2009年版，第400-401页。

216 参见阿罗频多：《薄伽梵歌论》，徐梵澄译，商务印书馆2009年版，第403页。

217 阿罗频多：《薄伽梵歌论》，徐梵澄译，商务印书馆2009年版，第631页。

218 阿罗频多：《薄伽梵歌论》，徐梵澄译，商务印书馆2009年版，第403-404页。

219 "室利薄伽梵言：有身者之信仰，自性生者三支：为萨埵，刺阇，答摩性，尔其听之：凡人之信仰兮，皆随像其本真；人为信仰所成兮，是斯信，斯即其人！萨埵性人，敬拜明神，刺阇性人，拜夜叉，罗刹，其他答摩性人，拜精灵鬼怪之群。"（阿罗频多：《薄伽梵歌论》，徐梵澄译，商务印书馆2009年版，第682-683页。）

质素，组成之气性，彼生存内在之权能，所谓皆随其本真实际而生也。此后半颂，殊可惊叹者，《薄伽梵歌》谓此'补鲁洒'，如其为人中之心灵，即如其为信仰所成，为信心，为'是为意志'，为对其本身及生存之信仰，无论在其人中此意志，信心，或组成之信仰为何，彼为是，是亦即彼。所谓'人为信仰所成兮，是斯信，斯即其人'也。"[220]此外，当论及心理实体或实在心理状态时，人们可以象征性地将信心理解为一种"喜德"。"喜、忧、暗应被理解为神我[221]之三德，大谛[222]凭借它们而遍寓万物。喜德相传为知识，暗德为无知，忧德为爱与恨[223]；这就是它们的普遍存在的依附于万物的性质。如果有人在自身中发觉某一种像宁静而洁白的光那样的充满欢喜的东西，他就应该视之为喜德。而那种伴随着痛苦的、造成忧伤的东西，他应该视之为忧德，它既不可察觉又总是诱惑着有身体者。而那种伴随着愚笨的、不显现的、具有欲境的性质的、不可推论和不可认识的东西，他应该视之为暗德。"[224]更直白地说，凡是一个人愿意全面了解的、在做的时候不感到羞愧的和做过以后感到满足的行为，都是喜德的德相。[225]而喜德的感受在修至神圣临在时圣化为纯粹的光耀。"彼内中其自得兮，人于内中其恬安，于内中唯光耀兮，彼修士兮，成梵道，入梵涅槃！"[226]

在与信念的关系层面，信心乃是知的根本。"信是由'自我'，而知色与味，声，香，触，欲事；斯世复何余，非'自我'所识？一磋乎此是此！"[227]"因

---

220 阿罗频多：《薄伽梵歌论》，徐梵澄译，商务印书馆 2009 年版，第 405 页。

221 梵文 atman，指大谛或觉谛。阿罗频多释之曰："但于《薄伽梵歌》，绝对之'大梵'亦即是无上'神我'，'神我'常为知觉'心灵'，虽其至上知觉性，吾人亦可称之曰'超知觉性'，——于此可增一语曰：如其至下者，即吾人所称为'无心知者'，——迥乎与吾人心思习知觉性不同，吾人惯常称为知觉性者，即心思知觉性也。""'是为意志'而进行于导源之知觉性中，所谓'知觉性权能'（chit-shakti）是也"。（阿罗频多：《薄伽梵歌论》，徐梵澄译，商务印书馆 2009 年版，第 405-406 页。）

222 梵文 mahat，指自性（身体的始动者，知田者）。《离所缘奥义书》载："徒以大梵居临故，能成作种种分别世界。是唯大梵之能力以智为性。是为自性。"（《五十奥义书》，徐梵澄译，中国社会科学出版社 2007 年版，第 474 页。）

223 对喜、爱关系的现代论述，可参见泰戈尔：《人生的亲证》，宫静译，商务印书馆 2009 年版，第 58-73 页。

224 《摩奴法论》，蒋忠新译，中国社会科学出版社 2007 年版，第 245 页。

225 参见《摩奴法论》，蒋忠新译，中国社会科学出版社 2007 年版，第 246 页。

226 阿罗频多：《薄伽梵歌论》，徐梵澄译，商务印书馆 2009 年版，第 592 页。

227 《五十奥义书》，徐梵澄译，中国社会科学出版社 2007 年版，第 245 页。

凡人或凡人中之心灵，即是其人内中信仰，以此语深义而论，则势必推至于其所见及、所欲实践之真理，于彼即为其有体之真理，即彼所已创造、或方创造、彼一己之真理，于彼则亦无其他如实真理。此真理属于彼之内中及外表行业，属于彼之变是，心灵之动力，而非属在彼内中永远不变者。其人为今日之人，缘于其本性之过去若何意志，支持继续于当前之意志，欲知，欲信，欲是为者，在其智慧与情命力中者也；而在彼真本质中活动之此一意志与信仰，无论取何种新转变，此即彼将来当变是者也。吾人在心思与生命之作为中，创造吾人所自有之生存真理，换言之，即吾人创造吾人之自我，我辈乃我辈自我之创造者。"[228]意志性的信心造就与主体一致的信念、行动。

　　单就内容而言，印度教的信念包括一切与其宗教信仰相关的知识、教义和戒律；又因印度教的多神信仰复杂交错，且二者对人种和种族具有特别的关注，其信念参杂了诸多政治、文化的因素。《唱赞奥义书》载："其道有二：一曰心思，一曰言语。"[229]此处心思和言语即可理解为有关大梵的全部知识。其中，"吠陀、传承、善人的习俗和我（指摩奴）的满足，人称这些是真正的四法相，法的知识注定属于不执著于财利和欲乐的人；而天启则是欲知法的人们的最高准则"[230]。诸如"再生人应该通过各种各样的苦行和由规则所规定的戒行，把全部吠陀和诸《奥义书》学会"[231]。"常自足而修省兮，自制而信念坚真，奉献'我'以心智兮，——彼敬爱士为'我'所亲！"[232]由此，宗教信念得圆满。

　　"室利薄伽梵言：斯世信有二途兮，余凤言之：安那过！智数之人智识瑜伽，行动之人行业瑜伽，彼行业之不作始兮，无为不得。彼遁世而无所为兮，圆成不获。"[233]此处智识瑜伽、行业瑜伽分别对应信念与信从。并且，单就后者来说，信从的最高要求即梵行的最高境界："有在诸瑜伽师，内中与'我'合唯'我'敬止而具虔信兮，'我'意其契'我'臻极！"[234]而一般意义上的信从表达为行为上的制与止。"具正见者不受业的结缚，无正见者则得轮回。通

228 阿罗频多：《薄伽梵歌论》，徐梵澄译，商务印书馆2009年版，第405页。
229 《五十奥义书》，徐梵澄译，中国社会科学出版社2007年版，第114页。
230 《摩奴法论》，蒋忠新译，中国社会科学出版社2007年版，第17页。
231 《摩奴法论》，蒋忠新译，中国社会科学出版社2007年版，第32页。
232 阿罗频多：《薄伽梵歌论》，徐梵澄译，商务印书馆2009年版，第654页。
233 阿罗频多：《薄伽梵歌论》，徐梵澄译，商务印书馆2009年版，第567-568页。
234 阿罗频多：《薄伽梵歌论》，徐梵澄译，商务印书馆2009年版，第606页。

过戒杀、通过诸根的不执著、通过吠陀规定的行为、通过严厉地修苦行，这个世界上的人们就得到它的性质。"[235]换言之，在古老的时代，信从意味着信徒"必须始终精勤地、满怀信心地举行祭祀和修功德；若以善来之财满怀信心地做，这两者就是不朽的"[236]；而在现代，信从的要求具体表现为"他（指婆罗门）应该忍受过分的言词；他不得藐视任何人；他不得为了个身体而同任何人结仇。他不得以怒报怒；他挨骂以后应该表示祝福；他还不得说于'七门'的不信实的话"[237]等。当然，在印度教中，仪式和宗教实践而非信念处于更加中心的地位，它使（信仰）统一。这意味着，一个印度教徒可能相信非常多的东西，但这些都不能让他具有印度教徒的身份。[238]与伊斯兰教或改革之后的基督新教相比，这一点极为不同，后者更加注重信念的力量。除此之外还需注意，在印度教中"信"有"听"的意味，它与圣言的倾听相关。"唵"声具有独立且实在的神圣性，它将身体的后在反应行作扩展到对他者的初始接受。在文本层面，《唵声奥义书》[239]阐明了"唵"声之大、之圣，《摩奴法论》认为"'唵'字是最高的梵，调息是最高的苦行，莎维德丽赞歌无与伦比，信实胜过缄默"。[240]因此，印度教的"唵"声修行（与文殊八字真言咒类似）不仅是人在语言上的类比（如佛教净土宗的礼佛），更是人对神圣的接受，人在信仰中回应那圣言。

　　总而言之，在印度教中，信心对神圣的初始回应——本真颤动——具有意向和内在权能的双重含义：它一方面作为生命动力（即生命意志，蕴含在存在之中的、表现为流变的绝对差异性）促使主体行动，另一方面以所属者的身份参与到现象中（本真的和意识的意向），信仰因而具有信念和信从两方面的内容。在词源上，信仰（śraddha）指称一种绝对的信念以及一种对神的绝对献身，它在作为和反思中——仪式化和符号化——共同促使信众接受其内容。而在

---

235 《摩奴法论》，蒋忠新译，中国社会科学出版社 2007 年版，第 115 页。

236 《摩奴法论》，蒋忠新译，中国社会科学出版社 2007 年版，第 89 页。

237 《摩奴法论》，蒋忠新译，中国社会科学出版社 2007 年版，第 113 页。

238 参见 Gavin Flood, *Beyond Phenomenology: Rethinking the Study of Religion*, New Tork: Continuum, 1999, p. 72.

239 《五十奥义书》，徐梵澄译，中国社会科学出版社 2007 年版，第 524-549 页。

240 《摩奴法论》，蒋忠新译，中国社会科学出版社 2007 年版，第 25 页。印度教尤重"圣音"问题，瑜伽派、弥漫差派持声常住论，强调圣言（音）的"声性""语性"，认为声与圣相通。正理派、胜论派强调声无常论，认为声音只是事物的属性之一，没有先在的神圣性。

śraddha 之外，bhakti 有时也被译为信仰[241]，但后者的真正含义是谦卑的顺服、绝对的虔诚以及对神的爱，它并不注重信念的层面。[242]换言之，śraddha 和 bhakti 在语义的互补中成就一种完满的信仰，《薄伽梵歌》以否定的方式表达了信仰整全的必要性："嗟彼愚蒙兮，信心渺茫；意虑犹疑兮，至于灭亡；[243]人不信持此法兮，则不来归于'我'而还于世界之途，死生重堕"[244]；"阿琼那言：人具信心而不自律，修瑜伽而意念游离，彼不至瑜伽圆成，克释挈！行何所诣？"[245]正是"信如炽焰之燎薪兮，阿琼那！化为烬煨；信如智识之火兮，焚诸业而尽灰"[246]。事实上，阿罗频多将《薄伽梵歌》中的奇奥之语"唵！特的，萨的（Om，Tat，Sat）"解为"神圣之发端啊！（你是）太极！是善之在"[247]，即将人的感、知、见、行归于信之整体。由神圣发端，复归于神圣，吾人藉着信仰行动臻至无上圆成。

第七节　琐罗亚斯德教

琐罗亚斯德教二元信仰的根本教义为人们揭示了外在信仰的另一种可能：存在出自恶本原的信仰，它在根本上趋向虚无、毁坏，这与要求神圣与善的出自善本原的信仰截然相反。字面上，这种信仰具有与一般信仰几近相反的内容，其外在表达围绕私己和恶进行；形式上，起始于恶本原的外在信仰只谋求对诸超越者[248]的服从，它不在意信本身的合理性及所信者与良善、神圣的关系。换言之，若人不以所信者的良善、神圣却以宗教实体的存在、组织的行为方式为基础认定某一团体是宗教的话，那么异教和邪教都具备独属自身的信仰实践，即使它们在根本上是非信的。这些行动实质上是在"宗教"名义下存在事件或现象，即宗教之为宗教，由宗教的实存而非诸神圣决定。

---

241 更多译为虔敬、虔诚、信爱、爱乐等，参见本书余论部分。

242 并非信仰的对象之间没有差别，或说虔敬（bhakti）是伟大之事因而与产生它的事物之间没有关系。这是一种古老而类似的论断，宗教的历史和现代心理学都反对这种观点。（参见 Melville T. Kennedy, *The Chaitanya Movement: A Study of Vaishnavism in Bengal*, New Delhi: Munshiram Manoharlal Publishers Pvt Ltd, 1993, p. 256.）

243 阿罗频多：《薄伽梵歌论》，徐梵澄译，商务印书馆 2009 年版，第 585 页。

244 阿罗频多：《薄伽梵歌论》，徐梵澄译，商务印书馆 2009 年版，第 619 页。

245 阿罗频多：《薄伽梵歌论》，徐梵澄译，商务印书馆 2009 年版，第 602 页。

246 阿罗频多：《薄伽梵歌论》，徐梵澄译，商务印书馆 2009 年版，第 585 页。

247 阿罗频多：《薄伽梵歌论》，徐梵澄译，商务印书馆 2009 年版，第 414-415 页。

248 超越者并非都是神圣的。

当然，多数人并不同意这种看法。在有理性的人的眼中，若某一宗教缺失神圣，那么它更应该被称作原始、神秘、意图不明的团体。[249]这一团体的实践或行动通可被理解为原始信仰的残留或巫术迷信的复现，它们多是空洞、诡秘的仪式和祈祷。其中，恶本原中蕴涵的超越性并不值得追求，它不与人分享，即它在根本上是无法企及的绝对主体之幻象，人并不能藉此达成自身的超越；而人对恶本源的崇拜只是对既有之物或未有之物的持续占有的谋求，这意味着，若人的宗教追求只是主体性的、现世的、属身的，那么这一追求在根本上与恶本原相关。换言之，信仰恶本源带来的是幻象的自我增长，它构成一种超越的假象，唯独在神圣的面向中，这种超越才真正成立。因此，对源自恶本原的信仰的判断可以如此表述：恶本原通过信仰的形式征战，但缺乏实在的神圣性。借鉴了外在信仰形式、源自恶本原的信仰同样是信仰的作为，但它是中空的、不整全的。这也意味着，琐罗亚斯德的敌教也具备外在信仰的基本形式，与其他诸宗教在形式方面没有什么不同。

事实上，若更进一步考察（各大宗教的）敌教或异教的外在信仰，人们会发现：除去崇拜对象、核心教义与信念内容的区别，敌教或异教往往具备与本教类似的信仰模式。例如琐罗亚斯德教的敌教信仰同样具有信心、信念和信从层面的表达，只不过其信徒崇拜的对象是恶本原及其代理人，而不是阿胡拉·马兹达（Ahura Mazda）及其先知琐罗亚斯德。与此同时，崇拜、祭祀和修行在这两个宗教中都出现，但其行为目的大有不同：前者信奉恶神，带来的是征战和暴力；后者信奉善神，迎来的是和平与繁荣。它们拥有完全不同的价值指向和信仰内容。[250]当然，若源自恶本原的信仰缺失基本的结构，那么处于飘零、怀疑、背叛中的人压根无法形成宗教组织，其结果只能是陷入无尽的奴役和战争的轮回。如同封闭教派的自我灭绝一样，这样的宗教无法持存。所以，在敌教或异教中，信仰行动的形式可以是类似或共享的，而人不能凭信仰行动的形式评断一个宗教的合法性，合法性与神圣性相关。且凡与神圣相关的宗教

---

249 此处，邪教比异端更为合适。但邪教的用法并不指与政府官方对立，而是指与神圣对立。

250 在一个新宗教诞生时，宗教仪式的不同，有时是关键性的，比如亚伯拉罕宗教中对偶像崇拜的摒弃。但是，在这些宗教中，仍保有类似的仪式，比如对圣物的礼敬等。尽管在根本上，礼敬圣物与崇拜圣物是不同的，二者仍然保有类似的外在形式，如默念、跪拜等。所以，这一论断的目的不在表明不同宗教中不同仪式之间的没有根本理念差异，而是表明这种差异分享了类似的外在的事件或行为。

都值得尊重、交流，它们是诸神圣关照、浸染的团体，其信众可以与他人达成某种程度的共识。这也意味着，前文提及的私己、恶或敌教在历史上、在不同的宗教话语体系中并不一致：它们有时指所有其他宗教（即诸异教），有时指真正的反人类宗教。但无论哪一种说法，只要脱离了神圣的范畴，都应当被弃绝。

此处需注意的是，神圣的脱离具有时间性，即若一个宗教在诞生时是神圣的，那么它在当时必不能被反对；而若这一宗教没有留存更多甚至原有的神圣性，那么它在后续时代应该被放弃，[251]如同众多原始宗教一样。当然，若某一宗教在初始时被视作反神圣或无法断定的，人们不必采取一种敌视的态度。在不反对人文精神和世俗法律的前提下，其特性会在历史中自然显明。

基于此，琐罗亚斯德教的信众被要求以自身的信与不信者区别。琐罗亚斯德告诫众信徒要如他一般，在世界末日到来之前，在两大本原的殊死斗争中，尽力做到"五要"和"五不要"：要善思、善言和善行，要恭顺和真诚。不要恶思、恶言和恶行，不要违抗和虚伪。[252]此处"五要"和"五不要"即外在信仰的规范，其中真诚对应信心，善思、善言对应信念，善行、恭顺对应信从。

在更为具体的层面，琐罗亚斯德教的信众首先要保有内心的虔诚。琐罗亚斯德说："由于虔诚而变得纯洁之人，他的思想、言论、行动和信仰，使真诚得以发展，（使正教得以传播。）"[253]此处具备虔诚及真诚之物即信心。且因其至上纯洁的缘故，信心拥有真诚的名号，它开启信众的信仰。"呵，马兹达！其灵魂与真诚相融合的虔诚信徒，将以祷祝和颂歌，把笃信宗教、品德优良者的思想和行为奉献给你。"[254]"已被认识的最宝贵的财富，属于琐罗亚斯德·斯皮塔曼，阿胡拉·马兹达凭借真诚将恩赐他以生活的幸福和永恒的欢乐。（马兹达还将把这种奖赏赐予）学习他的善良宗教的教规并身体力行的人们。"[255]信心贯穿人的全部宗教生活。

---

251 参杂了过多可被称为迷信的东西。

252 参见杜斯特哈赫选编：《阿维斯塔——琐罗亚斯德教圣书》，元文琪译，商务印书馆 2005 年版，第 98-99 页。

253 杜斯特哈赫选编：《阿维斯塔—琐罗亚斯德教圣书》，元文琪译，商务印书馆 2005 年版，第 74 页。

254 杜斯特哈赫选编：《阿维斯塔—琐罗亚斯德教圣书》，元文琪译，商务印书馆 2005 年版，第 29-30 页。

255 杜斯特哈赫选编：《阿维斯塔—琐罗亚斯德教圣书》，元文琪译，商务印书馆 2005 年版，第 76 页。

同样，琐罗亚斯德教的信众也要持有正确的信念，由此正教徒才能远离伪信的恶沼。琐罗亚斯德教之众不仅要相信马兹达等神圣者的大能，而且要信其教导和信条。琐罗亚斯德说："呵，阿胡拉！呵，奥尔迪贝赫什特！呵，巴赫曼！既然你们使牲畜长得膘肥体壮，那就请选派一位能人，为它们提供上好的住宅和舒适安宁的生活。呵，马兹达！我坚信你是这位能人的最初创造者"[256]；又说"我深信以巴赫曼的佑助，能够保护人的灵魂。因为我知道阿胡拉·马兹达对善行的奖励。我将引导人们饭依正教，为此而竭尽全力"[257]，此乃对诸神圣大能的赞颂。而阿胡拉·马兹达向阿娜希塔的祈求以及琐罗亚斯德的颂唱都是在认信正教的信条，其中持不同信念的祈祷者拥有不同的结局：虔诚的信者得善报，而伪信者不得善报。[258]"呵，阿雷德维·苏拉·阿娜希塔！呵，善者！呵，强有力者！请让我如愿以偿——使普鲁沙斯布之子、纯洁的琐罗亚斯德始终按照我的宗教信条去思想，按照我的宗教信条去言论，按照我的宗教信条去行动。"[259]"呵，是的，马兹达！你将把这种期待已久的奖赏，通过尘世生活中的善行和美德，恩赐给农夫和精心饲养牲畜的人们。因为这符合你的宗教信条。呵，阿胡拉！那智慧的宗教，得助于真诚，扩大了农夫（和牧民）的影响。"[260]信念在琐罗亚斯德教中区别真信仰和伪信仰。

当然，琐罗亚斯德教的信众还需有崇敬的信从，因为唯有践行阿胡拉·马兹达和琐罗亚斯德的教导，在天的众灵体才能保佑、赐福于地上的凡夫和野草。"以祈祷和赞美去获得（奖赏）吧！呵，此时此刻，但愿我能亲眼目睹通向天国的道路，那善思、善言和善行之路。自从通过奥尔迪贝赫什特认识了阿胡拉·马兹达，我便顶礼膜拜，把自己的祈祷奉献给他！以善良的美德去取悦（马兹达）吧！（马兹达）按照自己的意愿恩赐我们以幸福或令我们遭殃。但

---

256 杜斯特哈赫选编：《阿维斯塔—琐罗亚斯德教圣书》，元文琪译，商务印书馆 2005 年版，第 10 页。

257 杜斯特哈赫选编：《阿维斯塔—琐罗亚斯德教圣书》，元文琪译，商务印书馆 2005 年版，第 5 页。

258 "假如强盗、淫妇、不吟诵《伽萨》颂诗的歹徒和生活的破坏者以及琐罗亚斯德和阿胡拉教的敌人分享了部分（供品），威严的蒂什塔尔（就将从人们那里）收回（自己的）全部赐福。"（杜斯特哈赫选编：《阿维斯塔—琐罗亚斯德教圣书》，元文琪译，商务印书馆 2005 年版，第 163 页。）

259 杜斯特哈赫选编：《阿维斯塔—琐罗亚斯德教圣书》，元文琪译，商务印书馆 2005 年版，第 111 页。

260 杜斯特哈赫选编：《阿维斯塔—琐罗亚斯德教圣书》，元文琪译，商务印书馆 2005 年版，第 33 页。

愿阿胡拉·马兹达通过我们对善良神祇的充分了解，借助正教和他的威力，恩赐我们以农作，以使牲畜和我们亲属的日子过得更快活。以虔诚的祷祝去颂扬（马兹达）吧！之所以尊称他为阿胡拉·马兹达，是因为他通过奥尔迪贝赫什特和巴赫曼向我们传达福音，即我们将在他的天国享有完美和永恒，在他的天宫获得持久的力量。"[261]由此琐罗亚斯德之众得正报。

总而言之，琐罗亚斯德教的外在信仰在一般意义上是完整的，且其中信仰行动本身成为独立的信仰之道或神圣之道。"我们赞美通向天国的最佳途径。我们赞美开拓和养育世界并给世界带来利益的阿尔什塔德。（我们赞美）崇拜马兹达的宗教。我们赞美最真诚的（造物）拉申。我们赞美领有辽阔原野的梅赫尔。我们赞美机敏的帕兰迪——他思想最敏捷，口齿最伶俐，行动最灵活，并能使人心灵手巧，干活利索。"[262]此处受赞美的"通向天国的最佳途径"即信仰或神圣的路途，它将自身圣化为对象。事实上，虽然琐罗亚斯德教主要强调的是对马兹达的祈祷、赞美、祷祝和颂扬，但在其中，信仰之道作为实在事件已被显明："切勿中断真诚（与我们的联系）。切勿中断善者（与我们的联系）。切勿中断阿胡拉教（与我们的联系）。"[263]信仰实乃共在的人神之关系。

第八节　原始宗教或自然宗教

哲学家经常将人的惊讶视为思想的发端，而在历史层面，这惊讶同样适用于宗教。休谟曾经讲述了有关宗教起源的故事，在这故事中，主人公即那些理智有限的先人。对于这些人类祖先而言，广袤的世界中充满了未知与神秘。这些未知的原因被他们求助来说明每个显露的事物，而在这个一般的现象或混乱的意象中，人的希望和恐惧、意愿和担忧的持久对象随之出现。逐渐地，人们的能动的想象力，在对它不断运用的对象的这种抽象设想方面感到不舒适时，就开始把它的对象变成更特殊的，将它们装扮成在外形上更适合于它的自然领悟力。它将它们描绘为像人类这样的感性的和理智性的存在者，由爱和恨

---

261 杜斯特哈赫选编：《阿维斯塔—琐罗亚斯德教圣书》，元文琪译，商务印书馆 2005年版，第 47-48 页。

262 杜斯特哈赫选编：《阿维斯塔—琐罗亚斯德教圣书》，元文琪译，商务印书馆 2005年版，第 301 页。

263 杜斯特哈赫选编：《阿维斯塔—琐罗亚斯德教圣书》，元文琪译，商务印书馆 2005年版，第 324 页。它将信仰之道与宗教、道德、本真信仰行动连接在了一起。

所驱动，因礼物和恳求、祈祷和献祭而可变通。因而这就是宗教的起源，这就是偶像崇拜或多神信仰的起源。[264]

通过考察原始宗教（自然宗教）的起源不难发现，神圣性在原生的、初级的宗教形式中的表达颇为简单[265]。对应地，于原始宗教的信众而言，神圣的接受很容易就得到满足。就其信心来说，原初信民基于生活事件和（可能的、并非强有力的）因果关系建立的朴素信仰难以被撼动，即使存在与信仰预兆背离的事件，其解释也是人的信仰行动未能取悦神灵。历史文献和考古发现记载的、于原初信民社会发生的重大事件几乎都与祭祀相关，丰收、灾害、婚娶、战争、疾病，无论对原初信民个体还是群体而言都是宗教性的。因此，即使在玛雅文明突然走向衰落之时，原初信民也未将神明的离弃归于神明，反而尝试以更加丰美的祭祀（祭祀的形式中包括威胁）打动其心。究其缘由，原初信民信心的建立与其苦难的生活背景息息相关，生活事件的戏剧转折和难以捉摸都能造就心的感动。[266]景颇族相信，在邃古时代，是狗帮助人克服了无作物可种植的困境，为人类寻来了可食用的布帛菽粟。因此，每当景颇族人作物尝新时，要首先喂给狗。[267]而梦中异象的发生，同样使得佤族人相信这是指导他们行为的灵魂的预兆。[268]所以，心的顺从一旦发生，便会由此延续。《诗经·商颂·烈祖》载："嗟嗟烈祖！有秩斯祜。申锡无疆，及尔斯所。既载清酤，赉我思成。亦有和羹，既戒既平。鬷假无言，时靡有争。绥我眉寿，黄耇无疆。约軝错衡，八鸾鸧鸧。以假以享，我受命溥将。自天降康，丰年穰穰。来假来飨，降福无疆。顾予烝尝，汤孙之将。"[269]原初信民的祖祭即对未远英魂护佑的报偿。

---

264 参见休谟：《宗教的自然史》，曾晓平译，商务印书馆 2014 年版，第 47-48 页。

265 虽简单却实在。"无疑，是有一种天真无邪的信仰，孩子的信仰或土著的信仰。那真是福气，因为其中没有难题。它不用提蹩脚问题，就接受了颂歌作者所描绘的画面，竖琴、金子铺成的街道、家庭团圆。这样一种信仰是蒙蔽，可究其根本，却又不是蒙蔽。因为，它虽然错在误认象征为事实，但却领悟到天堂乃喜乐、丰足与爱。"（C.S. 路易斯：《荣耀之重：暨其他演讲》，邓军海译注，华东师范大学出版社 2016 年版，第 116 页。）

266 "在一切已经接受多神信仰的民族中对宗教的最初观念不是产生于对自然的作品的静观，而是产生于对生活的事件的关怀，产生于那些驱动人的心灵的永无止息的希望和恐惧。"（休谟：《宗教的自然史》，曾晓平译，商务印书馆 2014 年版，第 11 页。）

267 参见杨学政：《原始宗教论》，云南人民出版社 1991 年版，第 83 页。

268 参见杨学政：《原始宗教论》，云南人民出版社 1991 年版，第 28-29 页。

269 《诗经释注》，程俊英释注，上海古籍出版社 1985 年版，第 676-677 页。

　　而在信念方面，原初信民对神圣的认知呈现一种逻辑上的简单性[270]和心理上的前意识性。其中，逻辑简单性即人在解释事件发生的原因时总会寻求一种最简单且最合理的解释。一名渔夫独自走在河边却突然掉入水中，浮现在他脑海的想法多半是有什么不同寻常的事情发生了或即将发生（如水鬼、预兆），这件事很难被视作简单的身体异动[271]——与往常相较今天并没有任何不同，且身体习惯并不会轻易出错。而难以解释的事件（比如梦）一旦与生活事件产生某种偶发的、隐秘的联系，那么此事就定然不可忽略。[272]即将成婚的青年男女在热吻时，身体所依靠的树木突然掉落枝丫，这极有可能被视作此婚不美的征兆。因而，逻辑简单性表达为现象的普遍相关和因果解释的偶然成立，奇异、超越、神圣在其中占据重要地位。其结果是，日常生活自然地宗教化，它建立起自然的道德秩序。[273]

---

270 这种简单性的进阶版本即文艺复兴之后重新兴起的泛神论。（参见约翰·托兰德：《泛神论要义》，陈启伟译，商务印书馆 1997 年版）。而根据的普茨瓦拉（Erich Przywara）的批评，一切泛神论（Pantheis，认为神是一切）和神泛论（Theopanism，认为神是一切）的形式都是单向度的，在后现代境况中尤其如此。参见 Erich Przywara, *Analogia Entis*, John R. Betz & David Bentley Hart (trans.), Grand Rapids, Michigan: William B. Eerdmans Publishing Company, 2014, pp. 50-53.）

271 根据现代生物学的解释，这是身体的自然反映。俗语说，"常在河边走，哪能不湿鞋"，也可作此解释。

272 "一个人最具创造力的决定，与夜间的梦有关。夜间，我们重回到让人信赖的憩息故乡，经历着信任与睡眠。睡眠不好的人，缺乏自信。人们认为睡眠中止意识，事实上正是睡眠将我们与自身相连。正常的梦，真实的梦，通常是我们积极生活的前奏，而非结局。当人们真实体会到这些元素遐想，这些有着元素稳定的遐想给出的信任时，就会懂得什么是典型之梦、具原始活力之梦的遐想先天了。"（加斯东·巴什拉：《土地与意志的遐想》，冬一译，商务印书馆 2020 年版，第 87-88 页。）

273 "所有这些于促进对上帝意志的皈依和满足并没有多大帮助把基督教的这种信仰与希腊人的信仰加以比较，也许是很有趣味的：在希腊人那里，一方面，神灵赏善罚恶（即让可怕的复仇之神来处理恶）的信仰建筑在理性的深刻道德需要上面，（而理性却充满了活泼可爱的情感的温暖气息，）而不是建立在从个别事件推演得来的冷漠的、认一切都会向着最好的方面转化的信心上，这种信心决不能带来真生命；另一方面，在他们那里，不幸就是不幸，痛苦就是痛苦，凡是已经发生了的事情就是不可改变的,对于所发生了的事情的用意或目的他们是不能埋怨的，因为命运、必然性在他们看来是盲目的。但是他们后来也有意地用一切可能的委运的态度去服从这种必然性，他们至少有了这个优点，即较易于忍受自幼就习于看作必然性的东西,而且不幸事件所引起的痛苦和灾难也不会带来许多沉重的、不可忍受的忿怒、怨恨、不满。由于希腊人这种信仰一方面尊重自然必然性的流转过程，（另一方面）同时具有这种信心，相信神灵是按照道德规律统治人的，所以它在神的崇高性面前显得是有人情味的，与人的弱点、对自然的依赖和有局限

　　与之相较，心理上的前意识性主要与原初信民对神圣的认同相关，即在原始宗教中，原初信民以血缘、地域、文化划分的信仰认同呈现出自然发生的特性。例如，在初民社会中，血缘和地域的普遍性决定了信仰的普遍性：原初信民不需要特意去认同什么，这种认同是遍在的、集体性的、承继性的，即使它可能具有迥然不同的表现形式；而在个体信仰层面，信仰作为一种生活事件，事实上浸染、影响着每个信仰个体的生活，它不是一种独立的意识，而是先于意识的本能。在这个意义上，神圣的接受不构成疑问，它是先在的规定。所以，在信念方面，神圣分有的自然化、在地化，也发生在原始宗教信仰个体或信众的宗教意识之中——信念的简单特征反映了信仰之道的自然化，而先意识性表现了根植于意识的、在人心灵之地撒种的神圣的普遍流溢。人类学家基于一神论观念（主要是基督宗教）对原始宗教的评价在这方面显得偏颇，毕竟历史并非神圣性的标准，且在每个时代，各种宗教思想的并在是一种事实。于是，只要这种神圣的延续没有被人为地挣断，原初信民的信仰行动就具有原初的神圣性，它是自然生长出的宗教之道本身。

　　此外，就信从而言，原初信民的宗教实践与其接受的宗教观念密切相关。宗教观念因神圣的表达方式发生替换和更改，其信从同样会进行与之相符的调整。原初信民对神圣的认知所呈现的逻辑上的简单性表达为现象的普遍相关和因果解释的偶然成立，因此看似相悖的宗教现象会经常发生在相近宗教或同一宗教之中。琐罗亚斯德教将偶像崇拜视为神圣的宗教仪式而亚伯拉罕宗教嗤之以鼻；在远古氏族部落中，一些族群将开始走向衰败的族长献祭，另一些族群则将之奉为长者直至其自然死亡并成为护守部落的英灵。这里，因果关系凭解释上的可能成立，它并非因其必然被接受，所以不同的解释都是合理的。换言之，原初信民的宗教实践因处境的差别而呈现不同的形式和内容，当理性逐渐觉醒时，那些原始、粗犷且解释力不强的宗教仪式会被替代或放弃。现存的较为原始的民族宗教中已少有人祭的现象[274]正说明了这一点：曾经在玛雅文明、美拉尼西亚、加勒比宗教、佤族中极为重要的猎头血祭如今基本都已改为牲祭，那种以美物取悦神明并护守族类的目的在和平的环境中不再以牺牲同族或异族（指人）的方式达成，否则这种自相矛盾的仪式就只是鬼魅巫

的眼界是相适合的。"（黑格尔：《黑格尔早期神学著作》，贺麟译，商务印书馆2016年版，第28-29页。）

274 印度尼西亚科罗威人仍有此传统。

术（黑巫术），它背离神圣本身（或投向恶神）。在此基础上，凭借因果解释的偶然成立而普遍相关的诸现象因理性的广泛参与得到谨慎而严密的考察（制度性的、系统的解释），人对神圣的认知由此走向更深层次：它同时属于心灵、直觉和理性。在更大的层面，原始宗教中因信而动的宗教实践在当下社会发生理性的转变恰好说明了神圣分有的历史性：它被自然化、社会化为两种不同的神圣秩序。

因此，原始宗教的自然特征尤其需要被强调，它凭此区别于其他制度宗教或精神宗教。[275]这种原始宗教的自然性表现在两个方面：一是信仰的集体性，二是信仰的生活性。即信仰不是个人的行动而是集体的行动，且信仰不在生活之外而在生活之中。换言之，原初信仰的结构性现实在氏族—部落—民族的集体演进中以集体信心、信念和信从的形式被蕴含在始终保有原初信仰的生活、文化中，它们构成了信仰的生活史和制度史。其中，原始宗教的弥散特征——融合、混沌、统一——在此恰好表达为生存意义的普遍性。

当然，原始宗教的信仰具有集体性、生活性并不意味着它在内部完全同一或根本缺乏个体性的信仰。恰恰相反，就其内容而言，原始宗教的信仰极为丰富、多元。具体来说，表达为集体常态和个体非常态的信心首先形成了一种心的辩证，其中集体常态下的信心指所有族人普遍拥有的宗教信心，而个体的、非常态的信心是巫师和祭司特有的信心[276]。在原始宗教中，信心的集体常态表现为对崇拜对象的共同感受和共同回应，人们因对自然力量或非自然力量的恐惧、盼望形成了共同的情感适宜。按照马林诺夫斯基的说法，各种宗教仪式的出现均是用来满足个人和社会的深刻需要的结果，[277]在心理学的层面，这种满足就是心灵的安宁，亦即信心。所以，集体常态的信心通常带有平静、生活化的特征，只有在某种集体性冲动无法掩盖时（如部落战争，天灾人祸，祭天节庆时），才会由平静的集体无意识转化为集体意识的恐惧、欢欣、激情，这在根本上一种生命压力的释放。而与集体常态信心相较，个体非常态信心容易在祭司和巫师[278]身上看到，它不仅在祭司和巫师的祭祀仪式中有所表现，而且

---

275 当然，如神道教等制度化的民族宗教也有如此特性。

276 也包括其他人的信心，只不过在巫师和祭司中更为明显。

277 参见马林诺夫斯基：《巫术、科学、宗教与神话》，李安宅译，中国民间文艺出版社1986年版，第127页。

278 巫师通常由部落中精神异于常人的人担任，而祭司在某种程度上要承担（来自于人或神的）献祭的牺牲，他（她）们承受不同程度的神圣性。

贯穿其生活日常。在萨满教中，一种普遍的看法是，萨满和巫师之所以能够发挥神圣的职能，就在于其自身拥有承载神圣的特性。所以，被选为萨满或巫师之人往往是灵魂异于常人的个体，他们更能领受非此世的奥秘，具有更高程度的信心。[279]因此，萨满和巫师的日常生活总是在某些方面同其他族人不同，他们需要离群索居，参悟并修行有关神圣的秘法。[280]而在祭司和巫师进行的祭祀或驱鬼、治疗等仪式中，信心的个体非常态性表达得更加明显：表现在神降、附身之中的信心是神明对祭司、巫师身体和灵魂（通灵者是否处于灵魂出窍的状态）的接管；而表现在升天、"旋天"中的信心，则是祭司、巫师在神圣的处所（较之地上）与神明进行沟通。这样，萨满跳神中体现的疯狂和入迷就是信心的表现，它以反日常的个体状态（也存在集体入迷）展现彼岸世界或超越者的样貌。

与此同时，宗教信念也可区分为集体常态和个体非常态的。其中，集体常态信念分为自发信念（祷词，祭祀）和（与其他信仰对抗形成的）继生信念两种，个体非常态信念表现为个人因领受神圣者的启示和呼召而拥有他种的观念和行动。具而言之，作为自发信念的集体常态信念通常表现为对被崇拜者的祈祷、对宗教预言的相信以及对与宗教相关的生活信念和决定的一致同意（如戒律）；而作为继生信念的集体常态信念通常表现为以特定的言说系统和教义教规抵制另一个与自身不一致的信念系统。就信仰个体而言，信念的非常态性表现为个体信念的相异性，当这种相异性中包含开拓性和深刻性即能够起到保留神圣作用的时候，它就成为一种可被集体化的神圣信念和神圣感受。因此，即使原始宗教中的祈祷体现出浓厚的心理色彩和生活特征，它同样属于信念的外在表达。从蒙古族祭祀祖先的唱词中，人们能清楚地体会此信念的实用性和生活性。"先从小辈（呵）往上请呵，请父亲（呵）和祖父呵；请所有的

---

279 参见郭淑云：《原始活态文化：萨满教透视》，上海人民出版社 2001 年版，第 77-78 页。萨满、毕摩、本波、本补等在此方面类似。

280 这种生活有时会被妄想充满。"离群索居与信仰。——成为自己时代的先知和奇迹创造者的手段，在今天仍一如往昔地管用：离群索居地生活，没有什么知识，有一些想法，却十分狂妄——最终我们相信，没有我们，人类就无法进步，也就是说，因为十分明显，没有人类，我们照样进步。一有这样的信念，我们也就找到了信仰。最后对也许需要信仰的人提个建议（这个建议是卫斯理从他的宗教老师伯勒那里得到的）：'为信仰传道，直到你有信仰，然后你为信仰传道，因为你有信仰。'"（尼采：《尼采全集》（第三卷），杨恒达译，中国人民大学出版社 2015 年版，第 157-158 页。）

（呵）祖先呵，降临（呵）显灵呵。祖先的神灵呵呵，向你祈祷呵呵；病魔和痛苦呵呵，请你给解除呵嘿。"[281]而这种生活化的、出于原始情感的赞颂和祈祷一旦演化为民族史诗、神话，就是艺术化的、历史化的集体信念和祈愿祝福。"大地的极处所立神座，地母娘娘刚发现时创立起来的神座；在济·西勒克尔河地方，在额尔古纳河的源头，在森奇勒山的崖嘴，在森格泉水的源流。由叟西山洞起家，有松柏建筑的城堡，有红松木的旗杆，有香灌木树叶垫铺。有九十九个毡包遭了九次雷击；被打成碎块，成为'卡勒塔尔迪一考勒托尔迪'；被打成碎片，成了'卡拉尼一卡朝尼'。从那里开始发祥，在黑龙江有祖籍；沿着黄江下来时，聚集了所有的'毕尔吉'。"[282]它诉说民族记忆的历史。

有趣的是，集体信念通常与个体信念相关，这一相关既可以是偶然的，[283]也可以出自某种必然。[284]在宗教预言的形成中，人们可以看到个体信念如何导致集体信念的产生。比如在萨满仪式中，经过隆重的祭神礼拜，萨满的灵魂可自由地通达天穹各界，并将在天穹上的所见所闻告之参祭的族众。"这些见闻往往都是人们想知道而与生活有着密切联系的消息：未来的天气情况……如果天即将要下雪，他就会说道：看吧，桦树梢低下来了，耷拉得好低好低，白云降落下来，雷电闪闪四处发光，到处白霜一层。如果开始下雪，他就会这样说看吧，桦树梢耷拉下来了，落下了一层白雪。如果暴风雪将临，他就会大声喊叫：卡拉舒鲁拿着六根粗杆，往下降落下来，有脚的也跑不掉，有爪的也躲不掉！"[285]由此，萨满把自身领受的独特信念转化为集体性的、需要施用的宗教预言。

此外，信从也有集体常态和个体非常态的表达。其中，集体常态的信从无处不在，融于生活；而个体非常态的信从保有极大的私人性，它是个体与诸神圣更深层次的沟通。在萨满教中，祈禳、祭祀、占卜、治病等集体性节庆活动和个体性的日常活动，都属集体常态的范畴。萨满信仰没有形成自身固定的聚集活动场所，不需要教堂和寺院，融于日常生活，所以其信众可以随时随地进

281 分别是科尔沁萨满传人门德巴雅尔、春梅的唱词。参见乌丙安：《萨满信仰研究》，长春出版社2014年版，第158页。

282 此唱词讲述的是"霍列力"神的起源。参见乌丙安：《萨满信仰研究》，长春出版社2014年版，第164-165页。

283 比如传言的形成。

284 比如官方组织修史书。

285 郭淑云：《原始活态文化：萨满教透视》，上海人民出版社2001年版，第268-269页。

行信仰活动；而鉴于萨满教的神灵无处不在、无时不在，萨满信仰的大小活动又必须时时处处举行。这样，对萨满教信众而言，一切重大的日常事件都离不开宗教生活的影响，信众必须在集体常态的信从中完成对诸神圣的礼敬。与此相对，个体信从的非常态特性表现在萨满和巫师的个体行为中，他（她）们行使几乎所有神职人员的权能，既做众人的代表，又做诸神圣[286]的代表。在萨满世界中，萨满和巫师既是人又是神，是他（她）们在放任癫狂的情绪下，用萨满巫术传播着神圣的念头。因而，无论是施行白巫术还是黑巫术的萨满或巫师，其信从都包含对特定神灵的信以及对自己身份的忠诚。其中，行白巫术的萨满和巫师作为氏族的领袖和代表，承担的是保卫、守护氏族的责任，他（她）们以祈祷、祭祀、治病等方式完成自己的使命；与之相对，行黑巫术的萨满和巫师通过复仇、惩戒、灭亡[287]使生命均衡，其职能是消解性的。所以，这些萨满和巫师或被神灵选中，或承袭了血缘和氏族的神圣性，他（她）们都以自身为媒介沟通诸神圣。即萨满和巫师是身体化了的信仰之道，它因承载者的人格实在性，区别于集体意识性的信从。这样，原始宗教中的外在信仰不仅没有灭绝在杂糅、交织的原初状态中，反而为宗教神圣的进一步留存提供了发展的可能。因此，原始宗教信仰可被视作宗教历史的开端。

第九节　新兴宗教

当人们用"新奇""新兴"甚至"先锋"来描述事物时，这些词汇总在暗示某些不同寻常的东西。并且这不同寻常之物带有讽刺的意味，它在打破传统边界的同时导致一种价值习惯的不完整。新，取木也。被取的质料在形式的变化中获得新的内容。在一些新兴宗教[288]中，正是外在信仰的结构缺失导致这种"退化的新"不断出现，它在历史中的沉灭、复生已不可计数。因而，缺失信心者通常秉有极端的宗教信念，而缺失信念者更容易受到身体、情绪上的鼓动，至于缺失信从者，人们可勉强称之为私人宗教。在起源上，这些宗教多是传统宗教世俗化的产物，它们是边缘性的；而在性质层面，这些宗教可视作由拥有类似而不同的神秘体验和宗教信念之人形成的联合体，它们大多没有形成完整的宗教结构。但无论出自世俗化还是多元化，新兴宗教都呈现出整体的

---

286 包括神明、精灵、鬼怪等。
287 并非出自私人恩怨的黑巫术是被允许使用的，不过它受到严格的控制。
288 新兴宗教指的是现代社会出现且至今留存的宗教。

混乱：其多元原则是神圣缺失下主体与对象订立的伪众意契约，而世俗化进一步放弃保留神圣。所以，诸新兴宗教实体中只有少部分配得上宗教这一称号，其他的更应该被称作兴趣团体、神秘组织或政治联盟。事实上，若根据斯达克（Rodney Stark）和本布里奇（William Bainbridge）重新定义的"教会""教派"和"膜拜团体"概念进行划分，多数新兴宗教都属于膜拜团体。其中，"教会"是遵循常轨的宗教组织；"教派"是具有传统信念和实践的脱离常轨的宗教组织；而"膜拜团体"是具有新的信念和实践的脱离常轨的宗教组织。[289]信念和制度的传统保证宗教组织的根本性质不会改变，膜拜团体将二者都放弃了。

更进一步，根据沃尔特·马丁（Walter Martin）对当代众多新兴宗教团体的详细考察，新兴宗教从组织、教义到语言方面体现出的十大特征多数都与神圣无关。这十大特征包括：（1）有一个自称为神的领袖；（2）对经典任意篡改或任意添加；（3）选择成员的标准严格；（4）成员常常同时参加几个新兴宗教团体；（5）热衷于传教；（6）无专业神职人员；（7）教义与崇拜活动无固定性；（8）强调体验胜于强调神学；（9）自视为唯我独尊的真理拥有者；（10）有自己的语言表达体系。[290]其中，特征（1）（6）（9）是克里斯玛式宗教的典型表达，它旨在以人造神圣代替真正的神圣；而特征（2）（7）（8）（10）是人为解释神圣的手段，这些行动的目的在阻断理性；至于特征（3）（4）（5）则是组织团体共有的活动，它是一种常见的结社方式。由此，多数新兴宗教因神圣性的缺失只具有膜拜性质。

事实上，这种信仰的神圣性缺失可以被理解为基本结构的不完整。比如"科学学派"[291]这种受科学主义影响、忽略信心、缺乏神圣领会的新兴宗教，更多体现的是实验精神和科学幻想，它并不看重真切的盼望。而诸如超绝静坐会[292]之类的实修团体并不要求心与念的深度参与，其实践是表象的，它们可以

---

289 参见高师宁：《新兴宗教初探》，中国社会科学出版社 2006 年版，第 6 页。
290 参见高师宁：《新兴宗教初探》，中国社会科学出版社 2006 年版，第 15 页。
291 哈伯德于 1935 年在美国正式成立的"科学学派"以其自创的"戴尼提"疗法为核心教义。他宣称，"戴尼提"意为人类最先进的心灵研究学科，它阐述了灵魂对肉体的作用，是一种掌握生命所产生的能量的方法，会给每个个体在器官和精神方面带来更高的效力。
292 根据超绝静坐会的教义，即马赫希·瑜吉所著的《存在的科学和生活的艺术》一书的记载，参加超觉静坐会者只需每天打坐两次，每次二十分钟，打坐时全身放松，口念有关经句或神名，就能达到放松身心、减疾病、提高智商、体验到最高真理的效果。

完全与宗教无关。除此之外，如人民圣殿堂[293]、太阳圣殿教[294]之类的宗教组织更注重组织本身的权力构建与政治施行，它们惯于频繁变动、随意解释其教义、教条，不仅宗教信念不稳固，而且不关心其信众的感受。在此意义上，它们是极端而失败的政治组织。与之相反，放弃集体性宗教活动或脱离宗教组织的理论信徒、居家信奉者[295]虽然没有遵循常轨，但他们通过不完整的行动和作为践行着自己宗教信念并保有信心，这种弥散、个体、私人的信仰方式反而越来越普遍。如涂尔干所说，"宗教是一个与圣物、也就是被分开、有禁忌的事物有关的信仰和实践的统一体系，这些信仰和实践把所有皈依者联合在同一个被叫做教会的道德社团中"[296]。新兴宗教不只是具有宗教情感、观念、器物、仪式、组织结构的实体，它在道德行动中呼求那被称作神圣的事物。[297]与"飞

293 由琼斯创建的人民圣殿堂的诞生起源于政治理想的追寻，七十年代前该组织重视穷人利益、反对种族歧视、反对资本主义，自称信仰共产主义。这一时期的人民圣殿堂因向其成员提供各种服务，礼拜仪式活泼生动，曾深得信众喜爱。在传教方面该教也有所独创，经常组织巡回传教团深入贫民区，为最底层的穷人和黑人提供各种救济，邀请他们参加其福音布道会。但七十年代中后期，该教逐渐发生变化，琼斯的权欲膨胀，自称为上帝，对信徒实行残酷严厉的专制统治。其成员不仅要从事十分繁重的体力劳动，而且要参加各种政治教育班，听教主说教。教主利用信徒的崇拜，在教内为所欲为。为防止信徒逃离丛林，该教没收信徒护照、在驻地设置武装岗楼，甚至对逃跑者严刑拷打。最终，在受到政府的阻止后，琼斯要求全体教徒与他一起自杀。在此事件中，死亡人数达九百一十二人。

294 太阳圣殿教的教义由新时代运动的神秘主义、新纳粹的神秘学、中世纪玫瑰十字会的象征主义、基督教末世论和中世纪骑士团的精神等等拼凑而成，宣称世界末日即将来临、视现世的灾难如臭氧层减少、种族屠杀、艾滋病等为末日之征兆。该教认为人类来自天狼星，相信"火的魔力"，认为回返天狼星是躲避世界末日的唯一出路，并把"火之洗礼"视为到达该星座的必经之途。这些混乱的理念不仅充满了奇诡色彩，而且自相矛盾，最终在教众的集体自杀事件中震惊了世界。

295 如道教的火居道士，佛教的优婆夷、优婆塞，基督教的文化基督徒。其中文化基督徒指身处基督教文化圈（如欧美），但缺乏基督教信仰，又不愿以不信者自居的人。另外，认同基督教文明但不接受基本信条的人也可以称为文化基督徒（刘小枫）。传统意义上的基督徒认为信徒不仅要认信耶稣基督，而且还要有教会的归属，而文化基督徒只承认认信耶稣基督。所以虽然他们一般都不去教会参加礼拜，也不属哪间教会，甚至也没有受洗，但在信心和信念层面符合基督徒的身份。更进一步，文化基督教属于匿名基督徒（卡尔·拉纳）的一种，他们属于没有完整信仰行动的信徒。此处，人们必须严格区分文化基督教和挂名基督徒。后者的含义是仅有其名而无其实，它只是一个幌子。

296 涂尔干：《宗教生活的初级形式》，林宗锦、彭守义译，中央民族大学出版社1999年版，第47页。

297 臭名昭著的日本奥姆真理教就是反道德、反人类的典型，它以可怕的预言、未知

天意面神教"为了讽刺"神创论"的独断而被创立不同，真正的新兴宗教（如巴哈伊教）不仅要具备外在信仰的基本结构，它更要体现深刻的人文精神——神圣智慧和美学意蕴居于其中。

除此之外，神圣的分有在原始宗教中比在新兴宗教中更加得体。原始宗教从自然化到社会化的转变符合存在范畴的历史进程，而新兴宗教呈现出的"自然化"特征，多是智性宗教逐步退化的结果。所以，新兴宗教的"自然化"是"伪"，即人为。它利用人类思想的并在及人对未发事物（raw）的亲近进行谋划，俘获懵懂、仍在徘徊的人心。当然，在诸如日耳曼新异教（Germanic neopaganism, Heathenry）等新兴宗教中确实存在拥抱大地、重回自然等教义，且它们并不反对理智本身，而是反对理智的逾越。这种自然的品质唯有在对当代宗教现状进行批评并旨在重塑神圣图景时才是可取的。毕竟，在理性的自我关注之外，人需靠近他者。而他者对共在生存境域的特别关注真正使熟悉之在成为主体间的陌生。

（附录部分的引用同见"参考文献"部分）

的恐惧和身体的许诺为教义核心，并藉此从心理和精神层面控制和监禁信众。其教主麻原做出富士山将在 1987 年或 1988 年爆发、昭和天皇将在 3、4 个月后去世、彗星将于 1990 年 5 月与地球碰撞、日本将要沉入海底等预测，在心理上对信众进行暗示，迫使人们选择皈依。这一控制的高潮在奥姆真理教犯下在公共场所施放毒气致使无辜百姓 12 死亡，5500 多人受伤的罪行中达到高潮：他们人为制造了生化战争，以实现奥姆真理教所谓的预言型真理——世界将要发生战争，日本将大难临头，将有 90% 的日本人会死去，唯独奥姆真理教的信徒才能获救。因此，奥姆真理教实际上只是一个日本民众中抱有末日求生信念的恐怖团体，它即使再具备完整的外在信仰，也只是徒具形式罢了。

后　记

　　宗教哲学向来都是最有趣、最晦涩却又最不讨好的学问。在一个既不尊重真理又不尊重意见的年代，这些讨论能得人听闻，实属可贵。在此，尤要感谢大力支持本书出版的花木兰文化事业有限公司，感谢将拙著纳入丛书的何光沪、高师宁两位主编，感谢我的恩师闵丽教授、查常平教授，他们为此书的出版付出了十足的辛劳。本书在我的博士论文基础上修改而成，因故删减的部分已经添加，但愿本人的拙言钝辞对有信之人、明辨之士有所裨益。

《基督教文化研究丛书》

主编：何光沪、高师宁

（1-10 编书目）

初 编 （2015 年 3 月出版）

ISBN：978-986-404-209-8　　　　　定价（台币）$28,000 元

册　次	作　者	书　名	学科别（／表示跨学科）
第 1 册	刘　平	灵殇：基督教与中国现代性危机	社会学／神学
第 2 册	刘　平	道在瓦器：裸露的公共广场上的呼告——书评自选集	综合
第 3 册	吕绍勋	查尔斯·泰勒与世俗化理论	历史／宗教学
第 4 册	陈　果	黑格尔"辩证法"的真正起点和秘密——青年时期黑格尔哲学思想的发展（1785 年至 1800 年）	哲学
第 5 册	冷　欣	启示与历史——潘能伯格系统神学的哲理根基	哲学／神学
第 6 册	徐　凯	信仰下的生活与认知——伊洛地区农村基督教信徒的文化社会心理研究（上）	社会学
第 7 册	徐　凯	信仰下的生活与认知——伊洛地区农村基督教信徒的文化社会心理研究（下）	
第 8 册	孙晨荟	谷中百合——傈僳族与大花苗基督教音乐文化研究（上）	基督教音乐
第 9 册	孙晨荟	谷中百合——傈僳族与大花苗基督教音乐文化研究（下）	

册次	作者	书名	学科别
第 10 册	王 媛	附魔、驱魔与皈信——乡村天主教与民间信仰关系研究	社会学
	蔡圣晗	神谕的再造，一个城市天主教群体中的个体信仰和实践	社会学
	孙晓舒 王修晓	基督徒的内群分化：分类主客体的互动	社会学
第 11 册	秦和平	20 世纪 50－90 年代川滇黔民族地区基督教调适与发展研究（上）	历史
第 12 册	秦和平	20 世纪 50－90 年代川滇黔民族地区基督教调适与发展研究（下）	
第 13 册	侯朝阳	论陀思妥耶夫斯基小说的罪与救赎思想	基督教文学
第 14 册	余 亮	《传道书》的时间观研究	圣经研究
第 15 册	汪正飞	圣约传统与美国宪政的宗教起源	历史／法学

二 编　　　　（2016 年 3 月出版）

ISBN：978-986-404-521-1　　　　　　　定价（台币）$20,000 元

册次	作者	书名	学科别 （／表示跨学科）
第 1 册	方 耀	灵魂与自然——汤玛斯·阿奎那自然法思想新探	神学／法学
第 2 册	刘光顺	趋向至善——汤玛斯·阿奎那的伦理思想初探	神学／伦理学
第 3 册	潘明德	索洛维约夫宗教哲学思想研究	宗教哲学
第 4 册	孙 毅	转向：走在成圣的路上——加尔文《基督教要义》解读	神学
第 5 册	柏斯丁	追随论证：有神信念的知识辩护	宗教哲学
第 6 册	李向平	宗教交往与公共秩序——中国当代耶佛交往关系的社会学研究	社会学
第 7 册	张文举	基督教文化论略	综合
第 8 册	赵文娟	侯活士品格伦理与赵紫宸人格伦理的批判性比较	神学伦理学
第 9 册	孙晨薈	雪域圣咏——滇藏川交界地区天主教仪式与音乐研究（增订版）（上）	基督教音乐
第 10 册	孙晨薈	雪域圣咏——滇藏川交界地区天主教仪式与音乐研究（增订版）（下）	
第 11 册	张 欣	天地之间一出戏——20 世纪英国天主教小说	基督教文学

三　编 （2017 年 9 月出版）

ISBN：978-986-485-132-4　　　　　　定价（台币）$11,000 元

册　次	作　者	书　名	学科别（／表示跨学科）
第 1 册	赵　琦	回归本真的交往方式——托马斯·阿奎那论友谊	神学／哲学
第 2 册	周兰兰	论维护人性尊严——教宗若望保禄二世的神学人类学研究	神学人类学
第 3 册	熊径知	黑格尔神学思想研究	神学／哲学
第 4 册	邢　梅	《圣经》官话和合本句法研究	圣经研究
第 5 册	肖　超	早期基督教史学探析（西元 1~4 世纪初期）	史学史
第 6 册	段知壮	宗教自由的界定性研究	宗教学／法学

四　编 （2018 年 9 月出版）

ISBN：978-986-485-490-5　　　　　　定价（台币）$18,000 元

册　次	作　者	书　名	学科别（／表示跨学科）
第 1 册	陈卫真 高　山	基督、圣灵、人——加尔文神学中的思辨与修辞	神学
第 2 册	林庆华	当代西方天主教相称主义伦理学研究	神学／伦理学
第 3 册	田燕妮	同为异国传教人：近代在华新教传教士与天主教传教士关系研究（1807～1941）	历史
第 4 册	张德明	基督教与华北社会研究（1927～1937）（上）	社会学
第 5 册	张德明	基督教与华北社会研究（1927～1937）（下）	
第 6 册	孙晨荟	天音北韵——华北地区天主教音乐研究（上）	基督教音乐
第 7 册	孙晨荟	天音北韵——华北地区天主教音乐研究（下）	
第 8 册	董丽慧	西洋图像的中式转译：十六十七世纪中国基督教图像研究	基督教艺术
第 9 册	张　欣	耶稣作为明镜——20 世纪欧美耶稣小说	基督教文学

五 编 （2019 年 9 月出版）

ISBN：978-986-485-809-5　　　　　　　定价（台币）$20,000 元

册 次	作 者	书 名	学科别（／表示跨学科）
第 1 册	王玉鹏	纽曼的启示理解（上）	神学
第 2 册	王玉鹏	纽曼的启示理解（下）	
第 3 册	原海成	历史、理性与信仰——克尔凯郭尔的绝对悖论思想研究	哲学
第 4 册	郭世聪	儒耶价值教育比较研究——以香港为语境	宗教比较
第 5 册	刘念业	近代在华新教传教士早期的圣经汉译活动研究（1807～1862）	历史
第 6 册	鲁静如 王宜强 编著	溺女、育婴与晚清教案研究资料汇编（上）	资料汇编
第 7 册	鲁静如 王宜强 编著	溺女、育婴与晚清教案研究资料汇编（下）	
第 8 册	翟风俭	中国基督宗教音乐史（1949 年前）（上）	基督教音乐
第 9 册	翟风俭	中国基督宗教音乐史（1949 年前）（下）	

六 编 （2020 年 3 月出版）

ISBN：978-986-518-085-0　　　　　　　定价（台币）$20,000 元

册 次	作 者	书 名	学科别（／表示跨学科）
第 1 册	陈倩	《大乘起信论》与佛耶对话	哲学
第 2 册	陈丰盛	近代温州基督教史（上）	历史
第 3 册	陈丰盛	近代温州基督教史（下）	
第 4 册	赵罗英	创造共同的善：中国城市宗教团体的社会资本研究——以 B 市 J 教会为例	人类学
第 5 册	梁振华	灵验与拯救：乡村基督徒的信仰与生活（上）	人类学
第 6 册	梁振华	灵验与拯救：乡村基督徒的信仰与生活（下）	
第 7 册	唐代虎	四川基督教社会服务研究（1877～1949）	人类学
第 8 册	薛媛元	上帝与缪斯的共舞——中国新诗中的基督性（1917～1949）	基督教文学

七 编　　（2021 年 3 月出版）

ISBN：978-986-518-381-3　　　　　　　定价（台币）$22,000 元

册　次	作　者	书　名	学科别（／表示跨学科）
第 1 册	刘锦玲	爱德华兹的基督教德性观研究	基督教伦理学
第 2 册	黄冠乔	保尔. 克洛岱尔天主教戏剧中的佛教影响研究	宗教比较
第 3 册	宾静	清代禁教时期华籍天主教徒的传教活动（1721～1846）（上）	基督教历史
第 4 册	宾静	清代禁教时期华籍天主教徒的传教活动（1721～1846）（下）	
第 5 册	赵建玲	基督教"山东复兴"运动研究（1927～1937）（上）	基督教历史
第 6 册	赵建玲	基督教"山东复兴"运动研究（1927～1937）（下）	
第 7 册	周浪	由俗入圣：教会权力实践视角下乡村基督徒的宗教虔诚及成长	基督教社会学
第 8 册	查常平	人文学的文化逻辑——形上、艺术、宗教、美学之比较（修订本）（上）	基督教艺术
第 9 册	查常平	人文学的文化逻辑——形上、艺术、宗教、美学之比较（修订本）（下）	

八 编　　（2022 年 3 月出版）

ISBN：978-986-404-209-8　　　　　　　定价（台币）$45,000 元

册　次	作　者	书　名	学科别（／表示跨学科）
第 1 册	查常平	历史与逻辑：逻辑历史学引论（修订本）（上）	历史学
第 2 册	查常平	历史与逻辑：逻辑历史学引论（修订本）（下）	
第 3 册	王澤偉	17～18 世纪初在華耶穌會士的漢字收編：以馬若瑟《六書實義》為例（上）	语言学
第 4 册	王澤偉	17～18 世纪初在華耶穌會士的漢字收編：以馬若瑟《六書實義》為例（下）	
第 5 册	刘海玲	沙勿略：天主教东传与东西方文化交流	历史
第 6 册	郑媛元	冠西东来——咸同之际丁韪良在华活动研究	历史

册次	作者	书名	学科别
第 7 册	刘影	基督教慈善与资源动员——以一个城市教会为中心的考察	社会学
第 8 册	陈静	改变与认同：瑞华浸信会与山东地方社会	社会学
第 9 册	孙晨荟	众灵的雅歌——基督宗教音乐研究文集	基督教音乐
第 10 册	曲艺	默默存想，与神同游——基督教艺术研究论文集（上）	基督教艺术
第 11 册	曲艺	默默存想，与神同游——基督教艺术研究论文集（下）	
第 12 册	利瑪竇著、梅謙立漢注 孫旭義、奧覓德、格萊博基譯	《天主實義》漢意英三語對觀（上）	经典译注
第 13 册	利瑪竇著、梅謙立漢注 孫旭義、奧覓德、格萊博基譯	《天主實義》漢意英三語對觀（中）	
第 14 册	利瑪竇著、梅謙立漢注 孫旭義、奧覓德、格萊博基譯	《天主實義》漢意英三語對觀（下）	
第 15 册	刘平	明清民初基督教高等教育空间叙事研究——中国教会大学遗存考（第一卷）（上）	资料汇编
第 16 册	刘平	明清民初基督教高等教育空间叙事研究——中国教会大学遗存考（第一卷）（下）	

九 编 （2023 年 3 月出版）

ISBN：978-626-344-236-8   定价（台币）$56,000 元

册 次	作 者	书 名	学科别（／表示跨学科）
第 1 册	郑松	麦格拉思福音派神学思想研究	神学
第 2 册	任一超	心灵改变如何可能？——从康德到齐克果	基督教哲学
第 3 册	劉沐比	論趙雅博基本倫理學和特殊倫理學之串連	基督教伦理学
第 4 册	王务梅	论马丁·布伯的上帝观	基督教与犹太教
第 5 册	肖音	明末吕宋之中西文化交流（上）	教会史

第 6 册	肖音	明末吕宋之中西文化交流（下）	
第 7 册	张德明	基督教五年运动与民国社会（上）	教会史
第 8 册	张德明	基督教五年运动与民国社会（下）	
第 9 册	陈铃	落幕：美国新教在华传教事业的终结（1945～1952）	教会史
第 10 册	黄畅	全球史视角下基督教在英国殖民统治中的作用——以 1841～1914 年的香港和约鲁巴兰为例	教会史
第 11 册	杨道圣	言像之辩：基督教的图像与图像中的基督教	基督教艺术
第 12 册	張雅斐	晚清聖經人物漢語傳記研究——以聖經在華接受史的视角	基督教艺术
第 13 册	包兆会	缪斯与上帝的相遇——基督宗教文艺研究论文集	基督教文学
第 14 册	张欣	浪漫的神学：英国基督教浪漫主义略论	基督教文学
第 15 册	刘平	明清民初基督教高等教育空间叙事研究——中国教会大学遗存考（第二卷：福建协和神学院）	资料汇编
第 16 册	刘平、赵曰北主编	传真道于中国——赫士及华北神学院百年纪念文集（第一册）	
第 17 册	刘平、赵曰北主编	传真道于中国——赫士及华北神学院百年纪念文集（第二册）	
第 18 册	刘平、赵曰北主编	传真道于中国——赫士及华北神学院百年纪念文集（第三册）	论文集
第 19 册	刘平、赵曰北主编	传真道于中国——赫士及华北神学院百年纪念文集（第四册）	
第 20 册	刘平、赵曰北主编	传真道于中国——赫士及华北神学院百年纪念文集（第五册）	

十　编　（2024 年 3 月出版）

ISBN：978-626-344-629-8　　　　定价（台币）$40,000 元

册　次	作　者	书　名	学科别（／表示跨学科）
第 1 册	李思凡	奥古斯丁人学思想研究	神学研究
第 2 册	胡宗超	自律、他律到神律：蒂利希文化神学研究	神学研究
第 3 册	毕聪聪	以信行事：后现代语境的宗教信仰含义（上）	基督教与宗教学
第 4 册	毕聪聪	以信行事：后现代语境的宗教信仰含义（下）	

第 5 册	毕聪聪	基督教与近代中国变局	基督教与社会学
第 6 册	张德明	法国巴黎外方西藏传教会进藏活动研究（1844～1864）（上）	基督教与历史
第 7 册	张德明	法国巴黎外方西藏传教会进藏活动研究（1844～1864）（下）	
第 8 册	刘瑞云	我你他：通向圣灵文学之途（上）	基督教与文学
第 9 册	刘瑞云	我你他：通向圣灵文学之途（中）	
第 10 册	刘光耀	我你他：通向圣灵文学之途（下）	
第 11 册	〔英〕法思远 主编 郭大松、杜学霞 译	近代山东基督教历史资料译丛——中国圣省山东（上）	基督教史料
第 12 册	〔英〕法思远 主编 郭大松、杜学霞 译	近代山东基督教历史资料译丛——中国圣省山东（下）	
第 13 册	〔英〕令约翰、白多加 著 郭大松 译	近代山东基督教历史资料译丛——近代中国亲历记：瑞典浸信会山东宣教事工纪实	基督教史料
第 14 册	〔美〕奚尔恩 著 郭大松 译	近代山东基督教历史资料译丛——在山东前线：美国北长老会山东差会史（1861～1940）（上）	基督教史料
第 15 册	〔美〕奚尔恩 著 郭大松 译	近代山东基督教历史资料译丛——在山东前线：美国北长老会山东差会史（1861～1940）（下）